U0850458

中南刑事法学术文库

不能犯未遂的规范论研究

On Impossible Attempts:
A Normative Interpretation

王复春 著

法律出版社 LAW PRESS·CHINA

序一

陈兴良

王复春是白建军教授指导的博士生,其撰写的博士论文《不能犯未遂的规范论研究》与其师所从事的实证法学研究具有较大的差异。王复春的博士论文主要是对不能犯未遂的刑法教义学的研究,而规范论研究是刑法教义学的方法论之一。由此可以看出白建军教授在对其门下博士生指导中不拘一格的开放心态,这也正是北大法学院的自由开放的学术风气的真实写照。在博士论文行将出版之际,王复春邀我为其大作写序,作为导师组成员,我亲眼目睹了王复春的学术成长,为此感到十分高兴,欣然命笔。

不能犯未遂这个题目在我国刑法学界是一个学术热点话题。例如,2011 年 3 月在台湾政治大学法学院召开的"海峡两岸刑法论坛",共同主题是"犯罪实行理论(预备与未遂)",其中一个单元的题目就是"不能未遂"。我参加了这个主题的研讨,与我国台湾地区同行对不能犯未遂问题进行了深入讨论,相关论文收入台湾政治大学法学院刑事法学中心李圣杰、许恒达编的《犯罪实行理论》一书(元照出版有限公司 2012 年版),其中的部分成果也在《清华法学》2011 年第 4 期刊登,其中包括我的论文——《不能犯与未遂犯——一个比较法的分析》。此外,这些年来,以不能犯未遂为题的博士论文也不在少数。仅在前两年,北大法学院刑法专业的张志钢博士就以不能犯为题撰写了博士论文,并获得好评。这些情况都说明,不能犯未遂正因为是一个热门话题,因此也是一个较为复杂的理论问题。在王复春选题之初,我就对此表示过担忧:能否写出新意?但王复春不为所动,坚持将不能犯未遂这个问题研究到底。现在摆在读者面前的就是王复春的研究成果,我以为王复春超越了自我,也超越了在不能犯未遂问题上的学术桎梏,这是值得欣慰的。

王复春在博士论文中对不能犯未遂的研究,不同于其他同行的研究的一个鲜明之处在于:采用了规范论的方法。可以说,这是一种规范论视野中的不能犯未遂的理论建构。我认为,其最大的学术创新是提出了规范的危险概念。

危险概念是不能犯未遂的核心,也是整个未遂犯理论的核心。这里涉及不能犯与未遂犯的处罚根据问题,而处罚根据是建立在危险概念基础之上的。可以说,全部不能犯与未遂犯的理论都是围绕着危险概念展开的。在传统刑法理论中,危险概念的学说可谓五花八门,其说不一。诸如主观危险说与客观危险说,抽象危险说与具体危险说,在这些不同的危险概念的基础上,又形成了不同的未遂学说。对此,王复春在博士论文中进行了详细的论述。本书将这些学说分为以下三种路线:第一,偏主观的是抽象危险说和计划危险论,即以行为人的犯罪计划、犯罪故意为出发点认定和理解客观行为,从而为不法奠定基础;第二,偏客观的则是客观危险说,即以脱离行为人主观要素的客观事实为出发点,按照事后的科学判断或者假定可能性判断为基础,判断未遂不法是否成立;第三,居中的则是具体危险说,即以一般人能够认识的事实与行为人特别认识的事实或者仅以客观事实为出发点,按照经验法则判断是否存在结果发生危险性。在三种学说的关系上,客观危险说的立场是纯粹的客观未遂论,而计划危险说、抽象危险说与具体危险说则是综合的未遂论。那么,本书的立场是什么呢?王复春的回答是综合未遂论。对此,王复春做了以下说明:综合未遂论就是在综合的不法概念上,以主观因素和客观因素共同结合理解未遂的可罚性。根据综合未遂论,未遂是不具有结果无价值,只具有行为无价值的行为;不能未遂是既不具有结果无价值,也不具有行为无价值的行为。综合未遂论的判断标准是规范的危险概念。在已有刑法理论中,除纯粹主观未遂论与纯粹客观未遂论之外,剩下的未遂理论与未遂学说都属于综合未遂论,然而在不同的学说与理论之间,对于主观要素、客观要素的定性存在不同的理解。部分理论可能偏重于主观要素,如抽象危险说和计划危险论。另外一些学说则更为重视客观要素,主张严格限制主观要素在未遂可罚性限定中的运用,如具体危险说。在以上归纳中,王复春论及规范的危险概念,其实,对危险的不同理解才是划分各种未遂理论的关键之所在。在本书中,王复春对危险概念进行了重新界定,提出了两种不同的危险概念,这就是事实的危险概念与规范的危险概念,并在比较的意义上对两者进行了深入的分析。本书认为,以事实意义上的具体客观危险作为标准,只有事实上引起了法益侵害具体危险的行为才是可罚行为的理论,可以称为事实危险论。因此,事实的危险概念是建立在存在论的基础上的,也可以说是一种存在的危险概念。传统未遂理论基本上都主张事实的危险概念。在本书中,王复春对事实的危险概念进行了批判,认为事实危险的概念不是绝对无条件的成立,而只能在相对意义上承认,即在社会经验法则的意义上承认事实危险的存在。但这样一来,就会使事实危险说蜕变为脱离科学法则的非事实危险概念。因而,本书认为事实危险说中的事实危险概念,在刑法意义上难以成立。正是在批判事实的危险概念的基础上,王复春提出了规范的危险概念。王复春认为可以将危险理解为"规范的法益支配可能性"。在不能未遂行为的多种不同类型中,未遂是对某一法益的恶化建立了规范的支配可能性的行为。也就是说,行为人在规范的视角下,已经能够建立一种对法益的恶化的重要印象。从这个意义上来说,不能未遂中的危险概念是一个以构成要件实现为其判断基点,以法益支配可能性作为其判断内容,以事后的规范评估为其性质的规范判断概念。因此,需要从规范的层面上来界定危险的判断结构。在提出规范的危险概念的基础上,王复春对规范的危险的具体认定方法也进行了深入论述。

规范的危险概念的提出,我认为不但对于不能犯未遂的处罚根据具有重要阐述功能,而且对于一般的未遂理论也具有支撑功能,这是值得肯定的。

在北大攻读博士学位期间,王复春曾经以联合培养的名义到德国访学一年,由此而接触到德国的刑法教义学。在本书中,其也吸收了不少德国的理论资料与分析思路,使本书具有较为浓厚的刑法教义学的气息。可以说,本书对于推进我国不能犯和未遂犯的理论研究具有重要的贡献,是该领域的前沿性学术成果。

《不能犯未遂的规范论研究》是王复春的第一部学术专著,我认为这部学术专著已经摆脱了处女作的稚嫩。对于王复春未来的学术研究来说,这是一个较高的起点。我期待王复春以此作为敲门砖,进入刑法学术领域,并且登堂入室,将来有更多的研究成果奉献给读者。

是为序。

谨识于北京海淀锦秋知春寓所

2017 年 5 月 1 日

序二

白建军

王复春博士的北京大学法学博士论文《不能未遂的可罚性研究》,以《不能犯未遂的规范论研究》为名改编成书,即将由法律出版社出版。作者嘱我为其作序,作为他的论文指导老师,我欣然应允。

自 2010 年 9 月起,王复春就在我的指导下攻读刑法学硕士研究生,以《过失犯的构成要件实现理论研究》一文获得北京大学刑法学硕士学位。2012 年 9 月,他又在我的指导下继续攻读博士学位。2014 年 9 月,他受国家留学基金委资助前往德国波恩大学,在乌尔斯·金德霍伊泽尔教授的指导下进行联合培养博士学习。他的硕士论文、博士论文,都是采用刑法教义学的方法,研究规范的刑法问题。在考博时,他的攻博计划以《刑法上的危险》为题,想要在教义学与实证研究之间建立联结,我认为很好。这正是我一直以来的一个愿望。不过,成文时,这篇论文的选题也限制为《不能未遂的可罚性研究——以危险概念为中心》,在内容上采用的是教义学的方法,而未使用实证研究的方法。看来,法学研究中规范学与实证研究的无缝对接的确不容易。

不能犯未遂是一个刑法教义学上的理论性较强的问题,学界对于不能犯未遂的可罚性边界的争论从未停止过;而司法实践中也的确有一些不能犯的案件,法官在遇到不能犯的案件时的裁判立场也时有不同。因而,这个问题是我国刑法学上具有理论意义和实践意义的真问题。对于这个问题,王复春博士既全面总结了我国刑法学对不能犯的相关理论探讨,也大量引用了德语的一手文献资料,因而论文的资料较为翔实。在这篇论文中,王复春首先对德国刑法不能未遂的概念、可罚性根据、处罚范围等问题进行了详细的学术式考察,对不能犯的问题与理论形成了更清晰的认识。接下来,王复春在比较客观未遂论与主观未遂论的基础上,采用并且论证了综合未遂论的立场。他认为,未遂犯的处罚根据是综合的,既包含主观上的可责难性,又包括客观上的规范的危险性。在这一点上,我曾在德国与复春进行过讨论,我认为他所说的规范的危险性,可以形象地比喻为"距离"——案件事实与刑法构成要件之间的距离,在故意的既遂犯罪中,案件事实与构成要件之间能够完全涵摄,因此二者没有间隙,而故意的未遂犯罪中,案件事实与构成要件之间不能完全涵摄,因此二者之间存在一种或远或近的距离,未遂犯之所以值得处罚,就是因为行为人所做的事与刑法上的构成要件之间成立了这种意义上的较为接近的距离。在讨论后,他欣然接受了这个提议,并将其作为规范的危险判断的基本思想。论文在比较和批判了具体危险说、计划危险说和事实危险说的基础上,认为对于不能犯的可罚性的判断,只能通过规范的危险概念来认定。对此,他提出"法益侵害的支配可能性"这样一个概念。应该说,这个概念是较为抽象的。为此,这篇论文又通过一些具体的操作,将这个抽象的概念进行了具体化处理。

我国刑法与德国刑法在未遂犯的规定上是存在重大差异的。德国刑法规定的未遂犯的概念,是以犯罪人的犯行设想为基准的,因而具有鲜明的主观性。但同时也不应忽略的是,德国刑法分则对于犯罪未遂的处罚范围进行了相当的限制,"重罪的未遂可罚,轻罪的未遂只有刑法明文规定时才予以处罚"。这说明,德国刑法虽然在未遂犯的基准设定上偏向于主观性,但是其处罚范围并不一定会过于宽泛。王复春博士正是在发现了德国刑法这一立法现象的基础上,提出我国刑法的不能未遂处罚根据理论。应该说，这种重视刑法文本的事实学观察方法，在一定意义上是受我的研究方法影响而形成的。

总之，王复春博士的《不能犯未遂的规范论研究》，对于德国的刑事立法、判例和刑法理论进行了较为细致的考察，为我国刑法学深入研究不能犯的现象提供了丰富的学术资源。希望作者能够继续耐住性子，认真、细致地进行延续性的研究，也希望他能够有更多的作品面世。作为他的导师，我郑重向各位读者推荐本书。

是为序。

2017 年 5 月 4 日

目录

第一章 导 论

第一节 现状

我国《刑法》第23条规定了犯罪未遂的概念及其处罚原则。“已经着手实行犯罪,由于犯罪分子意志以外的原因而未得逞的,是犯罪未遂。对于未遂犯,可以比照既遂犯从轻或者减轻处罚。”在我国传统刑法理论中,一般以主客观相统一原则为基础,将犯罪未遂定义为:“行为人已经着手实行具体犯罪构成的实行行为,由于其意志以外的原因而未能完成犯罪的一种犯罪停止形态。”[1]继而,刑法理论上“以行为的实行能否构成犯罪既遂为标准,在犯罪未遂中区分能犯未遂与不能犯未遂”。[2]“不能犯未遂,是指因犯罪人对有关犯罪事实认识错误而使犯罪行为不可能达到既遂的情况。”[3]由于我国刑法并未对不能犯未遂的可罚性作出规定,因而中国刑法理论中关于不能犯未遂的理论,在过去受到

---

〔1〕 高铭暄、马克昌主编:《刑法学》(第5版),北京大学出版社、高等教育出版社2011年版,第152页。

〔2〕 同上。

〔3〕 高铭暄、马克昌主编:《刑法学》(第5版),北京大学出版社、高等教育出版社2011年版,第153页;赵秉志:《犯罪未遂形态研究》,中国人民大学出版社2008年版,第167页。

苏联刑法理论很大的影响;近二十年间,由于对日本刑法知识的“进口”,更多学者转而运用日本刑法中不能犯理论对未遂的概念进行规范的限制;晚近以来,由于我国刑法学思潮与德国刑法关系的不断升温,我国刑法领域的不少学者试图借鉴德国刑法中不能未遂(der untaugliche Versuch)的理论重塑我国刑法的未遂概念。在刑法学谱系学上,苏俄刑法学和日本刑法学分别都是在不同时代以各自的改造方式承袭彼时的德国刑法理论,因此,二者与其知识母体——德国刑法学,形成了三种不同脉络的刑法理论。苏俄刑法学与日本刑法学中的未遂理论是两条理论支流,而德国刑法现有的未遂理论则是沿着费尔巴哈之不能未遂概念的理论主干不断延续。面对德国刑法理论中看起来复杂且实际上争议不断的不能未遂的概念及理论,苏俄刑法理论对其进行了简化,从而形成了一种受司法人员偏爱的、带有实用主义风格的不能未遂理论。后来,这种实用主义的不能未遂理论也为我国传统刑法理论所继受,成为长期以来指导我国刑事司法实践的准则。与此不同,日本刑法学在继受德国刑法学不能未遂理论的过程中,在接受了法概念之同时,在对不法本质发展出独特的结果无价值论之基础上,形成了不能犯[1]的理论,此时的不能犯理论已不同于德国刑法理论上的不能未遂概念,而是包含了法政策中“不可罚”之价值判断的刑事政策性概念,以可罚性作为不能犯概念成立的前提。我国台湾地区刑法学由于延续了民国时期师从德日刑法理论的传统,因而在不能未遂理论上时常表现为德日刑法不能未遂理论的交锋,近年来留德学者的增加使我国台湾地区的主流未遂理论更加依赖德国刑法学。[2] 与

[1] 不能犯与不能未遂的概念使用与概念选择,对于该问题的中国研究者来说是个不小的障碍。张志钢博士曾撰文正确地指出,由于在不能未遂领域中理论的继受性,我国刑法的相关讨论备受舶来词的折磨,其甚至开篇即辟专节对术语使用进行澄清。实际上,不能未遂的概念来源于苏俄刑法,由于苏俄刑法学主要是对不能未遂概念和理论进行了实用主义的简化而非大刀阔斧地改造,不能未遂概念间接上与德意志刑法理论中的不能未遂更为接近。与此不同,日本刑法学中的不能犯概念则是对不能未遂进行改造的产物,如果从法概念与法效果区分的角度,不能未遂是法效果待定的法概念,而不能犯则是绑定了法效果的法概念。不能犯 =(不具有可罚性的)不能未遂。在本书看来,如果厘清了在不能未遂问题上的理论传承关系,语词即是在特定语域方可理解的交流工具,因而并无着墨于术语比较的必要。参见张志钢:《论不能未遂的可罚性》,北京大学2015年博士学位论文,第4~12页。

[2] 参见王荣圣:《刑法上危险概念之研究——以“构成要件理论”为中心》,台湾辅仁大学2007年博士学位论文,第160页。

此相比,在不能未遂问题上我国刑法学的状况更为复杂,传统刑法理论继受苏俄刑法学的不能未遂理论,此后相当的一段时间又受日本刑法学的滋润,而现今更多的少壮派学者开始传播德国刑法学的相关知识。相对于苏俄刑法学对德国刑法不能未遂理论的简化处理而言,日本刑法学移植德国法概念后进行的改造之路走得更远。现在,对于我国刑法学来说,不能未遂理论研究的路途很艰难。既然我国刑法并未规定不能未遂的概念与可罚性,刑法理论的主要参照就是法律移植中的法概念。传统刑法理论中来自苏俄刑法学的不能犯未遂概念与来自日本刑法学中的不能犯概念,以及现已在中国刑法理论中风生水起的、直译自德国刑法中的不能未遂概念,已经形成了相对充实、具有比较和选择性的学术文化市场。对于作为个体的学术研究者来说,在学术市场上挑选学说商品,对此进行比较与取舍是极为困难的。应该说,这一现象在其他法概念的使用上也同样存在。

法概念只是不能未遂问题的一面,在围绕不能未遂问题的多面体中,法政策与法教义学层面不能未遂及其可罚性问题的复杂性,在中国刑法知识水平逐步提升中将会不断显现。

现今,从法政策方面来看,中国刑法立法者没有给出自己的倾向性选择。传统刑法理论上认为除迷信犯不可罚之外,不能未遂一般具有可罚性。[1] 近二十年间,以张明楷教授为代表的一大批有影响力的学者在结果无价值论立场上,主张(不具有法益侵害之客观危险的)不能未遂不是(可罚的)未遂犯,形成有力的学说。[2] 受其影响,部分学者发生了刑事法政策上的转向,认为应对不能未遂的可罚性进行客观层面的限制。[3] 在司法实务中,过去普遍的做法仍然是对不能未遂大范围地认定为可罚的未遂。[4] 现今,有一部分司法裁判,对不能未遂作无罪处理,可以说这

---

〔1〕 参见高铭暄、马克昌主编:《刑法学》(第5版),北京大学出版社、高等教育出版社2011年版,第156页;赵秉志:《刑法总论问题研究》,中国法制出版社1996年版,第486~490页。

〔2〕 参见张明楷:《刑法学》,法律出版社2011年版,第334页。

〔3〕 参见赵秉志:《犯罪未遂形态研究》,中国人民大学出版社2008年版,第193页。

〔4〕 参见黄祥青:《"误认尸块为毒品予以运输"应如何定罪处刑——兼谈不能犯的定罪与量刑》,载《政治与法律》2001年第2期。

是受到了刑法理论的影响。[1] 因而,在司法实务层面,亟待解决的问题是,不同司法者按照不同的理论,或根据客观层面的客观"可量化危险",或根据主客观相统一(实际上是偏向于主观面)的"计划危险",对不能未遂的案件作出裁判,在一定程度上会导致"同案异判",甲地某法官按照计划危险理论予以入罪的案件可能在乙地另一持客观危险说的某法官处不予入罪。同样是客观上不能未遂而按照计划能够预测结果发生的案件,由于理论学说的主张不同而随意出入罪,导致法安全和法适用的客观性遭受挑战。

在教义学层面,由于不能未遂问题与"法益论—构成要件论(因果关系与客观归责)—不法论"等各层面的刑法基本问题都紧密相关,因而理论的状况更为复杂、争议更为激烈。第一,关于不能未遂的可罚性根据(Strafgrund des untauglichen Versuchs),传统刑法理论通说是在"犯罪构成是刑事责任的唯一根据"这个命题的意义上,肯定未遂犯具有修正的犯罪构成,而不能未遂具备完整的主客观根据,因而具有可罚性。[2] 现在的有力学说认为,不能犯的可罚性根据是行为所引起的客观上的法益侵害的危险或者构成要件实现的危险,不具有法益侵害危险的行为不是未遂犯。[3] 此外,还有部分学者主张主观的未遂处罚根据论,主张抽象危险说或者计划危险理论来区分可罚与不可罚的不能未遂的范围。[4] 其他学者则主张对不能未遂的危险进行规范的客观判断,因而对不能未遂的处罚根据采取的是规范的客观未遂论的主张。[5] 第二,关于不能未遂的具体可罚性的判断标准与判断方法,基本上仍然来源于德日刑法理论,为我国学者所主张的观点可归纳为三种大致方向上不同的争论:①偏向

---

〔1〕 参见汪蕾:《对象不能犯的未遂认定》,载《中国检察官》2008 年第 4 期。

〔2〕 参见赵秉志:《犯罪未遂的理论与实践》,中国人民大学出版社 1987 年版,第 172 页。

〔3〕 参见陈兴良:《不能犯与未遂犯——一个比较法的分析》,载《清华法学》2011 年第 4 期;梁根林:《未遂犯处罚根据论:嬗变、选择与检验》,载《法律科学》2015 年第 2 期;张明楷:《刑法学》,法律出版社 2011 年版,第 329 页;赵秉志:《犯罪未遂形态研究》,中国人民大学出版社 2008 年版,第 193 页。

〔4〕 参见陈家林:《为我国现行不能犯理论辩护》,载《法律科学》2008 年第 4 期;张志钢:《论不能未遂的可罚性》,北京大学 2015 年博士学位论文,第 157 页。

〔5〕 参见梁根林:《未遂犯处罚根据论:嬗变、选择与检验》,载《法律科学》2015 年第 2 期;陈璇:《客观的未遂处罚根据论之提倡》,载《法学研究》2011 年第 2 期。

主观的是抽象危险说或者计划危险论。根据计划危险说或者抽象危险说，应当以行为人的计划为基础，判断犯行计划在事前的客观条件下发生法益侵害结果的可能性。[1] ②偏向客观的是客观危险说。客观危险说主张从事后观察的全部客观事实出发，从科学的观点判断法益侵害结果发生的可能性。[2] ③居中的是具体危险说。按照具体危险说，在行为客观上不能发生结果时，应当以一般人能够认识及行为人特别认识的事实为出发点，按照一般人的观点判断行为是否具有法益侵害结果发生的可能性。[3] 此外，还有极少数学者主张直接引入德国刑法中的印象理论。就此而言，我国刑法理论在不能未遂问题上已然颇具学派之争的外观。

另外，如何理解世界范围内在不能未遂问题上主流国家的立法政策和学说的动向？现今我国已有学者就该疑问进行了初步思考。对此，陈璇教授认为，主流国家的刑法理论和刑事立法已然拒绝了主观未遂理论，在立法中确认客观未遂根据论，从客观上限制不能未遂的可罚性，或者虽未在立法中如此做法政策的选择，但是在主流学说中选择了客观未遂根据的立场。[4] 然而，劳东燕教授则认为各国未遂理论在着手问题上存在向主观论转变的共同倾向，由于着手判断与不能犯判断是一体两面的关系，这一对着手判断的理论的归纳也可以认为是对未遂理论主观化世界趋势的肯定。[5] 在这一问题上，张志钢博士则尖锐地指出，从我国刑法关于预备犯的原则性处罚等未完成形态的处罚规定中，能够推导出我国刑法强烈的主观主义立法倾向。[6] 言下之意，列国之刑法立法趋势并不足以左右法律解释者面对我国在未遂领域姿态鲜明的主观主义刑事立法时选取的与所谓“主流刑法世界观”相匹配的未遂刑罚理论。实际上，就

---

〔1〕 参见张志钢：《论不能未遂的可罚性》，北京大学2015年博士学位论文，第157页；王拓：《不能犯抽象危险说之坚持——兼与张明楷教授商榷》，载《黑龙江政法管理干部学院学报》2007年第2期。

〔2〕 参见张明楷：《刑法学》，法律出版社2011年版，第334、第335页；黎宏：《从一案例看不能犯与未遂犯的区别》，载《中国刑事法杂志》2001年第3期。

〔3〕 参见周光权：《区分不能犯和未遂犯的三个维度》，载《清华法学》2011年第4期；陈璇：《客观的未遂处罚根据论之提倡》，载《法学研究》2011年第2期。

〔4〕 参见陈璇：《客观的未遂处罚根据论之提倡》，载《法学研究》2011年第2期。

〔5〕 参见劳东燕：《论实行的着手与不法的成立根据》，载《中外法学》2011年第6期。

〔6〕 参见张志钢：《论不能未遂的可罚性》，北京大学2015年博士学位论文，“内容摘要”。

这一问题又可延续到立法对未遂的处罚根据的法政策问题。也就是说，立法者在应然和实然的不同层面是否可以或者是否选择了客观处罚根据论或者主观处罚根据论作为立法者建构不能未遂处罚条款时的刑事政策？就比较法的层面而言，德国刑法学者认为德国刑法立法在主客观混合理论上是偏向于主观未遂论的立法的。[1] 因为，《德国刑法典》第22条（关于未遂的概念和处罚规定），“直接开始构成要件的行为”要根据行为人的犯行设想来确定，[2] 因而这是兼顾了行为的客观面（直接开始构成要件的实现）和主观面（犯行设想）的处罚政策。由于客观面的内容的确定仍然有赖于以主观上的行为决意作为判断基础，因而实质上大致采用了主观主义的未遂处罚政策。与此不同，我国台湾地区通过2005年的修法改变了不能未遂的处罚政策，由“减轻或者免除其刑”转为“不罚”，至于不能未遂的概念则采用“行为不能发生犯罪之结果，又无危险”的表述。对此，台湾地区学者认为，既然该法明定不能未遂一概不罚之法律效果，那么明显是采用了客观说的立场。[3] 由于我国并未规定不能未遂的概念和处罚，因而就此很难断言我国刑法立法者已然对不能未遂的处罚采取了主观说的立场。即便如此，在德国刑法学界和台湾地区刑法学界，采不同于立法者立场学说的学者也是有力的学说，这也说明信条性的不能未遂的理论面对刑法规定也存在一定的反向活动空间。

在危险的判断上，首先要决定，在不同的角度，应当选择怎样的危险概念（实际上不同的危险概念对应于不同的判断模式）。为我国学者所主张的是：立于一般预防和社会心理效果的印象理论、以犯行计划（Tatentschluss）为基础的计划说或者抽象危险说、以相当因果关系或者客观归责之危险理论为基础的具体危险说、以一元结果无价值论为基础并认为未遂犯为危险犯的客观危险说。上述学说在如下几个问题点存在对立：首先，行为计划和行为人认识，是否以及在何种程度上可以作为判断

〔1〕 Vgl. Baumann/Weber/Mitsch, Strafrecht AT, § 26, Rn. 19.

〔2〕 § 22 StGB, Eine Straftat versucht, wer nach seine Vorstellung von der Tat zur Verwirklichung des Tatbestandes unmittelbar ansetzt. 译文是：行为人根据其犯行设想直接开始构成要件的实现，是犯罪未遂。

〔3〕 参见林钰雄：《新刑法总则》，中国人民大学出版社2009年版，第287页。

危险的基础。其次,危险判断中法评价之结果是否以一般人为标准进行规范化处理。最后,所要进行的危险判断,究竟限于事实层面还是以事实为基础的规范活动。前者涉及不法的客观化与主观化问题,坚持不法客观化则必然无法容忍将行为人的主观设想内容作为判断危险的根据。一般人的认识和判断问题,则涉及法评价本身是否负有一般预防之考虑,而作为其前提,首先要决定危险判断与一般预防是否兼容。后者所涉的问题主要是对危险的事实性和规范性的界定。在这个问题上,应该说不能未遂危险的事实主义源于刑法一元结果无价值论的观念。对此,目前的研究在上述各层面所关涉的"危险判断"问题,都仍然多是介绍性知识,而非立足于本土的信条性建构。

如果回到问题的原点,我国《刑法》第 23 条规定:"已经着手实行犯罪,由于犯罪分子意志以外的原因而未得逞的,是犯罪未遂。对于未遂犯,可以比照既遂犯从轻或者减轻处罚。"在把法律条文作为研究的基本信条这一立场上,如果以能否为具体案件提供解决方案作为学说是否发达的标志,那么现有研究的诸多学说,在为法官判决案件提供一个清晰的、较少争议的标准和判断方法上仍然有待进一步的学术努力来改进。因此,关于不能未遂的可罚性,以我国刑法上述规定作为原点,能够衍生出一系列教义性的问题,当然这些问题的某些侧面也是刑事政策性的。

第二节 问题

我国刑法只规定未遂的一般条款,不能未遂的可罚性依赖于理论上的危险概念,而危险概念的不稳定性可能有悖于适用上的法安全。因此而引出的即本书所要解决的核心问题包括:①怎样限定危险概念,保障法安全;②如何运用危险判断,限定不能未遂的可罚性;③是否需要反思危险概念,逆推刑法领域中若干不同的危险概念。具体地说主要存在如下考虑:

首先,对(不能)未遂的可罚性应当进行限制,这是现代刑法信条学公认的价值观,然而,危险概念能否承担限制不能未遂可罚性的任务?在刑法上的危险概念与未遂的可罚性这两大观察视角的交点,如果能够妥当地回答这一问题,对刑法上危险概念的研究和对未遂可罚性的展开都大有裨益。刑法的目的在于法益保护,只有发生了构成要件的结果时才存在法益侵害,因而刑罚得以发动。然而,这一刑法戒律在两个方向出现了疑问:第一,在立法层面如果在罪状中不以实害结果为要素而设定构成要件,就会出现刑法分则条文并非直接保护法益,而是间接与法益侵害关联的现象,这就是危险犯的构成要件类型,在刑事立法政策上被称为可罚性的提前;第二,在刑法体系中,在并未发生法益实害结果时,刑法理论认为,某些存在法益侵害倾向的行为也是符合修正构成要件的行为,这就是未遂行为。“刑法在法益实害发生之前的介入,同样旨在保护法益,这是不难理解的;可是,刑罚在这种情况下介入的根据是什么”,〔1〕对于未遂处罚中刑罚根据的探讨,从各国理论状况来看,主要是围绕危险概念展开,这就是刑法上的危险概念问题。刑法处罚对于“危险”的青睐,导致产生了大量以危险概念作为刑罚前提条件的处罚规定,在一定程度上也反映了传统刑法本身就是危险刑法。〔2〕 在内容上,构成危险刑法的两大区域就是危险犯和未遂犯。在危险犯的领域,大量以抽象或者具体危险作为构成要件要素的罪名与具体案件事实的涵摄,需要以一定的案件事实基础为出发点,判断出构成要件中要求的危险概念在具体事实中已然存在。如果相应的案件事实无法在刑法观念上与构成要件的危险概念进行对接,那么该罪既遂构成要件的该当性就应当被否定,相应地又需要进一步判断该行为是否成立危险犯的未遂。〔3〕 在未遂犯的领域,未遂的概念是否建构在危险之上,这一问题本身是存在争议的。在肯定未遂中危险

---

〔1〕 李海东:《刑法原理入门——犯罪论基础》,法律出版社 1998 年版,第 132 页。

〔2〕 如果说风险刑法的核心概念是基于风险社会的风险概念,那么风险概念、风险社会以及风险社会的刑事政策等一概不是本书关注的问题。本书所关注的毋宁是以传统刑法中犯罪概念所固有的、潜在的危险概念为建构和讨论的基础的,危险概念在刑事政策上的有用性和在刑法体系中的合逻辑性的冲突与消弭,应该说是危险教义学的根本任务。本书即是负载这一任务之下的探讨,因而并不关注立法意义上刑事政策的现状、趋势和相应评价。

〔3〕 这里涉及危险犯的未遂是否值得处罚。如果认为未遂的危险与危险犯是同一个危险,那么危险犯的危险不成立,也就同时否定了未遂犯成立的可能性。如果认为未遂的危险是不同于危险犯中危险的另外的概念,那么对危险犯当然也还有成立未遂犯的余地,此时就需要构建两个不同的刑法上的危险概念。

概念具有重要地位的观念中,危险概念决定了未遂处罚的范围。立足体系性来看的话,危险概念不仅具有违法论的意义,而且是关涉构成要件符合性的问题,危险概念对除既遂以外的危险犯、预备、未遂、中止都发挥着刑事可罚根据的理论与实践作用。[1] 然而,在刑法上不同领域中的危险概念,虽然概念上是相同的,也是从同一根源上派生出来的,其具体内容和刑法功能是否同一却是存在疑问的。[2] 应该说,未遂犯领域中的危险概念,在学说的不断变换中,其内涵是极不确定的,时常在主观与客观之间游离,时而又遭到刑法学说的否定。[3] 我国刑法并未规定未遂的形式边界,不能未遂的概念和危险理论只是学理上的论证工具。在这种情况下,危险概念是否具有保障我国刑法处罚未遂的一贯的、稳定的、能够赋予法安全的能力,在理论上应当在什么样的立场上去理解危险概念,从而有助于一种保障法安全的不能未遂的信条性方案的存在,成为理论研究不得不面对的问题。

其次,在不能未遂的处罚问题上,各种处罚根据理论不得不回应的深层理论问题有:刑法主观主义和刑法客观主义的真正区别是什么?刑法客观主义是否需要坚守?张志钢博士正确地指出,如何处理不能未遂的问题,会倒逼处理者作出刑法基本立场的表态,因此在不能未遂领域的理论的展开、危险概念及判断结构的界定都应与其不法的基本立场相适应。[4] 陈家林教授认为,我国旧刑法和现行刑法都是客观主义立场的刑法。虽然 1979 年《刑法》的立足点是刑法客观主义,但立法宜粗不宜细的指导方针导致制定出的条文对司法自由裁量权赋予过多的空间,这为主流刑法学者造成了“1979 年《刑法》是主观主义刑法”的幻觉,相反 1997

---

〔1〕 参见李海东:《刑法原理入门——犯罪论基础》,法律出版社 1998 年版,第 133 页。

〔2〕 参见[日]西原春夫:《犯罪实行行为论》,江溯、戴波译,法律出版社 2009 年版,第 96 页。

〔3〕 例如,德国刑法学者 v. Buri 长期批判危险概念的客观性,在自然因果观念基础上,具体情况下行为如果没有侵害法益,就证明通过行为也不可能使法益被危险化。在这个意义上,危险是人类社会生活经验的意识活动的产物,然而危险概念确实存在一般性的内容,这种一般性在自然因果这种裸的物理法则下变得无法进行判断和感知。v. Hippel, Deutsches Strafrecht, Bd2, § 30, S. 421.

〔4〕 参见张志钢:《论不能未遂的可罚性》,北京大学 2015 年博士学位论文,第 3 页。

年《刑法》却进一步贯彻了重视主观的价值取向。[1] 由此可见，讨论不能未遂的处罚问题，其最终还必须返璞归真，回归刑法主观主义与刑法客观主义之关系的论证。这里涉及刑法主观主义与刑法客观主义的区分基点问题，对此德国刑法学者施彭德尔(Spendel)认为，刑法主观主义与刑法客观主义对立的出发点是是否承认行为人的"所为"(Werke)与"所思"(Gesinnung)具有重要性，对应马克斯·韦伯在伦理学中所谓答责伦理(Verantwortungsethik)与意志伦理(Gesinnungsethik)的区分；客观未遂论的刑法思考方向则是在主观与客观不相符时强调客观优先于主观并且只有在有责的整体或者部分结果中寻找真正的刑罚根据；在未遂领域中主观主义的根本问题在于，建立在法治国的客观构成要件基础上的既遂刑法与建立在警察国的重视行为人意思为基础的未遂刑法，在基点上存在不可调和的对立。[2] 那么，当前刑法理论在不能未遂这一问题点中所持有的主观未遂论与客观未遂论，与刑法主观主义、刑法客观主义的对应关系究竟如何？主观未遂处罚根据论和客观未遂处罚根据论是否真的如陈家林教授所说，只是在刑法客观主义的大阵营之下对不能未遂行为的主观面向和客观面向的倾重不同而已？[3]

再次，危险概念的判断中，危险说与印象理论的根本分歧是什么？危险说内部的不同主张，即抽象危险说、具体危险说与客观危险说之间的对立各自有什么样的刑法上的根据？还有最为核心的问题：哪一种危险说是妥当的，在何种刑法观念的立场上这样的学说具有怎样的合理性？应该说，对不能未遂的可罚性的研究，其落脚点应是危险的概念界定和判断构造的理论推进。对此，经过对纯粹客观不法论的和危险释义学的批判，张志钢博士最终将不能未遂的可罚性定位于计划危险理论，从其内部的基本立场来看，这一批判与偏向主观的计划危险论是相符的，因而该论证结构在内部上是自洽的。然而，陈家林博士则将不能未遂的处罚落脚于客观主义前提下的主观未遂论，因而需要对客观主义不法的概念进行一定的相对化处理。这里涉及不法的主观性与客观性、行为不法与结果不

[1] 参见陈家林：《不能犯初论》，中国人民公安大学出版社2005年版，第131页。
[2] Vgl. Spendel, Zur Notwendigkeit des Objektivismus im Strafrecht, ZStW 65(1953), 519.
[3] 参见陈家林：《为我国现行不能犯理论辩护》，载《法律科学》2008年第4期。

法的关系等一系列问题。对于危险问题的解题，不得不对这些定理性问题进行检验。此外，刑法上危险概念的自洽性，在自然主义因果理论那里是被否定的，所有的条件都是原因，结果并未发生意味着行为不是条件，因而没有危险。[1] 而以相当因果关系理论为基础，由于一般人判断和社会生活经验作为参照系被引入刑法构成要件符合性的判断过程，危险概念得以成立，并且成为与相当因果关系相对应的潜在因果相当性。其中因果理论与不能未遂可罚性的关系可见一斑。然而，在现代刑法客观归责理论大量运用于不法判断中以来，不能未遂可罚性的客观判断标准是否也需要进行相应的调整？能否在潜在的客观归责或者客观归责可能性意义上对危险概念进行规范的改造，进而对不能未遂的可罚性进行规范的限定？这些是目前关于不能未遂可罚性不得不回应的问题。

最后，以不能未遂的可罚性为载体所探讨的危险概念，是刑法上危险概念的两大核心板块之一，作为其平行概念的则是危险犯的危险概念。由此还引出两大危险概念的比较问题。实际上，由于结果无价值论者将法益侵害的客观危险作为未遂的构成要件要素，而法益侵害的客观危险是事实主义的概念，因此未遂犯的构成要件在一定意义上与具体危险犯相同。在此成为问题的是，在刑法体系中在不同领域内出现的、以同样的表述为基础的危险概念，也起源于法益保护的前置，即法益保护的有效性，其概念内容是否相同？危险同一论与危险区别论的理由分别是什么？对这些问题的回答也将是本书所进一步关心的对象。

第三节 方法

本书主要采用教义学的研究方法、比较法的研究方法对不能未遂的可罚性问题进行研究。

研究材料上，本书主要以中国刑法与德国刑法关于不能未遂的立法、学说和判例作为基础。在中国刑法方面，由于立法并未详细规定不能未

[1] Vgl. Henkel, Der Gefahrbegriff im Strafrecht, 1930, S. 8.

遂的成立与处罚,不能未遂的裁判也较为罕见,主要表现为假币相关犯罪、毒品相关犯罪与故意杀人罪,因而研究的资料主要是大量的刑法学理文献中的学说。在德国刑法这一面,德国刑法立法、学说和判例均存在具体丰富的资料,本书在汇总这些资料和文献的基础上,展开中德刑法中不能未遂可罚性的比较法研究。

当前,我国刑法学上掀起一股刑法教义学方法论的风潮,教义学或者信条学的研究思路逐步为我国刑法学者所掌握,并成为在犯罪构造理论中进行细致的刑法思辨研究的主要研究方法。应该说,在研究方法上,刑法教义学的研究方法取代了传统刑法理论中辩证的思辨研究方法,将刑法条文与犯罪成立理论进行了仔细的结合。按照普珀(Puppe)教授的理解,犯罪构造理论主要是将关于犯罪概念及其成立要素、犯罪要素相互之间的(逻辑)关系尽可能归纳为一般的命题,进而将某犯罪中的(事实)确定与价值逻辑性、符合语义性地分别建构并分别归属于不同的构造阶层。[1] 也正是在这个意义上,本书试图以不能未遂中最为关键的核心概念——危险作为讨论的核心问题,通过危险的概念确定及与相关要素的逻辑关系的阐明,进一步发展出自洽的不能未遂的处罚限定方案。因此,本书的主要研究方法是刑法信条学或者刑法教义学的研究方法。

当然,对不能未遂的研究前提,是在经验资料上占据全面、可靠的事实性资料,因而需要在相应的研究中辅用事实学的观察性研究方法。德国刑法在不能未遂的问题上的确有不同于我国刑法之处。对此,只进行总论部分概念、学理的横向比较,忽略刑法各罪中实际处罚条款的限定,有误解其真实立法政策的学术风险,因而应同时将观察视野扩展到德国刑法分则的未遂处罚条款。众所周知,德国刑法对未遂的处罚,与犯罪的形式分类紧密相关,以基本刑为依据,最低法定刑在一年以上自由刑的犯罪属于重罪(Verbrechen),而最低刑是更低的自由刑或者仅仅是罚金刑的犯罪是轻罪(Vergehen);重罪的未遂具有可罚性,轻罪的未遂的可罚性依赖于刑法分则相应罪名中的明文规定。[2] 应该说,如果忽略了这样的法

---

〔1〕 Vgl. Puppe, NK, Vor. § 13, Rn. 1.

〔2〕 Vgl. Schönke/Schröder/Eser, StGB Kommentar, § 12, Rn. 1.

文本经验事实，在那样的前提下直接采纳德国的印象理论或者其他某种学说，并将其作为我国刑法未遂处罚的根据或者标准，实际上对于我国的刑罚标准的不当前移所引发的刑罚圈不当扩张，或许会是一种可怕的研究事故吧！这样的事故是本书所不能承担的。鉴于此，本书的第一部分就是对德国刑法的法文本、判例和学说、学术史的综述性介绍，其中采用经验观察的方法对德国刑法分则所处罚的未遂的罪名分布进行列表式介绍。

第四节 论证结构

本书的视野立足于不能未遂的可罚性的根据问题，比较和反思现有理论的犯罪论的立场。在该部分内容中，本书首先探讨未遂与既遂在可罚根据上的同一性，进而对“不法是刑事可罚性的根据”进行讨论。进而，在不法立场上，对主观未遂论、客观未遂论及综合未遂论进行介绍、比较和评述。进而，立足于行为无价值与结果无价值二元论的基础上，选择并展开综合未遂论。

本书试图全面介绍德国刑法不能未遂可罚性的立法、判例及学说上限定不能未遂可罚性的不同方案。在这部分内容中，主要以学术史的考察角度并在信条性对概念、学说及判例的评述的基础上，整体上把握现今德国刑法不能未遂理论的完整形象。首先，本书介绍德国帝国法院和德国联邦最高法院对于不能未遂案件所作的判例以及判例中所采纳的不能未遂处罚理论。尽管学术界对于不能未遂可罚性的学说从费尔巴哈所提出的客观说、布里的主观说到后来的抽象客观说、具体客观说、印象理论与双轨制方案、宪法性解释方案、法哲学解决方案等不同理论之间不断变换，但德国帝国法院和联邦最高法院却一直采取主观说并未动摇。由此可见，判例并未受学说的吸引而转变其态度。其次，本书对于不能未遂可罚性限定的学说，在类型学的意义上区分为犯意表现理论、危险理论、定型化理论、社会心理学理论、法哲学承认关系理论、违宪性理论、双轨制与二元化方案等不同立场，分别就其理论内容、理论基础、在不能未遂处罚上的限定效果、在刑法体系与刑事政策上的地位进行介绍。最后,本书通过对判例、学说的介评,进一步探讨学说与判例背后的相关因素——因果理论与客观归责理论之间的关系。

立足于综合未遂处罚根据论,不能未遂的可罚性基础仍只能在不法层面寻求突破。未遂与既遂在责任(Schuld)层面并无差异,在不法属性上却天差地别。由于既遂未遂在事实层面的差异,主观未遂论简单放弃不法(Unrecht),而从求同的角度将未遂的可罚性基础定位于责任层面,有可能突破不法对犯罪成立的前提性限制,进入意思刑法。相对来说,客观未遂论和综合未遂论在不法层面,都在肯定未遂不法不同于既遂不法的前提下,寻求未遂在不法层面的处罚根据。在这一方向上,两种立场都是妥当的。然而,客观未遂论的立场是古典犯罪构造中的纯粹客观不法论和结果无价值一元论。在这一部分,本书在肯定综合不法论的前提下,通过规范的危险概念来限定未遂犯的可罚性。

在此基础上,本书对现在我国刑法学说上的计划危险说、事实危险论和具体危险说进行批判。计划危险说,以行为人的犯罪计划是否能够实现为判断过程,实际上是过度偏重了综合不法中的故意的适格性,将行为人的主观方面是否成立适合于犯罪既遂的故意作为判断对象,而客观构成要件只是该判断的参照系和辅助物,因而对不法过度主观化。按照该理论,仅不能适合于既遂故意的迷信犯不具有危险,从而在结论上与德国刑法的规范主义刑法理论过度亲近。事实危险论主张未遂犯是具体危险犯,应当以事实上行为造成的法益侵害危险作为判断对象,事实结果发生盖然性高的,成立可罚的未遂犯,事实结果发生盖然性低的,成立不可罚的不能犯。然而,这种理论一方面掩盖其判断内容也要包含抽象一般人假定的情况,另一方面将刑法目的过度物化和空洞化,成为行为人在生活中是否走运的规范写照。

因此,本书从危险的刑法内涵作为出发点,探讨危险概念具有限定未遂可罚性范围的机能、方式和基础。刑法中的危险概念具有多义性。在过去的研究中,刑法理论粗略地对主观危险与客观危险、行为人危险与行为危险、具体危险与抽象危险、行为危险与结果危险等成对概念进行过初步探讨。本书从人类普遍存在的、按照经验法则判断结果发生相当性的思维定式出发,刑法中行为规范的发挥,其过程就是命令一般人按照经验法则行动,避免法益侵害发生。因而危险概念作为限制不能未遂可罚性的理由是,危险概念符合社会经验法则的相当性,符合刑法构成要件的行为指导功能。同时,危险又是程度性概念,即危险有高低之分,在不同的观察者角度下可能既有危险又无危险、既是高度危险又是低度危险。此外,对于刑法上限定不能未遂的可罚性至关重要的另一个观察角度是,事实的危险与规范的危险,前者是客观现象依照因果法则招致结果发生的盖然性问题,而后者则是按照社会经验法则对结果发生相当性的评价。然而,客观事实危险的判断,也不能离开假定因果的思维方法,总要对假定存在的能够引起法益侵害的想象事实进行抽象的假定,否则所谓客观事实发生盖然性自无比较参照系,也就无危险可言。对于抽象事实的假定,说明客观事实危险也是必然带有按照社会经验法则进行一般化判断的规范思维。

通过探讨危险的刑法内涵和危险概念的重塑可能性,本书立足于综合未遂论,在以客观为基础的综合不法论的层面,主张规范危险概念与规范的危险判断是符合刑法一般预防目的的合理判断。未遂行为之所以可罚,其原因在于行为人实施了按照经验法则来看具有法益侵害性的行为,因而未遂不法属于行为不法。然而,行为不法的界定,既不能脱离主观不法要素,也难以彻底与结果不法分道扬镳。

最后,本书对规范危险概念在刑法适用中的解释力进行检验。我国刑法在多处以危险作为处罚事由,危险犯是其示例。规范危险概念是按照社会经验法则对行为不法的判断。抽象危险犯是以低度危险作为处罚基础的危险犯,而具体危险犯则是以高度危险作为处罚基础的危险犯。因而,二者的边界是相对的,而难以彻底区分。刑法中对具体危险犯中规定,“引起……的危险”,为注意规定,提示司法者注意限制处罚范围,对构成要件符合性进行实质判断以限制不法成立范围。

第二章　理论溯源：未遂的可罚性基础

第一节　概述

未遂的可罚性基础涉及的问题是，立法者为什么要把指定范围内的未遂置于刑罚之下？[1]未遂的可罚性基础的反面，就是限制不能未遂可罚性的理由。在刑法理论上明确为何处罚未遂，就同时也解答了两个问题：第一，什么样的未遂是不能未遂；第二，不能未遂是否可罚。因此，未遂的可罚性基础，是探讨不能未遂可罚性限制的前提。

对于这一问题的可能回答，至少存在两种不同的进路。第一种进路认为，刑法处罚既遂行为是常态，刑法处罚未遂行为是例外，因而未遂的处罚是刑法处罚的前置，属于对法益的提前保护。按照这种进路，未遂的处罚的根据应当在刑法体系之外，未遂的处罚既不是因为行为制造了不法，从而成为法律否定的对象；刑法处罚未遂也不是因为行为人的责任，从而成为法律责难的对

〔1〕 Vgl. Roxin, Strafrecht ATII, § 29, Rn. 9.

象。最终,这一进路只能从刑事政策的角度,为未遂的处罚寻找根据。第二种进路认为,刑法处罚未遂行为,与刑法处罚既遂行为是出于相同根据,不应在既遂的处罚根据之外再另寻未遂的处罚根据。未遂的处罚根据是因为在刑法体系内部的某个要素,或者是因为未遂造成的法益侵害、法益侵害的危险而成立不法;或者因为未遂行为的行为人主观上的犯罪意思表现于现实的行为,从而刑法所针对的这种犯罪意思值得动用刑罚加以处罚;或者由于刑法作为规范,需要对能够被认为是侵害规范的未遂行为进行处罚,从而对规范自身进行确证。但无论是哪一种立场,这一进路都强调未遂、既遂行为在处罚根据上的同质性而非异质性。

一、我国刑法中的未遂处罚根据理论

受苏联刑法学说的影响,在未遂处罚根据问题上,我国传统刑法理论采取了苏联的学说。在苏联刑法理论中,一般认为未遂负刑事责任的基础是行为对社会主义法律秩序的社会危害性。[1] 在我国传统刑法理论中,刑法客观主义与刑法主观主义均受到了批判,在此基础上主客观相统一原则得以确立,并且成为分析和确立未遂处罚根据的基本理论工具。例如,赵秉志教授认为,根据中国刑法学中主客观相统一的刑事责任原理,对故意犯罪的完成形态与未完成形态的犯罪构成模式加以正确地区别和界定,可以科学地解决犯罪未遂负刑事责任的根据问题。行为符合犯罪概念指导下的犯罪构成,是行为人负刑事责任的根据。未遂的犯罪构成不同于既遂,但是在修正的犯罪构成的思维之下,未遂仍然能够满足修正的犯罪构成,因而具有不同于既遂的刑事责任的根据。[2] 修正的犯罪构成的概念,其实来源于日本刑法中修正的构成要件的概念,所谓修正的构成要件,实际上是指修正的构成要件符合性,而并不是指修正的构成要件类型。由于刑法分则只规定了一种构成要件类型,就是在罪状之中描述了一种固定的、唯一的构成要件类型,对于一个罪名来说,刑法并未规定修正的构成要件类型。因此,修正的构成要件就是修正的构成要件

---

〔1〕 参见陈兴良:《客观未遂论的滥觞——一个学术史的考察》,载《法学家》2011 年第 4 期。
〔2〕 参见赵秉志:《犯罪未遂形态研究》,中国人民大学出版社 2008 年版,第 57 页。

符合性,即并未完全满足构成要件符合性,只能在“修正”的意义上被评价为该当的构成要件符合性。但是,在马克昌教授将修正的构成要件引入我国刑法学之后,形成了修正的犯罪构成理论,从而为预备、未遂、中止的行为等广泛扩大刑罚处罚范围奠定了合理的理论基础。然而,既然刑法分则对可罚行为的类型已经作出了明文规定,在此之外为什么又肯定对构成要件的该当能够被修正地符合?对于基本构成要件和基本罪状的该当和符合,其修正的底线是什么?在我国传统刑法理论中,这些问题都相当不明确。在这个意义上,本书认为修正的犯罪构成根据说,是极为宽泛的学说,并未真正为限定在非既遂场合的刑罚处罚提供妥当的根据。

对此,我国传统刑法理论进一步提出以严重的社会危害性的概念作为立论的出发点,以此作为未遂行为可罚的根据。例如,陈家林教授认为:我国刑法理论中的社会危害性的概念,如果仅从司法层次上的社会危害性概念的层面展开的话,司法上的社会危害性也就是刑法上的无价值评价,因而它同样也可以拆分为行为无价值与结果无价值,因而也说明我国刑法采用了二元的人的不法论,因此我国的社会危害性概念是具有规范质量的实在概念,未遂的本身具有刑法上的行为无价值,因而说明行为具有严重的社会危害性,而这正是未遂犯实质的处罚根据所在。[1] 然而,由于社会危害性的判断流于形式,而主客观相统一的原则只是重复了社会危害性的陈词,并未为解决未遂的刑事可罚根据提供新的内容,因而不仅在具体结论上不可取,在方法论上也不可行。[2] 在本书看来,社会危害性理论无法作为未遂犯可罚性的根据:第一,如果承认社会危害性作为未遂犯的可罚根据,势必要以行为是否具有社会危害性作为行为是否成立可罚的未遂还是不可罚的不能未遂的判断标准,然而,社会危害性标准是极其模糊的,实际上导致对未遂犯的处罚范围认定过宽。第二,刑法处罚未遂行为,是以特定的功能为导向的,未遂的可罚性根据即服务于这样的刑法目的。然而,如果承认社会危害性是刑法处罚未遂的根据,那么就会引起刑法工具化的危险。第三,对于社会危害性如何认定,在我国刑

---

〔1〕 参见陈家林:《不能犯初论》,中国人民公安大学出版社 2005 年版,第 177 页。

〔2〕 参见陈兴良:《客观未遂论的滥觞——一个学术史的考察》,载《法学家》2011 年第 4 期。

法学中存在争议，尤其是在社会危害性与刑事违法性的关系混乱不清、难以捉摸的情况下，到底是以刑事违法性限定社会危害性还是以后者限定前者，根本就是见仁见智的事情。在社会危害性的体系性地位和内容尚未完全明晰的情况下，作为刑罚扩大事由的根据，有破坏法安定的危险。第四，社会危害性理论的起点标准是很低的，不仅对未遂行为的限定毫无作用，甚至对预备行为的可罚性也能够给出原则性一般处罚的肯定论证，可见其缺乏相当的规范性，因而难以作为规范的未遂可罚性限定的标准。第五，如果将社会危害性作主客观相统一的理解，那么对于未遂的可罚性就在一定程度上采取了综合的可罚根据论，那么在主客观相统一中，主观的要素与客观的要素的相互地位分别如何？实际上在不能未遂的场合显然主客观是无法严格统一的，此时按照该说的结论最终无非是以主观弥补客观，以主观替代客观，有可能对不值得处罚的不能未遂也认定为可罚的未遂行为，从而陷入刑法主观主义。对此，陈家林教授试图对社会危害性与规范的危险性概念进行折中，保留社会危害性的概念并对其作重新界定。[1] 然而，折中的结果却仍然是与刑事违法性相对应的社会危害性概念，仍然采取主客观相统一的理解，这种对社会危害性概念的修正，实际上的效果却值得怀疑，对于未遂的可罚性限定很有可能是毫无益处的。

自日本刑法理论被引入我国以来，张明楷、黎宏、陈兴良、梁根林等学者转而支持客观未遂论的主张，认为未遂的可罚根据在于法益侵害的危险性。例如，梁根林教授认为，我国刑法学关于未遂的处罚根据论，存在一个变化的过程，从最开始的主客观相统一说的混沌，到客观未遂论的勃兴并遭遇主观未遂论的坚守，从客观未遂论的理论的重构可能性出发，对于我国刑法的主观未遂论的立法态度作尽量的压缩。[2] 陈璇教授认为，未遂犯论的客观化已成为刑法学发展的趋势和潮流，我国刑法应当采纳客观的未遂处罚根据论。[3] 然而，就此而言还不能轻易下定结论，应当肯定客观的未遂处罚根据论或者主观的未遂处罚根据论，本章随后的研究将会进一步展示，客观未遂处罚根据论与主观未遂处罚根据论之间真

---

〔1〕 参见陈家林：《不能犯初论》，中国人民公安大学出版社 2005 年版，第 176 页。

〔2〕 参见梁根林：《未遂犯处罚根据论：嬗变、选择与检验》，载《法律科学》2015 年第 2 期。

〔3〕 参见陈璇：《客观的未遂处罚根据论之提倡》，载《法学研究》2011 年第 2 期。

正的区别,并进一步对此作出分析和选择。

二、未遂处罚根据论的基本思路

现今刑法学最热门的问题莫过于刑法体系与刑事政策的对立与融合,也就是怎样将刑事政策融入刑法教义学所建构的刑法体系中。这一思潮背景,恰好反映了犯罪构成方法论问题上的两种不同视角。在这一背景下,本书认为理论上已有的、对未遂处罚根据界定理论的基本思路存在两个不同的方向:刑事政策方向和刑法体系方向。

在刑事政策方向上,刑法处罚未遂行为的根据可被认为是某种刑事政策目的;或者是一般预防,又或者是特殊预防;强化法益保护或者其他某种刑事政策目的。这种方案的便利之处在于,能够简单直接地说明未遂的可罚根据。刑事政策性的判断往往是最符合法感情和社会大众直觉的,但却是超越信条学的价值判断,是超越了合逻辑性的合目的性追求,尽管在大多数情况下合目的的通常也是符合基本事理逻辑的,然而也不排除在少数情况下二者存在冲突的可能。在这个背景下,未遂的处罚根据论虽然被界定为各种不同表述、各种不同概念的刑事政策性目标,然而其最终的核心内容却都是一致的,即都是将刑法处罚未遂的根据界定为法感情的需要和大众正义直觉的满足。因此,未遂行为是否应当被作为犯罪进行处罚,就需要以一般人的法感情判断作出决定。就此而言,我国传统刑法中所谓主客观相统一的社会危害性理论在实质上就是一种以刑事政策为取向的未遂处罚根据论。根据前文所述,在未遂的场合,尤其是存在不能未遂的疑问的场合,由于客观上行为不可能引起法益侵害结果,而只是从行为人的主观方面来看具有犯罪的外观和表象。在这种情况下,客观上没有任何社会危害性的行为,由于主客观相统一的结果是主观压制客观,主观决定客观,强行统一的结果就是对不能未遂几乎全面肯定其社会危害性,最终会导致刑法处罚范围的扩张从而产生不当后果。可见,尽管主客观相统一的社会危害性说以社会危害性作为未遂处罚的根据,并试图通过实质判断进行限定,在判断内容上以主观与客观先区分、后统一的角度进行判断,但是,最终仍然不能将判断结果彻底隔离掉法感情的因素。就此而言,一方面我国传统刑法这种以刑事政策为核心内容的主客观相统一的社会危害性根据说应当废弃;另一方面,企图在刑事政策层面为未遂的可罚性根据奠定基础,其潜存的颠覆法教义学基本判断的危险值得警惕。

在刑法体系方向上,刑法处罚未遂行为的合理性根据应当回归到刑法处罚既遂行为相同的出发点之上。既遂行为,是符合刑法分则全部构成要件的行为,因而其可罚根据是该当构成要件之行为的不法性。就此而言,似乎对未遂可罚根据的合理的解说应当是未遂不法的成立。然而,这一结论却并不能覆盖学术史的真实情况。在刑法教义学体系的发展期和动荡期,一方面,不法和责任并不是一开始就被清晰和稳定地加以区分对待的;另一方面,在不法的概念上所出现的主观化趋势又为这种想要在刑法体系的进路上为未遂寻求可罚性根据的努力蒙上了一层阴影。

应当说,不法和责任的区分是李斯特 - 贝林(Liszt - Beling)犯罪论体系的基本成果。然而,在此之前的犯罪概念是处于混沌阶段的,时而被作为违反客观法的权利侵害现象来看待,时而又被作为一种客观外在化的犯罪意思而成为值得责难的对象来理解。就此,由于彼时的责任概念仍然是道德责任论,用道德戒律对客观的权利侵害行为进行责难,因而以客观外在化的犯罪意思作为犯罪既遂可罚根据的理论,往往又被批判为混淆道德法和实证法。因此,不法和责任的区分是现代刑法教义学体系的基本成果,在此之前的理论往往会混淆不法与责任对建构犯罪、建构可罚性的作用,因而存在误将"对行为的责难"作为未遂可罚性根据的可能。

另外,在犯罪论体系的发展中,对于不法的主观化曾经产生过两次变动。第一次是在麦兹格(Mczgcr)发现了主观违法要素时,犯罪目的等要素被广泛承认为决定不法成立与否的主观违法要素看待,从而实现了不法的主观化。对此,主观不法要素在德国刑法理论中已经得到一般的承认。[1] 在此基础上,威尔泽尔(Welzel)在战后提出目的行为论,在此基础上形成了人的不法理论,因而不法概念实现了彻底的主观化,故意过失不再只是责任心理形式,而首先成为决定不法的构成要件要素。因此,根据目的行为论,应当承认故意本身就是构成要件要素。此外,即便是根据为

〔1〕 Wessels/Beulke, Strafrecht AT, § 5, Rn. 139.

主流观点所支持的社会行为论,构成要件符合的行为是贯彻了人类意志的法——社会意义的行为,构成要件故意也应当作为典型的行为事实而归入主观不法构成要件中。[1] 在这一背景下,即便将不法作为未遂可罚性根据的出发点,理论也仍然无法避免出现所谓的主观化问题,对于不能未遂的判断也往往不得不落入无法避免主观要素的窠臼。然而,应当肯定的是,未遂处罚根据问题与刑法体系的构造,实质上是贯通的,因而不能脱离犯罪构造的结构,额外地讨论未遂可罚性的根据。否则就会出现如下现象:一方面,认为未遂行为也是该当构成要件、违法且有责的行为;另一方面,在此之外为何还需为其寻找可罚性的根据?究其原因,主要还是在于脱离了刑法体系原理,孤立地讨论未遂的可罚性根据。

第二节　对既有理论的分析和回应

一、刑法体系内或外?——印象理论的批判

在未遂的可罚性中所成立的可罚性的前置化,对于其基础的探讨,既可能从刑法体系之外的刑事政策进行探寻,也可能从刑法体系中进行分析。[2] 在这一分岔口,纯粹主观未遂论为避免留下意思刑法的遗患,转而对未遂的可罚性采取刑事政策的理解,即以社会心理上"法秩序信赖是否遭受重大侵害"作为未遂行为受刑罚处罚的理论基础。在刑法体系内,法秩序的信赖这一要素既不是对行为违法性的判断要素,也不是对行为人谴责性的要素。因此,在刑法体系内部,法秩序信赖被破坏的印象,无论在不法阶层还是在责任阶层都难以建构其理论关联。

印象理论是现今德国刑法对未遂可罚性根据的主流观点。[3] 近年来,我国有刑法学者对于不能犯的可罚性判断提倡印象理论,试图以此重

---

[1] Wessels/Beulke, Strafrecht AT, § 5, Rn. 139.

[2] 对此,德国刑法学者察克齐刻教授认为应当从未遂阶段行为已然成立的刑事不法为未遂可罚性的前置奠定根据。Vgl. Zaczyk, NK, § 22, Rn. 1.

[3] Schönke/Schröder/Eser Vor § 22, Rn. 22; Jeschek/Weigend § 49 II, S. 3; Wessels/Beulke Strafrecht Allgemeiner Teil, S. 594; Gropp Strafrecht AT, § 9, Rn. 48.

塑并改造我国理论和司法中不能未遂处罚的理论。[1] 印象理论批判客观危险说的理由是,对于并无客观危险的行为,如果刑法对其放任不管,公众就可能陷入恐慌情绪之中、社会也会陷入混乱,该说进一步推定刑法立法者的用意即在于使用刑法消除这种状态,而客观危险说对刑罚发动提出了充分但不必要的要求。相对于危险说,论者进一步认为印象理论具有重大的司法现实意义,既能够节约司法成本、避免法律调控的负面效应,同时还能够有效回应风险社会的刑法客观化趋势。[2] 然而,印象理论的提出背景是什么?如何理解印象理论的性质?印象理论能否在刑法体系和刑事政策之间安置一个固定的符合现代行为刑法和客观刑法的基本位置?印象理论受到张志钢博士的猛烈批判,批判的主要理由是:其一,基于印象理论所建构的未遂可罚性根据理论,对不能未遂可罚性判断所提出的标准是印象因素,然而该理论时而将印象因素安置在刑法体系内的未遂不法,时而又将其作为客观可罚性条件或者量刑因素,因而该学说立场过于暧昧;其二,作为该理论核心区别标准的印象因素,其内容是公众的感觉,因而是一个无法证实的概念,由于无法准确把握而难以作为可罚性的分水岭;其三,印象理论存在对法益概念精神化和抽象化的弊病,使法益概念成为一种规范自我运动的替代物;其四,在该学说内部印象理论的论证结构存在循环论证之虞;其五,印象理论的概念,使预备行为与未遂行为在教义学上的区分变成不可能。[3]

本书首先考察印象理论的内容,在此基础上,以刑法体系与刑事政策的关系作为分析工具,试图重新理解和检验印象理论,能否符合现今通行的犯罪体系理论知识,是否具有为中国刑法知识建构时,解决中国问题的能力。需要注意的是,印象理论并非学术史上最早出现的学说,根据前文的考察,对于不能未遂问题的可罚性探讨,最早出现的客观说,继而是主观说,印象理论随着主观说淡出历史舞台而出现。但是,从刑法体系与刑事政策关系的视角出发,首先应当分析和批判的,就是偏向于刑事政策的

---

〔1〕 参见刘晓山、刘光圣:《不能犯的可罚性判断——印象说之提倡》,载《法学评论》2008 年第 3 期。

〔2〕 同上。

〔3〕 参见张志钢:《论不能未遂的可罚性》,北京大学 2015 年博士学位论文,第 59 ~ 61 页。

印象理论。

印象理论的前身是由德国帝国法院的法官冯·布理(v. Buri)系统发展的纯粹主观说。纯粹主观说认为未遂的可罚性基础是通过客观行为表现的犯罪意思,纯粹主观说有可能陷入意思刑法,使刑法过度干涉人的主观心理活动,因而纯粹主观说不被现代行为刑法待见。[1] 为了对主观未遂理论进行客观化,印象理论应运而生。

(一)印象理论的内容

印象理论认为,未遂的可罚在于行为引起了法律信赖动摇的印象,犯罪意思的表现给一般人留下了这种印象才是未遂受刑罚处罚的根据。[2] 当已经落实的法敌对意思在客观上动摇了对法秩序的效力的信任和动摇了法安全性的感觉之时,未遂才是具有可罚性的。[3] 因此,在印象理论看来,单纯犯罪意思的表现还不足以使未遂的可罚性具有刑法上的正当性,仅仅利用客观行为去判断是否有法律所要针对的犯罪意思去论证未遂法制的正当性,一方面与法律不关注单纯的心理恶意的原理相违背,使刑法制度的道德化色彩浓重;另一方面也不可能为未遂的可罚性找到真正的基础。在此基础上,犯罪意思的客观化,只能作为判断的基础,这种客观化能否在社会大众受刑法行为规范指导的环节中产生实际上的、客观的、消极的影响,才是刑法所关心的对象。

对于法秩序动摇的印象如何进行认定?既然是法秩序效力的信任和法安全性的感觉受动摇的印象,似乎在具体案件中法官就应当根据社会调查,对实际上充当旁观者的目击证人、被害人等的实际心理观感做事实汇集,以此说明和反映行为具有刑事处罚的正当性。然而,这种印象并不是经验事实意义上可通过调查手段获取的真实社会大众耳闻目睹未遂犯行而产生的真实法秩序受到破坏的感觉。这并不是说这种社会大众的法制信赖感在现实中不可能被测量,而是说这种经验事实对于刑法来说是

---

〔1〕 实际上,在19世纪末作为概念性指称的印象要素,与成型的印象理论并不完全相同。早期学说中出现的印象因素与危险概念有着千丝万缕的关系,实际上是被作为判断危险的工具性概念使用的,由此可见,危险概念与印象理论有一定的联系。

〔2〕 Zaczyk, Das Unrecht der versuchten Tat, 1989, S. 22.

〔3〕 参见[德]乌尔斯·金德霍伊泽尔:《刑法总论》,蔡桂生译,北京大学出版社2015年版,第286页。

没有重要性的。犯罪意思落实到行为中,需要法官根据一般人的社会经验进行规范的抽象的判断,即便由于事实上无人目睹犯罪现场而没有实际的法秩序被破坏的可计量的他人负面感知,法官也应当运用自己的理性,假定该事实对于一个社会理性人来说,是否可能产生这种印象。由此可见,印象理论的实质并不是法秩序动摇的印象,而是一般人的法秩序动摇印象产生的可能性。[1] 在这一点上,印象理论与危险理论具有一定的相似性。由于危险概念也是按照社会经验法则对法益侵害的可能性或者构成要件完全实现的可能性进行判断或者预测,法秩序动摇印象的判断,也无外乎是按照社会经验进行的盖然性判断。然而,二者所判断的对象却有显著差异。对于印象理论来说,所要判断的对象是社会理性人知晓案件事实后的法信赖的心理动摇,对于危险来说,所要判断的则是社会理性人对于结果发生的盖然性的想象,相比较而言,社会理性人心理是否动摇比结果发生盖然性更为抽象、更加主观一些,而结果发生盖然性则是更加客观的内容。

根据陈家林教授的解读,印象说具有如下特点:第一,印象说以对法益概念进行精神化的理解为前提,由于冯·格明根(v. Gemmingen)等新康德主义的刑法学者对于法益概念精神化的论证和支持,法益不再被作为纯粹的物质性法益,而是更多地成为重视行为无价值的、纯粹的非物质价值加以把握,由于德国刑法学主流观点对于法益的这种精神化把握,国民对于法秩序的信赖就成为法益的内容;第二,印象说以实定法中将作为主观要素的"犯行设想"和作为客观要素的"直接开始构成要件的实现"同时作为犯罪未遂实行开始的标志,从而为印象理论奠定了这种实定法的根据。对此,本书认为这一判断显然存在理论错误。首先,印象说和法益精神化这两个范畴的确都是新康德刑法学派的观点,然而印象说并不必然以法益的精神化作为基础。按照克劳斯·罗克辛教授的解读,对于法益的理解是否过度精神化可以通过一个标准进行界分,如果个体因某种特定的行为方式被损害了安全感,由于人类共同生活的前提条件是不因他人而感到恐惧或者是不被他人贬低,在这个范围内将感觉、感情作为

---

[1] Vgl. Zaczyk, NK, § 22, Rn. 11.

刑法所保护的法益,因为其对人类共同生活和自由的发展来说具有直接关联性,因此仍然属于刑法法益概念的通常含义,刑法超过这一限度所保护的感情、感觉,都存在法益过度精神化的问题。[1] 因此,法益的精神化现象,只是在教义学上为过度犯罪化提供了不妥当的解释,使作为构成要件类型化基础的价值概念沦为恣意的范畴。然而,法益过度精神化却与印象理论不存在必然逻辑关系。印象理论为未遂奠定可罚性根据的理由,无非是在肯定既遂犯侵害法益之外,否定了未遂也侵害了法益的概念,因此未遂与既遂不具有相同的可罚根据,否则根本不需要单独提出所谓的法秩序紊乱的印象作为其可罚的根据,而是直接根据法益侵害说为其论证。在这个意义上,法益精神化的概念本身就能够为未遂提供充足的可罚根据。在杀人罪既遂的场合,我们能够无误地说生命法益受到了侵害。相应地,在杀人罪未遂的场合,我们也能够说生命不受冒犯的这种感情受到了侵害,因而这种生命不受冒犯的感情,才是一种真正意义上的生命法益的精神化理解。在此,印象理论则是借由一个规范上假定的抽象第三者的感觉,法秩序是否遭受扰乱,如果这一规范人的判断是法秩序破坏的印象,那么就应当作为可罚的未遂处理。由此可见,法益精神化的问题与这里的印象理论根本是两种不同的思维逻辑。其次,印象理论与实定法的关系,虽然存在事实上的、外观上的关联性,但并不具有理论上的真实联系。陈家林教授认为,德国的未遂概念,一方面强调构成要件的直接开始实现这一客观要素,从而与纯粹主观说划清了界限;另一方面又强调行为人对行为的态度,从而与纯粹客观说也不相同,因此,为印象说的理论奠定了基础。这种单纯的双边量之间的相关性描述,并未论证其真实的相互关系。当 a、b 两个现象同时趋近于一个方向时,既有可能是 a 作为自变量对 b 存在相关关系或者原因力,也有可能是 b 作为自变量对 a 存在相关关系或者原因力,也有可能是 a 与 b 都共同受到第三原因力的相关性促进作用。实际上,德国刑法的貌似处于中线的立法,只不过是立法者在争议不休的客观说与主观说之间,所做的一个中和。实际上,不仅印象理论能够合理解释这种综合的立法,主观说对此能够以主观限制客

[1] Vgl. Roxin, Strafrecht AT I, § 2, Rn. 27.

观,将行为人的犯行设想作为未遂处罚的核心基础,而客观说也是将直接开始构成要件实现的客观要素作为其论证的核心基础的。由此可见,这种立法并不是印象理论的法理基础。相对于此,印象理论也是由于主观未遂论久久不能摆脱客观说对其“意思刑法倾向”的批判,而朝客观化方向改弦更张的新成果罢了。在这个意义上,印象理论正是因为能够较好地解释,甚至是袒护这种折中主义的立法,反而吸引了不少来自客观未遂论的学者。

印象理论是未遂行为的可罚性基础,那么印象理论的理论基础是什么?

对此,德国刑法学者乌尔斯·金德霍伊泽尔认为,印象理论是建立在积极的一般预防理论基础之上的,刑罚的目标在于强化对法秩序的忠诚和信任,刑罚应当维护相互遵守犯罪化的举止规范的期待,当未遂已经恶化了规范的效力时,应当处罚未遂。雅科布斯教授则认为,未遂由于其表达了的规范违反而应受刑罚处罚。[1] 然而,相比而言,金德霍伊泽尔教授和雅科布斯教授虽然在表述上都使用了规范的效力、规范的违反的概念,然而二者存在显著不同。在雅科布斯教授那里,不仅未遂犯的可罚性基础在于表达了规范违反,实际上在既遂犯的场合,也是被作为规范违反来理解的。而金德霍伊泽尔教授则认为,规范的目的是保护法益,而刑罚的目的在于维护规范,在未遂的场合由于不存在法益侵害,因而未遂的可罚性基础只能从维护规范的角度加以论证。在此,这种在规范说基础上的细微差异值得研究,在此不再赘述。本书认为,印象理论的理论基础正如金德霍伊泽尔教授所说,是积极的一般预防理论。根据积极的一般预防理论,承载构成要件内容的刑罚规范的刑事政策目的在于发挥行为指导的作用,以命令性地要求社会一般人不得侵害法益。

(二)印象理论的特征

现在可以指出,作为德国刑法解释不能未遂可罚性通说的印象理论具有如下特征:

第一,印象理论的判断基础是主观要素,即客观表现了的行为人犯罪

[1] Vgl. Jakobs, Strafrecht AT, § 25. Rn. 21 – 23.

意思。在学说的传承关系上,印象理论是对主观说进行改造而形成的理论,因此印象理论也不可避免地带上了主观未遂论的印记。根据主观未遂论,即便是行为不可能造成法益侵害结果,只要行为人的犯罪意思被客观上确证,就值得动用刑罚对行为进行处罚。主观未遂论的确能够为未遂的可罚性提供广泛的基础,因而往往受到司法实践的青睐。尽管在印象理论中,这种印象要素在外观上具有一定的客观性表征,使用"一般人""动摇的印象"的概念,都脱离了行为人个人对于犯罪过程的价值评判和事实感觉,因而显然不同于主观未遂论,在立场上属于规范的客观未遂论。然而,由于该说的判断基础是主观要素,是行为人操纵敌视法律的意志活动,因而该说又与主观未遂论存在近缘关系。这种判断因而更加类似于责任判断而不是不法判断。原因在于,不法判断是对行为是否违法进行的判断,虽然现在的不法概念中也包含主观违法要素,但违法性的主要内容仍然是客观的。相比而言,责任判断则是对行为人的主观故意过失是否具有值得刑法可谴责性进行的规范判断,因而其主体内容是主观的。在印象理论看来,行为人的法敌对意思只要引起了规范的法秩序动摇印象,就能够判定行为成立未遂而具有可罚性。就此而言,本书认为印象理论是以进一步的客观的、规范的责任评判为实质内核,是就行为人主观法敌对意思进行的责难。从这个意义上而言,印象理论与主观未遂论具有较为亲近的关系,主观未遂论直接以与自然因果理论相匹配的心理责任论作为未遂行为人可罚性的基础,而印象理论则是以与相当因果关系相匹配的规范责任论作为未遂行为人可罚性的根据。尽管印象理论更加规范化、更加客观化,但性质上仍然是以责任责难作为未遂可罚性的根据。

第二,印象理论的判断对象是社会一般人的法秩序动摇印象,因而该理论的判断不是事实判断,而属于规范性判断。罗克辛教授认为,动摇法律的印象不需要在场的事实观察者的印象,而是在一个认识了所有外在与内在要素的外行平行评价者来看,行为人的行为是否适合引起一个动摇法律的印象。[1] 相对而言,主观未遂论是对行为人的敌对法律意思的外在操控进行判断并决定行为可罚性的理论,在主观未遂论中,值得注意

---

〔1〕 Vgl. Roxin, Strafrecht, AT II, § 29, Rn. 47.

的是一种事实上的确证,敌对法律的意思能够为客观事实印证。从这个角度来说,主观未遂论由于将未遂的可罚性沦为事实判断,从而不能很好地为刑法体系中符合刑事政策价值判断提供解决方案,最终只能“一刀切”而过多地对未遂进行了犯罪化。印象理论由于其判断始终是规范性判断,因而能够很好地承载刑事政策价值。

第三,印象理论的结论能够在既遂与未遂的可罚性程度差异、预备的无刑事可罚性、重大无知未遂与迷信未遂等重大界限性问题上给出较好的结论,因而印象理论是能够提出最符合价值选择的解释方案的理论。例如,在预备与未遂问题上,一般来说只有重大犯罪的预备行为才能够毫无争议地符合印象理论,给平均水平的外在观察者以法秩序动摇和法安全受损害的印象,然而这种重大犯罪的预备行为在德国刑法中是被类型化为具体构成要件的,因而印象理论对于预备行为的解释符合德国刑法立法者的选择。即便在我国刑法中,重大犯罪预备行为也是能够毫无矛盾地进行预备犯的处罚的。因此,普通的预备行为,按照印象理论就难以具有可罚性,因而虽然与德国刑法的立法较为适合,却难以对我国刑法立法者在预备行为刑事可罚性上的预先价值安排。然而,根据梁根林教授的分析,预备行为的一概处罚既与现代行为刑法的基本原理不符,也是刑事政策上过度犯罪化的表现,在刑事立法修改之前,应该从刑法体系内、刑事政策上等不同层面对预备犯罪的可罚性进行限制。[1] 在这个意义上,印象理论的确是能够较好地适应我国预备犯限缩处罚范围的方向的。此外,在迷信未遂与重大无知未遂之间,印象理论的确也能够很好地符合德国刑事立法的选择。对于迷信未遂,行为人采用了不具有自然力的咒语、祈祷等迷信的手段进行犯罪行为,因而迷信未遂总是以不适当的手段进行的手段不能未遂。对于迷信未遂行为,社会一般人运用生活经验法则,只会把这种行为当作一出滑稽十足的闹剧,而并不可能产生法秩序动摇的印象。相对来说,重大无知未遂的行为,如以为甘菊茶能够堕胎,在一般人看来则是具有“该人完成了一个堕胎行为”的印象,因而堕胎罪的

---

〔1〕 参见梁根林:《预备犯普遍处罚原则的困境与突围——〈刑法〉第22条的解读与重构》,载《中国法学》2011年第2期。

法律被动摇的印象也就存在了。从这个意义上,印象理论在不能未遂的可罚性上,也能够给予合适的支持。

(三)印象理论之批判

虽然印象理论是德国刑法未遂可罚性问题上的掌上明珠,但在我国刑法学却受到了不少冷遇。对此,张志钢博士批判了印象理论的失当性:第一,印象因素的体系性地位安置是现有刑法理论无解的难题,无论是不法、客观处罚条件还是量刑要素都有难以解答的冲突;第二,印象因素,是一种社会心理学的规范效果,是难以证实的概念;第三,同陈家林博士一样,张志钢博士也认为印象因素是以法益概念的精神化和抽象化为代价的,因而不符合现代刑法法益保护原理;第四,印象理论不是来源于刑法体系的教义学推导,因而属于刑法刑事政策为基础的内部循环论证;第五,印象理论对于预备行为一般不可罚的解读,不具有说服力。[1]

然而,上述批判似乎未点中印象理论的真正"痛点"。对印象因素的体系性批判并未把握印象理论的真正属性,印象理论是定位于刑事政策中的,因而提出关于其体系性地位的质疑,难以击中该理论的要害。印象因素的难以证实性,与印象理论的实际作用不相符合,德国刑法理论一般都认可印象理论对于未遂周边行为可罚性的限制还是较为清晰的,因而说其难以证实也并不贴切。前文已述,所谓法益精神化的概念与印象理论也相去甚远,实质上不是一个范畴。而如果将印象理论理解为刑事政策性的学说,因而仅仅表达了某种刑法上的合目的的价值取向,对此以逻辑自洽为批判标准也似乎显得很无力。至于印象理论对于预备行为不可罚的解读不具有说服力,本书也很难予以赞同,一般的预备行为由于在外观上看似通常意义上的社会性行为,因而并无法秩序动摇的印象,这一结论说明印象理论在预备行为的可罚性上是具有解释力的。

本书认为,印象理论的根本疑问在于脱离刑法体系为未遂的可罚性奠定基础。任何刑事可罚性的建立都应当以构成要件所建立的不法为基础,尽管刑事政策上合目的性的追求,能够在一定程度上扩展、延伸、前置和强化刑事可罚性的范围和强度,但终究不可能彻底脱离刑法体系中以

---

〔1〕 参见张志钢:《论不能未遂的可罚性》,北京大学 2015 年博士学位论文,第 59 ~ 61 页。

行为、构成要件、不法和责任所建构的犯罪概念。“刑法是刑事政策不可逾越的界限”,尽管现今对刑事政策与刑法体系融合的考虑是晚近刑法学正在发生的理论趋势,但无论是以刑法体系限制刑事政策,还是将刑事政策融入刑法体系,都并未、也不可能将刑事政策架空刑法体系单独为可罚性张目。就此而言,印象理论的结论总是符合刑事政策价值目标的,只要在某种行为下具有了法感情上处罚的需要,按照印象理论的判断总是能够承认一种法秩序动摇的印象。然而,这种印象因素的判断却并不总是具有相当的刑法体系的教义性支撑的。这并不是说,印象理论整体是彻底错误的、彻底偏离现代刑法体系的,而只是说,在刑法体系与刑事政策存在不可调和的冲突而本应悬崖勒马、保守刑法体系的基本要义时,印象理论毫不犹豫地坠落到刑事政策的深渊。正如克劳斯·罗克辛教授所批判的那样,这个为未遂刑事可罚性奠定基础的动摇法律的印象,部分是从客观危险中推导出来的,部分也是从违反规范所产生的扰乱和平中推导出来的,这导致了事实上印象理论也是以刑法体系中未遂根据的双轨制方案为基础的。[1]

就结论而言,印象理论只不过是绕过本应作为缜密分析未遂可罚性教义学基础的刑法体系,直截了当地表达了刑事政策的法价值评判。因而印象理论的实质是以结论替代论证过程,以结论妥当性掩盖了过程妥当性。法价值评判是需要教义学依托的,尤其是在立法者没有明确给出未遂行为可罚性边界、不能未遂的可罚性时,这种对法教义学和法解释学分析进行釜底抽薪的做法,有可能使刑法适用任意化,违背刑法平等原则,也同时违背罪刑法定原则所要求的明确性要求。对此,德国刑法学者希尔施(Hirsch)正确地指出,印象理论仅仅是一个空洞的形式,因为人们能够根据感觉得出任何希望得出的结论,所以在严格意义上印象理论不是一种科学的教义学理论。[2]

另外,以印象理论作为未遂的可罚性根据,实际上在此基础上提不出任何客观化、可操作性的标准,最终只能是一个证明立法普遍处罚不

---

〔1〕 Roxin, Strafrecht, AT II, § 29, Rn. 50.

〔2〕 Hirsch, Zur Behandlung des ungefährlichen Versuchs, in Problem II, S. 265.

能未遂具有合理性的无用理论。对于未遂的可罚性奠定基础的理论，应当是在前实定刑法中就能够对立法发挥作用的概念，在立法的意义上，印象理论所说的法秩序动摇的印象是极为暧昧的立法指导原则，最终只会导致未遂可罚性的立法选择走向与主观未遂论相同的结局。因为，立法者凭借印象理论对可罚的未遂边界的可能想象，最终都会如主观未遂论意义上落实在通过客观化所确认的行为人的敌对法意志，所以印象理论形式上试图摆脱主观未遂论走向刑法客观立场，在立法论上印象理论的绵软无力则展现了其与主观未遂论同穿一袍的本质。对此，赫茨贝格（Herzberg）教授在慕尼黑刑法评注中一针见血地指出，“不是印象理论为未遂的可罚性奠定了根据，毋宁是可罚未遂的成立说明了法动摇印象的可接受性”。[1] 因而，印象理论本身就是一个有待教义学的演绎来说明或者证明的刑事政策价值，否则，要么使用循环论证为其内部证成提供动力，要么就只能由于缺乏教义性而最终为主观未遂论的回炉留下空间。在这个意义上，对于未遂的可罚根据论能够提出一个教义学的要求，该理论必须是在立法论意义上具有建构性的，而不仅仅是说明性的，根据未遂的可罚根据论，立法论上的价值选择必须能够毫无争议地从体系内部导出到价值选择，形成通畅的教义学与刑事政策的互动结构。在解释论的意义上，印象理论没有为不能未遂的边界提出具体的操作标准。如果将印象理论引入我国刑法理论，作为未遂可罚性的基础和不能未遂限定可罚性的工具，能够毫无疑问地推导出，我国刑法势必能够承认重大无知未遂的可罚性，因而只是将德国刑法的刑事政策选择简单套用在我国立法之中。相反，对于我国刑法的未遂可罚性的限制，刑法教义学上的未遂理论应当根据教义学去建构符合我国刑法未遂可罚性判断标准的具体方案，而不是搬运刑事政策。教义学方法具有普适性，然而教义学知识却是融合了不同刑事政策内化的本土性知识。从这个角度而言，印象理论也不能在教义性的比较法中产生妥当的结论。

---

〔1〕 Herzberg, MK, § 22, Rn. 18.

（四）印象理论的启示

尽管印象理论因其理论基础是刑事政策上的积极一般预防，因而不仅不能引入我国刑法学，甚至在德国刑法学内部也应当废弃，转而走向其他理论。但是，对印象理论的梳理、分析和批判仍然给我们带来了若干有益的启示：

第一，应当从刑法体系中为不能未遂的可罚性提供教义性根据，而不是脱离刑法体系，以刑事政策的合目的性一元主义解释未遂论。相对于刑法教义学为犯罪成立的判断提供合逻辑性而言，刑事政策的讨论能够就犯罪成立判断的合目的性注入必要的价值指引，就此而言，刑法体系不应一味拒斥刑事政策价值指引，而是应当在体系内部，对犯罪成立的条件的设定以刑事政策价值导向作为其目的性基础。在李斯特 – 贝林犯罪论体系创立之初，犯罪论体系由于其简单、客观且逻辑丰满，迅速为刑法学的诸多要素第一次给出了稳定、可接受的检验平台。学者第一次能够将犯罪成立判断的诸多要素，在同一个话语体系内进行你来我往、针锋相对的批判和反思。然而，这一犯罪论体系的原貌，如初生儿一般瞬时间改变了尊容，主观要素与客观要素、事实要素与价值要素突然间再度冲破该犯罪论体系的约束，在刑事政策的指引下“游子返乡”：客观、无价值的构成要件中再度迎回一部分主观要素和价值要素，贝林所说的无血的空洞的幽灵又重新“血肉丰满”。而如今在德国普遍被接受的各犯罪论体系方案中，都普遍接受了以客观归责理论为代表的刑事政策的构成要件方案，主观违法要素也成为学界统一的共同基础。然而，李斯特（Liszt）所说的“刑法应当是刑事政策不可逾越的鸿沟”，这一信条如果作为现代刑法的公理，就必须被理解为：刑事政策只能融入，而不可替代刑法判断。在印象理论的身影中，我们看不到这种融入，所见的不过是以刑事政策价值评判替代刑法不法判断。因而，不仅在我国刑法对不能未遂的可罚性限制、未遂的处罚根据的问题上不值得提倡，作为现代刑法学发展的“航空母舰”的德国刑法学，甚至也应当警觉、反思和检讨这一理论。

第二，未遂的处罚与不能未遂的可罚性限定，虽然应当以刑法体系为出发点，本身却具有鲜明的刑事政策特征，因而不能脱离刑事政策价值目的指引而纯粹地探讨不能未遂的处罚问题。正如前文所述，一方面刑法体系的螺旋式上升需要在一定程度上根据价值需要指引来重构、深刻地理解犯罪成立的各阶层属性，因而需要以刑法体系为出发点，融入刑事政策的特性。另一方面，未遂行为本身不同于既遂行为的特性在于，未遂的可罚性被视为可罚性的提前。在这个意义上，未遂的问题本身就带有鲜明的刑事政策考量的意味，对未遂可罚性的考量在一定程度上就是对刑事政策在刑法体系内的落实。

第三，在刑法体系内部，应当更加重视客观的方向而不是主观的方向，应当强调以不法作为未遂可罚性的基础，而不是以责任作为未遂可罚性的基础。不法与构成要件紧密联系，从而确保罪刑法定原则。责任则与不法具有紧密联系，如果以不法作为未遂可罚性的根据，那么就显然紧密地与构成要件连接起来，因而并不违反罪刑法定原则。如果将未遂可罚性建立在责任上，那么实际上就是以责任推定不法，并且最终以主观构成要件压制客观构成要件，从而破坏不法中客观构成要件的核心地位。因此，可以说主观未遂论就是以可责难性推定违法性，以责任判断替代不法判断，从而使部分不具有不法基础的"未遂行为"不当地进行了犯罪化。

二、责任？不法！——主观未遂论的廓清

主观未遂理论是在未遂的处罚根据上的一种根深蒂固的思维方式，在费尔巴哈提出"不能未遂不具有可罚性"的命题之后，主观未遂论从一种隐形的犯罪思维方式逐步形成一种显性的理论。根据这一立场，未遂行为之所以是可罚的，是因为未遂表现了行为人的法敌对意思。例如，作为当时帝国司法部国务秘书以及后来的人民最高法院主席的弗莱斯勒在1935年为纳粹刑法改革的官方委员会所写的报告中写道："很显然，刑法的出发点是针对行为人意志的追求目的，其（不能未遂的）举止对此来说因此没有改变，因为这种意志借助了不适当的方法或者将不适当的对象选为被害人……行为人成为人民的安宁秩序的敌人，因此刑法必须为了此安宁秩序针对行为人进行斗争……国家社会主义的立法者乐于在此问题上，将其在基本设置相应的规则上代表帝国法院的见解，即数十年来抵制住几乎来自全体科学的针对批判性冲击建立并保护的判例——将行为

人的意思视作刑法所打击的对象。"[1] 从这一说法中不难发现:第一,主观未遂论并非纳粹刑法的首创,而是在其之前数十年就已通过帝国法院的判例奠定根据,尽管对主观未遂理论的批判来自全体刑法学的各个领域并且持续不断,但主观未遂论一直得到帝国法院以判例所进行的支持和贯彻。在这个意义上,司法实务对于犯罪未遂认定的实践活动很容易坠落主观未遂的深渊,这说明,主观未遂理论的确是具有很强操作性和适用性的理论,即便学术上遭受围攻,这种立场也仍然具有很大的市场。第二,主观未遂论的确为德国国家社会主义刑法动辄将意思入罪、违反行为刑法原理和破坏罪刑法定主义留下了极大的理论空间。尽管当时的刑法学和大多数学者都拒绝了由帝国法院所代表的主观未遂理论,但当时的国家社会主义立法仍然利用了主观未遂理论,从而彻底走上了意思刑法的道路。

(一)主观未遂理论的结构

根据主观未遂理论,未遂的刑罚根据是通过行为、在外在世界中表达的犯罪故意。[2] 本书认为,主观未遂理论具有如下结构:

第一,主观未遂论的判断对象是行为人的危险性,而非行为的危险性。

主观理论的主要想法是,客观未遂理论所提出的标准,在实践操作存在一定的疑难性,即难以在法适用上区分客观危险的行为和无危险的行为。[3] 由于当时的客观理论从事实危险的概念出发,对于未遂的可罚性将希望寄托于客观上存在的事实危险,然而这一危险在条件因果理论中很难确定。即便是米特迈尔(Mittermaier)所提出的绝对不能与相对不能区分说,也是一种相对的区分,在不同的判断者看来其分界点是相当不统一的。因而冯·布理主张,与既遂相同且完整的主观构成要件的存在和至少一个客观要素的缺乏才形成了未遂的完整结构。"只要既遂的构成要件在客观上哪怕只是缺少一个最不重要的要素,其他全部既存的客观

---

〔1〕 Vgl. Hirsch, Die subjektive Versuchstheorie, ein Wegbereiter der NS-Strafrechtsdoktrin, JZ 2010, S. 494.

〔2〕 Lackner/Kühl, Strafrecht-Kommentar, § 22, Rn. 11.

〔3〕 Albrecht, Der untaugliche Versuch, 1973, S. 21.

构成要件要素都是无意义的。”[1]因而，行为的危险性是不存在的，所谓客观理论的立论基础在主观未遂论者看来是误入歧途的。需要判断的是主观上(行为人)的危险，而不是客观上(行为)的危险。

第二，主观未遂论的立论依据是狭隘的事实因果论，而非刑法上规范因果和归责理论。冯·布理的主观未遂论是建立在其因果理论基础上的，对此他曾论证：“对行为对象的危险只能在这种条件下被接受为未遂的客观构成要件，即在行为与意图的行为结果之间存在因果关系，并且这一因果关系是能够被百分百加以确定，行为如果没有失败的话本来是能够既遂的，然而，对于‘如果没有失败本来是能够既遂的’这样的判断是不可能进行的，因此对于可能性是大还是小就只能沦为主观猜测，然而这种仅仅可能性的猜测在刑法上是缺乏正当性的，因而未遂的意义不只是一种可能性，而且同时也是一种不可能性所导向的。”[2]由此可见，冯·布理否定在缺乏结果时其他客观构成要件所具有的可能性判断的意义，在结果缺乏时利用其他构成要件对可能性的推测，就像是利用所缺乏的结果对不可能性的推测一样，都不能作为行为可罚或者不可罚的理由。由此，冯·布理反对古典的相当因果理论，主张事实因果论。在事实因果论看来，结果没有发生意味着行为不是结果的条件，因此客观理论的证明逻辑是站不住脚的。借此，对于主观未遂论者来说，危险概念既不合乎逻辑，也不包含目的性。[3]

第三，主观未遂论的体系性归属在于将未遂行为的可罚性依托于行为人无价值或者意思无价值，因而是以责任成立代替不法判断。冯·布理在建立主观未遂理论时强调，未遂行为的行为人“通过一种危险的意思的表达”[4]建立了其可罚性基础，借此冯·布理将客观理论中的危险元素从客观危险改造为主观危险。[5] 这一理论在后来被发展为“行为人未

---

〔1〕 Buri, GS19(1867), 60.

〔2〕 Maier, die Objektivierung des Versuchsunrechts, Eine strafrechtliche Analyse de lege lata, 2005, S. 114.

〔3〕 Albrecht, Der untaugliche Versuch, 1973, S. 24.

〔4〕 v. Buri, Abhandlungen aus dem Strafrecht, S. 53ff.

〔5〕 Maier, die Objektivierung des Versuchsunrechts, Eine strafrechtliche Analyse de lege lata, 2005, S. 115.

遂论"[1]。这一理论为李斯特和朗格(Lange)所主张,未遂的刑罚根据是曾经得到证明的与根据所有的极具可能性而持续的恶的意志,或者行为人作为法益的危险的攻击者。[2] 该理论认为,在方法不能未遂与对象不能未遂的场合,未遂的行为人贯彻了其犯罪意思并且使法秩序担忧,其重新发动法益侵害行为并且会借助于适当的方式、对象得以既遂。由此可以看出,行为人未遂理论虽然是从主观未遂理论发家的,但却与主观未遂理论的内容大相径庭。根据行为人未遂理论,不能未遂的行为人或者是偶然地使用了不适当的方法,或者是偶然地针对一个不适当的对象采取了攻击行为,但是由于行为人主观犯罪意思已经通过客观行为表达,而如果刑法对其不管不顾,行为人将会再次实施法益侵害行为,此时该不能未遂的偶然性会形成法益侵害的现实性,因此,应当对行为人发动刑罚处罚,借以惩戒和告诉未遂行为人:不得实施法益侵害行为。在主观未遂论那里,刑法处罚的对象还只是在行为中所贯彻的犯罪意志,因而在一定程度上还与行为刑法较为靠近,而在行为人未遂理论中已经走向行为刑法的对立面,即彻底的行为人刑法,只要一个危险的行为人存在,刑法就应当对其发动刑罚加以社会防卫。尽管行为人未遂理论与主观未遂理论存在显著差别,但不可否认二者之间的联系也极为紧密。

(二)对主观未遂理论的批判

第一,主观未遂论能否为未遂可罚性的边界给出清晰的界限?对此,本书认为主观未遂论的确能够为未遂可罚性的边界划定一个清晰的界限。据此,迷信犯是不可罚的,然而重大无知未遂是可罚的,那么比重大无知未遂更具有结果发生可能性的不适当未遂当然也是可罚的。对于迷信犯的不可罚,主观未遂理论是这样解释的:迷信犯由于其使用的方法根本是无论如何反复实施都不可能造成任何结果,因而迷信犯的犯罪意思并没有通过行为加以确证。从这个意义而言,主观未遂论否定迷信犯的故意的成立。的确,迷信犯正是因为没有成立故意,因此不具有谴责可能性,相对地,迷信犯中也不能确证一个危险的行为人的存在。与迷信犯不

---

〔1〕 Ritter, ZStW 25(1905), 24(36).

〔2〕 Vgl. Roxin, Strafrecht AT II. § 29. Rn. 40.

同,重大无知的未遂的场合,行为人的敌视法的意思尽管由于行为人生活经验的缺乏而不能既遂,然而这种犯罪意思是危险的,是刑法所不能不管不顾的。但是,主观未遂论能够给出清晰的可罚性界限,是以无限扩大可罚性范围为代价的。因而,主观未遂论在这一点上值得反思。

第二,主观未遂论的基础是不法还是责任?主观未遂理论的论证,由于否定构成要件行为的危险性,而在行为所显示的犯罪意志的危险性上建立可罚性根据,因此与传统不法理论存在紧张关系。[1] 因为,人们只能将不能未遂行为的可罚性与客观外在描述的不法建立紧密的联系。实际上,大多数客观不法理论的主张者都认为,行为的违法性是责任谴责的前提,并且将未遂的不法看作法益的危险。然而,主观未遂论在这一论题上存在疑问。由此,许多原先主张主观未遂理论的学者,为了将自己的理论与这一信条相适应,不得不改弦更张,或者主张法安宁的危险或者法律保护秩序的危险或者法秩序的干扰。由此可见,主观未遂论极容易将法益保护的刑法转向秩序维护的警察国刑法。对此,客观论者施彭德尔批判主观未遂论者时说道,"主观未遂论的问题在于,第二个一般意义上犯罪成立的要素(违法性)被完全忽略了……在概念上人们必须在此对主观视点的违法性除非全部拒绝,否则人们必须考虑将这种犯罪意志作为一个无危险行为的不法成立的基础"。[2]

主观未遂论所强调的行为所确证的法敌对意思,究竟属于主观不法还是属于责任?从外观来看,所谓行为所确证的法敌对意思,由客观和主观两个因素相互组合来成立未遂可罚性的基础,这一组合形态类似于现有不法理论中客观不法与主观不法结合的形态。然而,本书认为主观未遂论的这一组合仍然是责任谴责,而不是不法确立。首先,在不法的结构中需要判断的是一般意义上行为是否违反法,在责任的判断上则是就行为人而言是否值得刑法对其错误的不法行为发动谴责。然而,在"由行为所确证的法敌对的意思"的概念之中,既不是对行为是否违反法的判断,也不是就一般人而言的判断,而是就行为人个别而言,借助于客观行为表

---

〔1〕 Albrecht, Der untaugliche Versuch, 1973, S. 25.

〔2〕 Speldel, Zur Neubegründung der Objektiven Versuchstheorie, Stock-FS, SS. 109 – 110.

现加以证明的行为人所具有的值得责难的法敌对意思是行为成立可罚性的基础。其次，在不法的结构中判断的依据是构成要件符合所证立的不法，在责任判断中则是在不法的事实基础上行为人是否具有责任。然而，在主观未遂论的思维中，所判断的对象并非客观上行为是否满足基本的构成要件并且在此基础上是否成立不法，而是就客观上不值得法评价的客观外在行为去认定和评价行为人的法敌对意思的无价值。在这个意义上，主观未遂论的立论基础在于：无论在既遂还是未遂行为中，构成要件的不法确证对于责任谴责来说都具有证据性意义，刑法上的可罚性的成立需要不法与责任的共同成立，然而不法不具有决定意义，而仅仅具有证据意义。就此而言，现代刑法将犯罪成立体系建构在由构成要件符合性确证的不法概念基础上，对于维护构成要件的人权保障机能和行为指导机能来说都具有重要意义，因而主观未遂理论的这种基础是错误的。

第三，主观未遂论的事实因果论也已经被刑法学完全抛弃。所谓事实因果论主要是指等值理论，即仅仅以条件关系作为刑法上的因果关系，即所有对于结果来说存在“没有被取消就不能想象其不存在”的条件关系时，行为与结果之间即成立因果关系。[1] 然而，等值理论的公式不仅没有用，而且在假定因果和选择因果关系的案件中还可能产生错误。对此，罗克辛(Roxin)教授指出，帝国法院的论据——结果没有发生总是证明行为人的无危险性，因而危险和无危险的行为之间不可区分——这一命题由于是以冯·布理的等值理论和自然主义错误结论为基础的因果理论，已经没有人代表该理论了。[2] 现代刑法理论普遍承认以相当因果关系理论或者客观归责理论所代表的规范因果理论。[3] 因而，在因果相当性和归责可能性这种规范视野下，应当承认危险概念的规范性，按照客观归责的规范目的能够建构一种规范的危险概念。

第四，至于主观未遂理论与意思刑法、纳粹刑法的关系，德国刑法学者希尔施曾对此进行考察，其结论认为，主观未遂理论建构了一种意思刑法并且成为纳粹刑法的先锋，希尔施教授希望德国刑法立法者将未遂的

[1] Vgl. Roxin Strafrecht AT I, § 11, Rn. 5.

[2] Vgl. Roxin Strafrecht AT II, § 29, Rn. 38.

[3] Vgl. Roxin Strafrecht AT I, § 11, Rn. 38.

立法规定在国际比较规定中决定一种法治国的规定。[1] 张志钢博士试图论证主观未遂理论对于主观主义刑法、意思刑法的导向作用。根据张志钢博士的分析,我国的客观主义对主观主义的批判存在偷换概念的嫌疑,我国刑法将主观主义进行批判后得出结论说在不法的建构上不应考虑主观要素,存在逻辑错误。但是,这种分析并未正确解释主观未遂论导致意思刑法的可能性。本书认为,张志钢博士所谓的考虑主观不法要素的主张并非此处所批判之主观未遂理论,而是属于综合不法理论。在综合不法理论中,如何调整和控制行为主观面和客观面的关系,在此都无法说明主观未遂论的危险性,因而在下文综合未遂论中详细讨论。

第五,主观未遂理论对于刑法与道德的关系的理解在方向上存在偏差。这表现在,主观未遂理论对于未遂行为的可罚性,寄希望于被客观所证明的敌对意思,因而将法所评价、控制的对象理解为行为人的主观内容。正如希尔施教授所言:"那些持主观未遂论的学者,对于刑法与道德的要求之间并未作足够的区分。"[2] 对此,希普尔(Hippel)教授也正确地指出,所有刑法上的可罚性,都不能从责任的立场出发,而只能从行为的客观意义上才能得以正当化,在这个意义上,既遂意味着构成要件完整的实现,而未遂则是有这种完整实现的危险,预备行为只有极其细微的这种实现危险,因而预备的行为在可罚性上通常是可有可无的,因而主观未遂理论符合道德的立场,而非法的立场。[3] 本书认为,在主观未遂理论盛行的时代,恰好就是刑法理论广泛采取心理责任论的时代,即责任就是行为人在主观上与结果之间的关系。[4] 而心理责任论对于责任的评判,就是采取道德评判的方式进行的。从这个意义上来说,主观未遂理论的确混淆了刑法评价与道德评价,从而无法从形式理性的角度限定可罚性、保障人权。

---

〔1〕 Hirsch, Die subjektive Versuchstheorie, ein Wegbereiter der NS-Strafrechtsdoktrin, JZ, 2007, 494(502).

〔2〕 Hirsch, Die subjektive Versuchstheorie, ein Wegbereiter der NS-Strafrechtsdoktrin, JZ, 2007, 494(501).

〔3〕 Hippel, Deutsches Strafrecht, Bd II, SS. 421 – 422.

〔4〕 Roxin, Strafrecht AT I, § 19, Rn. 10.

(三)主观未遂理论的启示

综上所述，主观未遂理论不仅在理论构造上，而且在理论基础的选择、理论的作用等各方面都存在比较严重的弊端。归结到一点，主观未遂理论与现代刑法的犯罪概念、体系构造已经格格不入，与现代刑法规范因果理论、规范责任论和不法理论都存在无法调解的冲突。然而，主观未遂理论仍然给我们建构、设定不能未遂的可罚性的根据和判断标准带来了有益的启示：

第一，规范的不能未遂理论可罚性根据不可能是纯粹客观事实，而必然包含一定的主观内容，然而如何控制主观内容的范围和作用，值得刑法理论进行研究。然而，不得不指出，即便主观未遂理论存在若干弊端，德国仍有学者主张主观未遂论，将行为中活跃的犯罪意志，理解为显示了的行为人所追求的犯罪故意，从而能够处罚。[1] 笔者认为，出现这种现象主要有两个方面的原因：一方面，德国刑法立法和德国司法实践对于不能未遂的较为宽泛的处罚规定和处罚实践，在学术上法理能否完全罔顾法条而自说自话？这或许是主观未遂理论在当今德国刑法学仍有市场的主要原因。另一方面，对于可罚未遂的判断，完全割舍主观要素而依靠纯粹的客观要素，又不能使用一般人的感觉和预测等来观察行为的危险性，所谓的危险概念的确是难以让人接受的。由此，应当在规范的危险概念中适当控制行为人的主观事实、规范的一般人的见解在不法成立中的作用。

第二，任何刑事可罚性的基础都应当建立在以刑法分则构成要件的符合性为基础的不法之上。然而，对于不法的结构却很难采取一元客观不法的理解。主观未遂理论对当今刑法学最大的影响，是由威尔泽尔教授提出目的行为论和人的不法论之后，不法的主观化日益被刑法学接受。行为无价值逐步被人们接受，而成为建构不法的必备要素，其重要性简直可以与结果无价值分庭抗礼。现在的不法理论，结果无价值一元论的理解存在将法的评价事实化的疑问。

第三，主观未遂理论向印象理论、偏主观的客观未遂论的改换阵地也说明，行为无价值与结果无价值在不法结构中的关系仍然是当代刑法尚

---

〔1〕 Lackner/Kühl, Strafrecht Kommentar, § 22, Rn. 11.

未完全解决的难题。从以上对印象理论和主观未遂理论的分析来看,从刑事政策的立场对于未遂可罚性的建构、从故意和责任的立场上对未遂可罚性的证明都存在重大刑法体系上的困境,因而应当在不法的层面为未遂可罚性奠定基础。这也就意味着,不能未遂可罚性的限定应当以不法来判断。然而,行为无价值与结果无价值在不法结构中的关系,对于未遂不法的理解具有根本性的影响。如果从结果无价值一元理论出发,对于未遂不法的理解必然采取事实主义的立场,从而否定规范主义的立场。然而,如果以行为无价值一元论的理解,又存在偏向主观主义刑法的危险。由此可见,行为无价值的概念具有动态性,在内容上对于主观要素具有依赖性,在判断方法上也在一定程度上无法割弃主观因素。就此而言,本书认为,应当在行为无价值与结果无价值的二元互动关系上,限定不法的结构,从而建构未遂不法的可罚基础。

第四,即便是对未遂的可罚性边界所提出的危险概念存在一定的相对性,也应当通过规范限制而加以细化,而不能采取一种虽然清晰但处罚范围较宽的理论。由前文分析可以看出,印象理论的可罚性边界是相对模糊的,而主观未遂理论却能够提供一个较为清晰的可罚性标准。然而,印象理论的实际结论与主观未遂理论基本上不存在差异。但无论如何,主观未遂理论对于一种明确的可罚性边界的标准的设定,都是以过度开放可罚性的范围作为代价的。在这个意义上,应当通过规范的努力去限定客观危险的概念,而不是舍弃学术努力,径行选择简单却存在重大漏洞的学说立场。

三、何种不法?——客观未遂论的疑问

在我国现在刑法学中围绕未遂不法的争论,主要是在不法的内部展开的,学界的立场可以分为三种路线:偏主观的是抽象危险说和计划危险论,即以行为人的犯罪计划、犯罪故意为出发点认定和理解客观行为,从而为不法奠定基础;偏客观的则是客观危险说,即以脱离行为人主观要素的客观事实为出发点,按照事后的科学判断或者假定可能性判断为基础,判断未遂不法是否成立;居中的则是具体危险说,即以一般人能够认识的事实与行为人特别认识的事实或者仅以客观事实为出发点,按照经验法

则判断是否存在结果发生危险性。在三种学说的关系上，客观危险说的立场是纯粹的客观未遂论，而计划危险说、抽象危险说与具体危险说则是综合的未遂论。在这个意义上，本书主要立足于客观未遂论，针对应如何理解未遂不法结构的问题展开论述。

（一）现今我国的理解

客观未遂论，顾名思义即是与主观未遂论对立的立场。主观未遂论认为未遂行为的可罚性基础是客观事实化的行为人犯罪意志，与此不同，客观未遂论认为未遂行为的可罚性基础不是该犯罪主观要素，而是法益侵害的客观危险、构成要件实现的客观危险，并且这一法益侵害的危险不需要借助行为人的主观犯罪意志就能够得到认定和科学的判断。据陈兴良教授的考察，客观未遂论最早发源于德国刑法学的费尔巴哈的旧客观说，由米特迈尔发展为绝对不能、相对不能区别说。[1] 在客观未遂论内部，又可分为注重构成要件类型思维的形式化客观未遂理论与注重实质不法思维的法益侵害危险学说。前者是所谓构成要件欠缺的理论，该说认为从形式上即可从构成要件符合的判断出发，来判断行为是未遂还是不可罚的行为。如果行为仅仅缺乏结果，行为应当该当了未遂犯的构成要件。如果行为在结果之外，还缺乏其他构成要件要素，那么行为属于构成要件欠缺，因而属于没有该当构成要件的不值得刑法评价的行为。然而，本书认为，构成要件欠缺理论仅仅是限定了问题讨论的范围，将实质上不属于（不能）未遂的问题排除出去，但实际上仍然并未解决不能未遂、可罚未遂之间的界限。

在我国目前刑法理论上，客观未遂理论通过批判通说的立场而产生了较大的学术影响力。我国刑法通说认为，行为人以犯罪故意的心理态度实施某危害社会的行为，即使行为在客观上由于某种原因完全不可能达到既遂的状况，行为也能够成立犯罪，但是迷信犯例外的不属于此种情形。[2] 按照通说对于不能犯可罚基础的界定，不能犯未遂的可罚性在于主客观相统一上的犯罪构成和行为所具有的社会危害性。因此，通说的

---

〔1〕 参见陈兴良：《不能犯与未遂犯——一个比较法的分析》，载《清华法学》2011年第4期。

〔2〕 参见马克昌主编：《犯罪通论》，武汉大学出版社1999年版，第458页；高铭暄、马克昌主编：《刑法学》，北京大学出版社、高等教育出版社2011年版，第156页。

观点与主观未遂理论和印象理论基本上得出相同的结论,因而对于未遂行为的处罚范围是较为宽泛的。

张明楷教授对于通说提出了批判:通说只考虑行为人的犯意而忽略行为是否具有侵犯法益的客观危险,因而对于未遂的认定存在主观归罪的嫌疑;应当以是否具有法益侵害的客观危险区别未遂犯和不能犯,有客观危险时行为成立未遂犯,无危险时行为成立不可罚的不能犯;对于危险的判断,应当以行为时所存在的全部事实为基础,站在行为时的立场,按照科学的因果法则判断是否存在作为结果的危险。[1] 根据客观未遂论,未遂犯属于具体危险犯,未遂犯的成立需要行为客观上引起了一个类似于具体危险犯结果的客观具体危险。钱叶六博士也认为,未遂犯的危险,应当是一种作为结果的危险,未遂犯与不能犯区分的关键在于行为是否具有侵害法益的现实的、具体的危险;对于危险有无的判断应当以事后查明的行为时存在的全部客观事实为判断资料,站在行为时的立场,根据客观因果法则具体地判断行为是否具有导致构成要件结果发生的现实可能性。[2] 我国台湾地区学者许恒达认为,有必要坚持彻底的客观危险说立场,就表现于外部的行为在事后从客观上进行考察,如果行为具有导致结果发生的危险性则是未遂犯,否则就是不可罚的不能犯。[3] 因此,客观未遂论的基本立场是,既遂犯是以法益侵害的实害为犯罪必备结果要素的构成要件该当的类型,未遂犯则是以法益侵害的客观危险为犯罪必备结果要素的构成要件该当的行为类型;未遂犯的危险是类似于具体危险犯的客观的具体危险;对于具体危险的判断不应当参考行为人主观方面的任何因素,而应当依据行为时存在的客观事实进行客观判断;未遂的判断不需要考虑一般人的要素,因而并不具有积极一般预防的刑事政策功能,而且反对在未遂不法中承载一般预防的刑事政策功能。

其实,我国刑法客观未遂论主要来源于日本刑法理论中的客观未遂理论。在日本刑法学上,山口厚、前田雅英等学者主张客观未遂理论。山口厚教授以假定事实可能性作为危险的征表,认为可罚的未遂是具有客

〔1〕 参见张明楷:《刑法学》,法律出版社2011年版,第315页。
〔2〕 参见钱叶六:《未遂犯与不能犯之区分》,载《清华法学》2011年第4期。
〔3〕 参见许恒达:《论不能未遂——旧客观说的古酒新酿》,载《清华法学》2011年第4期。

观危险的未遂。因而,未遂的可罚性限定就转化为假定事实的可能性的判断。与此不同,前田雅英教授主张以客观的事后判断的危险,作为未遂可罚性的基础。[1] 然而,二者都在不法的结构上主张结果无价值论。

在德国刑法学上,目前只有施彭德尔教授主张客观未遂论的见解。施彭德尔教授从两个层面进行了展开:第一,客观立场的建立。第二,客观未遂概念的解释。在第一个方面,他认为应当从三个层面来探讨:在法哲学的视角下,人们一般承认的道德领域与法的领域应当区分的立场上,法关注的是人的外部行为,法的效果不能与人的内部思想建立关联性。[2] 当人们将道德观察方式与法的观察方式的关系过紧地统一时,不能将刑法的任务界定为强化和强制一种好的意思和法忠诚的意志,刑法不能将刑罚加之于坏的或者危险的故意,而只能将损害他人和给他人造成危险的行为作为惩罚对象,这也是现代刑法承认的。[3] 在法体系的视角下,以齐默尔(Zimmel)为代表的刑法学者所认为的"未遂刑法不同于既遂刑法,具有不合体系性",[4]然而这种看法是错误的,刑法秩序不允许在其内部存在另一套与其基本体系对立的概念和原则,而必须统一地在无差别的基础上建构。[5] 因而在他看来,未遂刑法尽管与既遂刑法有一些差异,但二者并不是矛盾的。例如,在一个以故意伤害的意志却杀了人的行为和以杀人的意志却只是伤害了他人的行为之间,人们可能对二者在基本事实行为上的严重性谁重谁轻有所争议,然而不能认为第一个身体伤害与第二个未遂的杀人行为应当等同看待或者等置化,因为在后者的行为中如果外部上存在不只是伤害,而是生命危险时,就不只是主观上不同于第一个案件,而是客观上也说明行为具有杀人危险。因而"未遂能够合逻辑地适应既遂刑法"。[6] 借此,施彭德尔认为未遂不是结果的前期阶段,毋宁说结果是未遂的后期效果。[7] 从法政策的角度而言,他

---

〔1〕 参见钱叶六:《未遂犯与不能犯之区分》,载《清华法学》2011年第4期。

〔2〕 Speldel, Zur Neubegründung der Objektiven Versuchstheorie, Stock-FS, S. 91.

〔3〕 Speldel, Zur Neubegründung der Objektiven Versuchstheorie, Stock-FS, S. 92.

〔4〕 Zimmel, Aufbau des Strafrechtsystems, 1930, S. 128.

〔5〕 Speldel, Zur Neubegründung der Objektiven Versuchstheorie, Stock-FS, S. 94.

〔6〕 Speldel, Zur Neubegründung der Objektiven Versuchstheorie, Stock-FS, S. 95.

〔7〕 Speldel, Zur Neubegründung der Objektiven Versuchstheorie, Stock-FS, S. 95.

认为刑法与未遂刑法也是一样的,不仅追求效果和合目的性,而且需要正当性及法安全,立足于法治国的立场,刑法和未遂刑法都必须以市民自由、法安全为出发点,在刑罚前提条件和犯罪法律后果上都具有明确性,对此,只有客观主义的立场能够提供这种明确性。[1] "危险的行为人""危险的意思"等概念都只是警察刑法的概念,指向的是内部思想,因而与意思刑法过于接近。在刑事政策上没有危险的未遂,最多只能对其使用警察保安措施,而非刑罚。[2] 此外,在犯罪成立构造上,未遂与既遂行为之间是平行的,都需要依次满足:(1)客观构成要件符合性;(2)不法;(3)主观构成要件;(4)责任。在客观构成要件符合性判断上,事后判断不是决定性的,因为仅仅作事后判断的话,就会产生"针对具体行为对象无论如何都无法发生危险"的结论,但事后判断对于限制主观化具有重要作用,应当以事后判断限制的事前判断决定行为是否符合了客观构成要件、是否具有危险。施彭德尔继而批判道,主观未遂理论在构成要件判断上以主观构成要件取代客观构成要件,并且在违法性的判断上直接跳过去了。

由此可见,我国刑法中的不少客观未遂论,实际上是十分注重客观侧面的综合未遂理论,而非论者所主张的客观未遂论。本书认为,判断该理论是否属于客观未遂论及属于何种客观未遂论需要注意:第一,在构成要件符合性判断中,危险的判断完全脱离主观要素进行判断,否则就是承认了主观违法要素和主观故意概念,因而属于综合不法论,不属于客观不法论。第二,在违法性判断中,是否考虑一般人的立场,如果直接以科学的立场判断危险,那么就显然属于事实主义的客观未遂理论,如果以一般人的立场判断,则属于规范的客观未遂理论。在事实主义的客观未遂理论中,未遂的可罚根据是一种类似于植物开花结果那样可见的、有形的甚至有滋有味的"结果"的危险,才是未遂可罚的构成要件要素。然而,在客观未遂理论中,以一般人角度来判断的危险概念,则是采取了规范的危险概念的理解,在这个意义上,危险是规范构成要件要素,而非记述性构成要件要素,危险的判断需要一定的价值指

---

[1] Speldel, Zur Neubegründung der Objektiven Versuchstheorie, Stock-FS, S. 96.

[2] Speldel, Zur Neubegründung der Objektiven Versuchstheorie, Stock-FS, S. 98.

引,有时还需要法的评价。

实际上,在我国刑法学中,除了站在结果无价值立场上对通说进行批判的观点之外,关于不能未遂问题上剩余的声音只有零零星星地提倡印象理论[1]或者计划理论[2]、具体危险说[3]。因此,我国刑法学关于不能未遂问题的探讨,应该说才刚刚开始。

那么,客观未遂论对于未遂犯可罚性的说明是否合理?其论证的根据是什么?客观未遂论的判断结构究竟是怎样?客观未遂论的判断是否妥当?

(二)客观未遂论的结构

本书认为,客观未遂论具有如下结构:

第一,在刑事政策与刑法体系的关系上,客观未遂论内部存在两种不同见解,即事实主义的客观未遂论与规范的客观未遂论。其中,事实主义的客观未遂论拒斥刑事政策价值的因素。这集中表现在,该客观未遂论对于不能未遂的可罚性,以纯粹事实建构的客观危险概念作为限定的标准。

例如,黎宏教授指出,未遂犯与不能犯、迷信犯的差别不在于行为人主观人格上的危险性、犯罪计划是否危险,而在于该行为自身是否具有导致发生结果的现实危险,因而该现实危险是客观的,应从行为后所查明的行为时具有的事实,以行为时作为标准,从科学的、一般人的立场进行判断。[4] 在这里,黎宏教授的立场有较为暧昧的嫌疑,科学的立场与一般人的立场显然是存在矛盾的,科学的立场当然是高于一般人立场的标准,因此按照一般人立场判断的危险在科学的立场下有时不能成立值得可罚性的危险。然而,笔者认为这种界定的主要效果是为了避免其判断结论上的不合理性,实际上,其仍然采用了一般人的立场,只是在形式上使用了科学的立场的说法。山口厚教授认为,“形成未遂犯的处罚根据的既遂

[1] 参见刘晓山、刘光圣:《不能犯的可罚性判断——印象说之提倡》,载《法学评论》2008年第3期。

[2] 参见张志钢:《论不能未遂的可罚性》,北京大学2015年博士学位论文,第159页。

[3] 参见陈璇:《客观的未遂犯处罚根据论之提倡》,载《法学研究》2011年第2期。

[4] 参见黎宏:《刑法中的危险及其判断——从未遂犯和不能犯的区别出发》,载《法商研究》2004年第4期。

的、具体的、客观的危险，属于未遂犯本身的独自的结果，要想成立未遂犯，必要的就是发生这种危险……在判断是否发生具体的危险之际，要考虑行为人试图实施引起法益侵害行为的行为意思”。[1] 然而，本书认为，山口厚教授的客观危险说是否真的那么“客观”，也存在疑问。按照客观未遂理论，未遂行为的可罚性仅仅是以不需要考虑行为人意思的客观的危险作为基础的，然而山口厚教授主张的未遂的可罚根据——客观的结果说又考虑行为人的意思，因而与其在危险界定中的假定盖然性说存在矛盾。施彭德尔教授的客观说采用行为时所认定的事实为出发点，行为以该方法对于结果是否存在规范的(潜在因果性)结果发生可能性为考虑的重点，客观主义的危险概念应当提出的问题是，“那个行为人追求的、但没有实现的结果通过行为是否能够可能实现呢?”[2] 在这里，行为人的想象并非作为判断的出发点，而是作为判断的对比对象而存在的。对此并不违背客观未遂理论的客观性，因为在故意的既遂犯那里，客观构成要件的满足也是以行为人设想的结果作为对比对象而认定的。例如，行为人以伤害故意致使他人死亡时，在判断客观构成要件满足时，会首先涵摄主观故意的杀人故意，然而由于杀人故意并不存在，那么就必须否定故意杀人的构成要件符合性，因而再以故意伤害作为对比对象，判断是否满足故意伤害的构成要件符合性。从这里可以看出，施彭德尔的客观未遂论是真正的客观未遂论，因而是从规范上判断事前的行为是否具有结果诱发的能力或者资格。因此，事实主义的危险概念，对于危险做一元事实理解，因而危险概念难以容纳价值判断，从而无法承载对一般人判断背后的一般预防功能。在这个意义上，按照这种事实判断出发得出的结论可能与社会一般人的见解产生抵触。最为显著的问题出现在对象不能未遂的场合。例如，“行为人误以为尸体为活人而以刀剑刺杀之”，[3] 按照事实主义的客观危险说，对象不能犯未遂由于法益根本不存在，所以不可能有危险，应当成立不可罚的不能犯。然而，这与社会一般人的见解相违背，

---

〔1〕 参见[日]山口厚:《刑法总论》,付立庆译,中国人民大学出版社 2011 年版,第 273 ~ 274 页。

〔2〕 Spendel, Zur Neubegründung der Objektiven Versuchstheorie, Stock-FS, S. 103.

〔3〕 这一案例是日本刑法中的判例,行为人以事后帮助的故意对他人枪杀的被害人连刺数刀,实际上该被害人在被刀刺杀前早已中枪而死。

在行为评判上,如果引入社会一般人的评价作为行为是否危险的考虑因素,那么这一评判就能够被推翻。因此,按照施彭德尔教授的客观未遂论的观点,这种行为在行为时当然是具有结果诱导能力的。由此可见,客观未遂论的规范观点具有刑事政策上的合目的性。

第二,在刑法体系内部,客观未遂论主张未遂的不法才是其可罚性的基础,而不能将任何主观要素作为判断行为是否成立可罚的未遂的参考要素。前文已经说明,主观未遂论是将故意和责任作为可罚性的基础,而印象理论以刑事政策上的积极一般预防为出发点,实质上也只能以故意和责任作为可罚性的基础,这由于存在立论基础、刑法配套理论等若干问题而不受现代刑法待见。鉴于此,客观未遂论严格限定未遂不法的内容,认为应当摒弃任何行为人主观的要素,仅仅从客观的层面判断行为危险性。例如,钱叶六教授认为,以行为人认识为判断内容的具体危险说有混淆违法与责任判断的可能性,就“行为的客观危险的有无,知道或者不知道这一事实,其结论并没有什么差别,这仅仅涉及主观评价的问题”,以行为人计划为基础的抽象危险说或者计划危险说将行为的不法与主观责任的判断混同,可能会不当扩大或者限缩刑罚处罚范围。[1] 继而钱叶六教授得出结论,对于未遂的危险判断的判断资料应当是事后查明的行为时存在的全部客观事实,危险的判断是对客观行为是否具有侵害法益的现实可能性所做的判断,因而其属性本质上是客观的,而非主观的。[2] 然而,这种判断方法对于手段不能未遂和对象不能未遂的结论显然存在刑事政策上的不合理性。其原因在于,如果以纯粹客观的事实作为判断对象的话,所谓的对象不能未遂由于对象不适合,法益也不存在因而不可能成立任何危险。因而,根据纯粹事实主义客观未遂论的观点,全部对象不能未遂都是不可罚的,而对于手段不能未遂中大部分情形还是能够认定具有客观危险的。鉴于此,客观未遂论不得不修正其立场。例如,前田雅英教授认为,危险性的有无,应当以实行行为时存在的客观事实为基础,以实行时为基准,由法官从一般人的角度出发科学合理地加以判断。在

---

〔1〕 参见钱叶六:《未遂犯与不能犯之区分》,载《清华法学》2011年第4期。

〔2〕 同上。

进行危险的判断时，虽说需要合理地预测，但也没有必要连细微的具体的个别情节也考虑，对客观事实有必要进行某种程度的抽象化……对危险的判断不是以神的眼光进行判断，而是以人的眼光进行。[1] 由此可见，所谓的个别情节与细微事实，作为纯粹客观要素，其被排除出判断危险的辅助事实的理由何在？无非仍然是考虑了一般人、行为人的主观要素，对客观事实进行了某种修正。例如，在误将尸体当作活人而杀害的场合，也要区分具体情形，明显是死人而向其开枪的，是不能犯，但是在科学上人的生命的界限有时很微妙，从客观的危险说出发，也有未遂成立的余地。在一定意义上，该说已经偏离了纯粹事实客观的境地，与其理论的宗旨不相符合。

第三，在对不法的理解上，客观未遂理论采用结果无价值一元论的见解。一般来说，客观未遂理论都是结果无价值一元论者。其原因在于：第一，客观未遂理论将未遂可罚性根据寄希望于与既遂的结果平行的一种未遂的"危险结果"，单纯的行为的危险性只是表明了行为的实行行为性质，而不足以成为未遂可罚的客观属性，因此这一危险结果应当是作为脱离于行为的结果的危险性，应当以结果无价值的立场来理解未遂行为的可罚性，从而在整体刑法中既遂的可罚性也毋宁说是结果无价值。陈兴良教授经过学术史考察后认为，日本刑法学上的客观危险说不同于行为无价值论者所主张的具体危险说，往往被结果无价值论者主张，因而更具有客观主义的色彩，该说认为，不能简单地根据一般人的认识进行危险的判断，而是要对行为不能产生结果进行科学的因果法则的判断，从而区分绝对不能与相对不能，贯彻事后的、纯客观的判断。[2] 因而，事实主义的客观未遂论为了保障判断结果的客观性从而达到法安全性，将主观要素彻底排除出不法的判断，因而仍然坚守不法是客观的这一信条。例如，钱叶六教授认为未遂犯中的危险并非是行为本身属性的危险，而是一种作为结果的危险，在结果无价值看来，违法性的实质是行为对法益的实质侵害或者威胁，违法性的根据在于行为对法益的侵害或者威胁的结果，即结

[1] 参见[日]前田雅英：《刑法总论讲义》，东京大学出版会 2006 年版，第 146 页。
[2] 参见陈兴良：《不能犯与未遂犯——一个比较法的分析》，载《清华法学》2011 年第 4 期。

果恶才是违法性的根据。[1] 再如,作为结果无价值论代表的山口厚教授对于未遂危险的判断采用假定盖然性事实说,认为在判断未遂的危险时,应当用假定的可能会引起法益侵害的事实代替现存事实,考虑根据科学因果法则使法益侵害发生的假定事实的盖然性来决定危险是否成立。[2] 由此可见,这一判断过程似乎是纯粹客观的。然而,问题是,“假定事实”的选取应当采取怎样的标准才能保证其判断结果仍然是纯粹客观的?实际上,假定事实仍然是根据社会生活经验和符合一般人认识的事实遴选,就像前田雅英教授所说的“不是神的眼光而是人的眼光舍弃细微的事实判断危险”中那些被舍弃的细微事实一样,都是必然需要借助于一般人认识、社会经验法则等来加以辅助的。由此可见,结果无价值论者所建构的事实主义的客观未遂理论,仍然并不像他们所主张的那样,是纯粹客观的判断。由此可见,客观未遂论仍然存在若干疑问。

(三)客观未遂论的疑问

经过前文的论证我们能够发现,除了(整体上客观,但也考虑一些行为人或者一般人的主观因素的、广义的)客观未遂论外,(狭义的)客观未遂论是一元的结果无价值论所主张的理论。该理论主要是来源于费尔巴哈、米特迈尔等学者所建构的“不具有客观危险的(绝对)不能未遂不具有可罚性的命题”。在定位于不法阶层之后,客观未遂论试图维持一个纯粹客观的不法概念。并在此基础上,对于未遂犯的危险判断采取事实主义的客观危险说。然而,客观未遂论存在若干疑问:

第一,根据客观未遂论,不可能提出一个具有可操作性、纯粹客观性的危险概念的判断标准。

最早的客观未遂论是费尔巴哈和米特迈尔的客观未遂论,然而该客观未遂理论之所以被冯·布理的主观未遂论攻破,并且在德国刑法学史上的别的理论那里也都不能维系,是因为在不考虑主观要素的纯粹客观未遂理论基础上不可能得出一个具有可操作性的、纯粹客观的危险概念作为其限定可罚性的标准。对此,陈兴良教授曾经指出,费尔巴哈所指出

[1] 参见钱叶六:《未遂犯与不能犯之区分》,载《清华法学》2011 年第 4 期。
[2] 参见[日]山口厚:《危险犯的研究》,东京大学出版会 1982 年版,第 164 ~ 165 页。

的客观上的危险性如何判断,仍然是一个值得研究的主题。[1] 因而,费尔巴哈只是对于不能未遂概念的提出作出了贡献,然而在区分标准上其只具有确定方向的作用,具体的标准则是由其学生完成的。米特迈尔采用相对不能与绝对不能二元区分的分析框架,在手段的相对不能与绝对不能之处进行了较为深入的探索。然而,这种学说仍然不能适用于对象不能未遂。这导致这一学说对于手段不能未遂与对象不能未遂的处理上不一致。由于二者在事实层面的属性是具有相当性的,无论是手段不适当还是对象不适当,行为都具有几乎相一致的事实内容,在社会评价上二者也几乎能作相同的评价。但是,米特迈尔的理论只能对手段不能未遂进行合理的分析和区分,却无法适用于对象不能。[2] 客观未遂理论为后来的综合未遂论所继承,然而在危险判断上综合未遂论却站在了客观未遂论的对立面,将主观的要素也拉进未遂的危险概念中。例如,李斯特在其教科书的第 21/22 版中对于危险的判断采取了如下结构:决定性的是具体危险;对于具体危险的判断应当在实行行为的时刻作事后的判断,将一般人能够认识的和行为人特别认识的事实作为考虑的基础。因此,这一判断已经不同于费尔巴哈的旧的客观未遂理论了。[3]

在日本刑法学中,"二战"之前大场茂马、胜本勘三郎就主张这种纯客观说,在战后由于具体危险说成为通说,这种理论失去了支持。然而,晚近以来中山研一、村井敏邦、大谷实、宗冈嗣郎等学者极力主张客观危险说和客观未遂理论。其基本观点的共同点在于:应当以行为时的客观事实为依据,以科学的因果法则为依据就具体事实作事后判断。[4] 然而,客观未遂论对于绝对不能与相对不能之间的区分本身很不明确,因而就需要一个客观危险概念作为相对明确的区分标准。然而,如果不运用经验法则、社会一般人的可能认识作为辅助性资料,就无法对上述事实资料作一定的抽象,因而只能就具体事实进行判断。如果就具体事实进行判断的话,判断的结局就只能是对没有造成结果的行为都属于绝对不能,因

[1] 参见陈兴良:《不能犯与未遂犯——一个比较法的分析》,载《清华法学》2011 年第 4 期。
[2] Vgl. v. Hippel, Deutsches Strafrecht, Bd II, § 30, S. 417.
[3] Vgl. v. Hippel, Deutsches Strafrecht, Bd II, § 30, S. 426.
[4] 参见张明楷:《未遂犯论》,成文堂、法律出版社 1997 年版,第 252 ~ 254 页。

而所有的未遂犯都是不能犯。在这个意义上,修正的客观说力图对客观说的具体事实进行一定的修正,从而让这种不可能又变成可能。例如,山口厚教授提出假定事实的盖然性说,从事后的立场抽象出一个能够辅助性的让行为具有导致结果发生能力的"假定事实",以假定事实可能性作为危险的"风向标";前田雅英教授则提出舍弃具体的细微的事实,而是进行一定程度的抽象。在这个意义上,本书认为这两种学说都存在从事实层面对纯粹客观未遂理论的偏离。在山口厚教授的假定事实盖然性说中,不可否认这一假定事实是依赖于社会生活经验法则进行选取的,因而不免带有判断者的痕迹,判断者往往又是社会一般人的代表、是社会生活经验的运用者,因而山口厚的假定事实盖然性说已经偏离了客观未遂论的立场。前田雅英教授的舍弃细微事实的观念也不明确,既然是以人的眼光而不是以神的眼光进行判断,就需要舍弃细微的事实,因此也必须承认对于以人的眼光进行的判断,不可避免地带有判断者的个人经验,判断者个人所代表的一般人的预测内容也被拉进了判断过程。在这个意义上,前田雅英教授的学说也偏离了客观未遂理论的立场。笔者认为,上述两种对客观说的修正都是失败的。

第二,客观未遂论对于不法的理解存在事实主义的偏向,因而不可取。在客观未遂论看来,未遂的不法既不同于既遂的不法,也与既遂不法有一定的相同点。首先,未遂的不法不同于既遂的不法,未遂的不法内容是危险无价值。相同点在于,未遂不法与既遂不法都是以结果无价值作为理论基础的。然而,危险无价值既不是行为无价值,也不是结果无价值,而是介于意图无价值、行为无价值与结果无价值之间,在一定程度上由三个变量共同影响的要素。对此,客观未遂理论将危险无价值直接归属为结果无价值,在此前提下,对危险无价值只能做客观事实化的理解。然而,危险无价值本身难以成为不法的固有内容,而只能是"社会危害性"的另一种表达而已。我们没有必要在不法中的行为无价值与结果无价值的概念之外,单独承认一种危险无价值的存在。在德国刑法学中曾经围绕行为无价值与结果无价值在不法中的地位进行过长期的"笔伐",一开始将不法从与责任的"混沌一体"中拯救出来之后,结果无价值成为不法的内容,然而在目的主义的犯罪概念之下,行为无价值也被作为不法的内容对待,然后形成了这种二元不法的结构,得到德国刑法学“一统江湖”式的接纳。[1] 在笔者看来,对于未遂的不法,应当立足于行为无价值来理解,同时由于未遂是既遂的不完整形式,结果无价值的观念应当作为指引行为无价值的参考性变量。

第三,客观未遂理论对于未遂可罚性的理解,忽略了刑事政策的因素,因而对于未遂犯的可罚边界的限定,不具有积极的一般预防功能。在客观未遂理论的应然理念中,作为客观事实的危险是判断的对象,未遂行为具有的导致客观事实的危险的能力是其可罚性的基础。前文已经论证,客观未遂理论并没有提出实际上具有说服力的纯粹客观事实的危险判断方法,毋宁说这种纯粹客观事实的判断方法,未遂本身就是不可能的。在这个意义上,客观未遂理论的实然层面的学说演绎是失败的。然而,客观未遂理论的应然层面的理论根据也是违反目的性的。首先,未遂犯并不是具体危险犯。在刑法体系归属上,具体危险犯是刑法分则在构成要件中由于刑事政策考量而放弃将实害结果作为构成要件的必备要素,以行为是否造成具体的较高盖然性的危险作为构成要件要素形成的犯罪类型。然而,未遂犯则是在总论中规定的处罚的规格,不仅结果犯具有未遂,对于危险犯也有未遂成立的余地。危险犯的构成要件符合性判断是不存在疑难的,然而未遂犯的构成要件符合性的结构,至今仍然是一个无解的难题。因此,在规范构造上危险犯与未遂犯显然不同,怎样判断未遂的不法毋宁说是未遂犯的核心问题。在这一点上,结果无价值论和客观未遂论都是将危险犯的不法套用在未遂犯不法的结构上。这导致未遂犯的结构不具有刑事政策功能。具体地说,客观未遂论过度死板,对于不能未遂的判断,在方法不能的场合处罚的范围较宽,而在对象不能的场合则处罚过窄,几乎不能成立可罚的未遂,然而这种判断视角不符合一般人的法律价值想象。同时,对于在规范上应当等而视之的对象不能、方法不能,却给出不同的法的评判,让人不能信服。其次,不能未遂犯的概念成立是以客观事实视角的观察为出发点的,然而在可罚性上又使用客观事实的视角去评判的话,当然只能是一个悖论。在此基础上,笔者认为不

---

〔1〕 Vgl. Roxin, Strafrecht AT I, § 10, Rn. 88.

能未遂的概念生成是以事实的视角展开的,而不能未遂的规范命运应当以规范的视角去评判——"让事实的归于事实,让规范的归于规范"。只有在规范的视角上对不能未遂的可罚性进行评判,才有可能得出一个符合大众法感情的教义性结论。当然,前文印象理论已经给出一个反面的例证,我们不可能直接使用大众法感情作为判断不能未遂行为是否具有可罚性的标志,而应当探索一个源于教义学体系、又具有刑事政策作用的危险概念。在这个意义上,应当承认规范的危险概念,这一概念也不可违背大众法感情,以此能够作为针对不能未遂的刑法上妥当的判断标准。

(四)客观未遂论的启示

第一,未遂可罚性的判断思维,必须采取规范的理解,考虑一定的主观因素和刑事政策的价值性要素。一方面,不考虑主观因素的客观未遂论,在应然的层面不符合法的评判所具有的规范的属性,沦为事实思维的奴隶,在实然的层面则无法提出具有解释力的纯粹客观的危险学说,实际上则偷换概念,仍然使用主观的要素。因而,对于未遂的可罚性的理解,尽管客观的不法是最为重要的因素,甚至客观不法论可以说是近代刑法学发展二百余年最为重要的成果,因而不应在基本立场上偏离客观不法论的总体方向。然而,客观的不法不是唯一的因素,在不法的概念上现代刑法理论一般都承认主观违法要素和构成要件的故意的概念,在这样的不法的二元结构中,继续体系性地保持客观不法的超然姿态,应该说只是不切实际的幻想。如果这一判断成立的话,当然的结论就是支持综合不法论。另一方面,对于危险的判断结论,尽管是根据综合不法的立场,承认一种规范上的危险作为未遂可罚性的根据,然而这一规范的危险概念也不可能是违背一般人的法想象的,在危险的规范判断中,应当肯定一般人的判断具有一定的地位,至于其体系性地位如何,则应当在规范的危险判断的概念构造中详细展开。

第二,只有在不法的层面,才能够在与构成要件紧密联系的基础上为可罚的未遂找寻根据。通过对印象理论、主观未遂论、客观未遂论的个别分析和综合比较可以看出,印象理论超脱刑法体系以刑事政策合目的性界定未遂的可罚性,其结论是过度扩张未遂犯的可罚性。相对来说主观未遂理论一方面将未遂的可罚性拉进刑法体系,使未遂可罚性在刑法内部扎根;另一方面也提醒我们在不法判断上要重视主观要素。客观未遂理论,尽管其对于不法的理解使其演绎的体系存在一些内部的疑问,但同时也说明应当在不法的层面为未遂的可罚性寻找根据。本书认为,未遂行为成立不法是未遂的可罚的根据,在标准上,行为被认为具有行为不法时,就足以值得刑法发动刑罚反应。在这个立场上,本书以综合的不法概念为基础论证未遂的可罚性。可以说,本书的未遂立场属于综合的未遂论。

第三节 综合未遂论的确立

顾名思义,综合未遂论就是在综合的不法概念上,以主观因素和客观因素共同结合理解未遂的可罚性。根据综合未遂论,未遂是不具有结果无价值,只具有行为无价值的行为;不能未遂是既不具有结果无价值,也不具有行为无价值的行为。综合未遂论的判断标准是规范的危险概念。在已有刑法理论中,除纯粹主观未遂论与纯粹客观未遂论之外,剩下的未遂理论与未遂学说都属于综合未遂论,然而在不同的学说与理论之间,对于主观要素、客观要素的定性存在不同的理解。部分理论可能偏重于主观要素,如抽象危险说和计划危险论。另外一些学说则更为重视客观要素,主张严格限制主观要素在未遂可罚性限定中的运用,如具体危险说。本部分首先对已有理论进行介绍和评述,继而提出本书的综合未遂论的立场。

综合未遂论的形成,在学术史上比客观未遂论和主观未遂论都晚。因而,在这个意义上,综合未遂论吸收了来自主观未遂论和客观未遂论两方面的合理因素。本书认为,综合未遂论的形成主要受两个因素制约:

第一,犯罪论构造的演进。应该说,犯罪论的萌芽阶段,催生了客观未遂论和主观未遂论,两种理论围绕不能未遂的可罚性问题,针锋相对地展开论辩,在一定程度上又回馈了犯罪论体系的思考。然而,在犯罪论体系将客观、主观要素阶层化地形成不法与责任两个犯罪支柱概念之后,单独的客观未遂论和纯粹的主观未遂论也相继地在犯罪论体系找到了栖息之地。然而,随着犯罪论体系的演变,主观要素和客观要素从不法与责任区分中的相继交融化,主观未遂论和客观未遂论又相继失去了其犯罪论构造的依托,从而催生了综合未遂论。

在犯罪论萌芽阶段,客观未遂论与主观未遂论的产生和形成,直接受益于犯罪论体系将客观要素归于不法、将主观要素归于责任的区分。可以说在19世纪的德国刑法学中,主观要素和客观要素对于犯罪判断的功能,正是在不断的学术讨论中逐步开展的。例如,费尔巴哈认为"国家应该仅仅把外部行为的合法性与违法性作为问题,而不是追究行为人情感的不道德性","市民的可罚性只有在存在外部的法的违反行为时才存在;行为只有在侵害或者危殆于法时,才是违法。违法意图根本不能给予行为以任何违法性的标志"。[1] 由此可见,费尔巴哈主张纯粹客观的违法性才是任何行为可罚性的基本前提。在这个意义上,费尔巴哈将纯粹客观的违法性作为犯罪成立的首要要件进行判断,具有划时代的意义。基于对犯罪的这种理解,客观未遂论只能将未遂的可罚性奠定在这种客观的、外在的意义上的违法性的事实,如果不能够被识别、察觉为一种客观的、外在的违法的事实,行为不可能成立未遂,而只能是不可罚的不能犯。然而,当时的其他学者却从另一种理解的视角对这一犯罪概念进行了批判。例如,德国当时的刑法学者埃舍尔认为:"针对实施法所否认的不法行为,显示出危险性的主体而言,保全社会就是刑事司法的目的"[2],迪特曼也认为,所采用的方法与意图实现的结果之间没有必要存在因果关系,只要行为人的意图中存在这样的因果关系,就没有必要理会所采取的方法、客体是否有可能造成实际的侵害,只要行为人的意图中存在这种可能性就足够了。[3] 由此可见,当时的刑法理论对于违法与责任的区分还处于混沌的时期,多数学者都认为犯罪是一种主观想象的恶,是一种主观中才存在的针对法的侵害,对于法是否受到侵害来说,客观上的因果性大概在冯·布理那里是不存在的,或者在迪特曼那里虽然被认可但却被认

---

〔1〕［日］宗冈嗣郎:《客观的未遂论的基本构造》,成文堂1990年版,第54页。转引自陈家林:《不能犯初论》,中国人民公安大学出版社2005年版,第8页。

〔2〕同上书,第9页。

〔3〕参见陈家林:《不能犯初论》,中国人民公安大学出版社2005年版,第9页。

为是没有意义的,只有主观上的因果性才是刑法评价的对象。从这个意义上而言,主观未遂论与客观未遂论由于产生于特定的历史背景,因而终究要被综合未遂论所取代。

在不法被主观化、责任被客观化之后,综合未遂论得以形成。首先,抽象的危险说就能够说明犯罪论体系的形成对于未遂理论的影响。19世纪末正是李斯特、贝林等刑法学者在整体刑法学杂志等为代表的平台上论战犯罪一般原理的时代。当时的刑法学者科勒尔根据当时的违法性的理解,提出了抽象危险说:"犯罪的意思本身并不足以为行为奠定有责性,至少行为人所计划的行为具有引起结果的现实因果性,才能在行为人的内心中为希望和结果之间搭起一座桥梁","对于法秩序的威胁而言,某种计划是否在实际上被采用现实的手段实施并不重要,重要的是这种计划是否能够在自然法则上在具有引起结果发生能力前提下,表现于外部"。[1] 在这个意义上,科勒尔的未遂论虽然仍然带有主观未遂论的浓重的痕迹,但是却已经向客观的违法性的立场倾斜了。当然,在李斯特-贝林犯罪论体系被提出之后,构成要件被认为是客观中立无价值的"幽灵",而违法性与责任却是严格保守着客观价值评价与主观评价的分界线。[2] 在这个背景下,客观未遂论终于在犯罪体系构造内部找到了栖息地,即以客观价值评价的违法性作为其指导形象。行为是否成立未遂,需要以行为是否具有客观价值评价上的违法性来决定,而不是以主观评价的责任来进行奠定。与此同时,主观未遂论在司法实务中已经受到帝国法院屡试不爽的长期实践,形成了一种实践的惯性。因而,实务部门和部分原先主张主观未遂论的学者只能转而支持具有客观化外观的印象理论,以避免走向客观未遂理论的立场。从前文的分析可见,印象理论的立场实质上在判断思维中仍然不可避免地要落入主观未遂论的窠臼,这也在一定程度上说明印象理论的真面目——表面上是一种刑事政策的、符合积极一般预防的、按照社会心理学标准进行客观化的合理学说,实质上

---

〔1〕[日]宗冈嗣郎:《客观的未遂论的基本构造》,成文堂1990年版,第104页。转引自陈家林:《不能犯初论》,中国人民公安大学出版社2005年版,第20页。

〔2〕参见[德]克劳斯·罗克辛:《德国刑法学总论》(第1卷),王世洲译,法律出版社2005年版,第182页。

仍然深陷主观未遂主义思维的泥淖。

在此之后，由于菲舍尔、黑格勒、马克思、恩斯特、迈耶和麦兹格等人对主观构成要件的发现，使构成要件的不法成立又在违法性那里重新迎回了一部分主观的要素，使违法性自此成为主观与客观统一的综合不法概念。[1] 因而，未遂的可罚性在此不能再仅仅从外在视角下限制的客观不法概念为出发点，而应当以行为无价值与结果无价值的联合，即综合主观要素和客观要素之后来判断不法。[2] 在这个基础上，未遂行为的可罚性，在客观未遂论这一侧由于必须将其与违法性关联起来进行理解，因而在违法性被主观化之后，客观未遂论毫无疑问地终将走向综合未遂论的立场。从主观未遂论这一面来说，要么实质上坚持主观未遂论的立场走向印象理论，要么只能放弃主观未遂论，而进入一种更加偏向于主观化的综合未遂论。因而，从学派的演变来看，在综合未遂论的立场上偏主观化的往往是受到了来自主观未遂理论更多的影响，而偏客观化的理论则往往是从原先的客观未遂论改头换面而来。

第二，目的行为论的影响。另外，在威尔泽尔提出目的行为论之后，不法的构造实现了彻底的改变，并形成了当今德国刑法学行为无价值与结果无价值二元不法构造一统天下的格局。正好在德国 20 世纪 30 年代的时期，主观性构成要件的理论已经获得基本的承认，因而当时的希普尔[3]、亨克尔（Henckel）[4] 等学者相继提出具体危险说，科勒尔（Köhler）、科莱（Klee）[5] 等学者提出抽象危险说，在当时的犯罪论构造中是能够得到理解的。目的行为概念在不法的主观化上在这个方向上又前进了一步，虽然目的行为论现在作为行为理论已经很少有人主张，但是这一理论的推动力对于不法的理解来说是极为重要的。[6] 根据现有的不

[1] 参见[德]克劳斯·罗克辛：《德国刑法学总论》（第 1 卷），王世洲译，法律出版社 2005 年版，第 183 页。

[2] Puppe, NK, Vorbemerkungen §13, Rn. 22.

[3] Hippel, Deutsches Strafrecht, Bd II, S. 425.

[4] Henkel, Der Gefahrbegriff im Strafrecht, S. 15.

[5] 参见陈家林：《德国的不能犯理论及对我国的启示》，载陈兴良主编：《刑事法评论》（第 20 卷），北京大学出版社 2009 年版，第 454 页。

[6] 参见[德]克劳斯·罗克辛：《德国刑法学总论》（第 1 卷），王世洲译，法律出版社 2005 年版，第 183 页。

法理论,违法性的成立不仅要求客观构成要件的满足,还需要同时具备构成要件的故意、过失与其他主观违法要素,由此可见违法性的成立一半是客观的,一半又是主观的。在这种前提下,纯粹客观未遂论难以维系。实际上,威尔泽尔的行为无价值论,主要是以道德违反的意义上理解不法,从而使抛开法益侵害结果而仅仅将意志活动作为不法构成要件的观点成为可能。[1] 在这个意义上,一方面,由于对于行为无价值的这种理解,使未遂可罚根据的基础又产生了再一次走进主观未遂论的歧途的可能;另一方面,威尔泽尔的学生雅科布斯等学者基于道德违反意义上的行为无价值论,建构了一种规范违反的未遂可罚根据学说。不得不说,目的行为论与行为无价值论对于不法的再造,又重新将综合的未遂论拉向了主观未遂理论的阵地。

一、已有理论的介绍和评述

在综合未遂理论的阵地上,由于在主观要素和客观要素之间的偏向、对于不法的理解的不同,实际上存在若干不同形式的综合未遂理论。

(一)以"计划危险""抽象危险"为核心概念的综合未遂理论

综合未遂理论的表现形式是极其多样和复杂的,在实践上出现较早、现在影响力较大的是以"计划危险""抽象危险"等概念为核心的综合未遂理论。在德国刑法学上,科勒尔与科莱、芬格(Finger)以计划危险、抽象危险的概念为核心建构了一种偏向于主观的综合未遂论。在我国刑法学上,新近张志钢博士通过系统论证客观未遂论的真不足与主观未遂论的假障碍,从而提出未遂犯属于计划犯类型,实际上采纳了这种综合未遂理论。

首先是计划危险说。计划危险说是德国学者科勒尔的首创,1890 年科勒尔首次提出计划危险说,认为犯罪的意思本身不足以决定行为的可罚性,行为人的计划具有引起结果的现实因果性时,则在行为人的内部思想与外部的构成要件结果之间建立了实质连接,重要的不是行为如何被

---

〔1〕 参见陈璇:《客观的未遂犯处罚根据论之提倡》,载《法学研究》2011 年第 2 期。

实施,而是行为如何被计划。[1] 按照这种方式实施的行为虽然不能合乎法则地引起构成要件结果的发生,继而侵害法益,然而这种行为被计划的内容却是真实的、与结果能够合乎法则地建立关联性的,因而这种计划与结果之间的真实关联性才是刑法评价未遂行为是否可罚的决定性依据。张志钢博士指出,计划危险理论主张未遂犯的危险存在于行为人的主观计划中,需要从行为人的主观面或者行为人的想象出发进行判断,因而应当提倡主观未遂论,反对客观未遂论。[2] 然而,在笔者看来,计划危险论仍然是以客观危险性作为判断行为是否可罚的理论,行为计划的内容不具有对于法秩序的抽象危险时,应当否定可罚性。相对来说,主观未遂论并不关注这一计划对于贯彻结果的可能性,而只关注行为人主观的危险性。二者在实际判断上会产生不同的结论。例如,在重大无知的未遂场合,如甲想要杀害乙,以为白糖就可以杀人,便以白糖投毒杀人未遂。这一行为在主观未遂论的视野里显然是一个客观飞跃地表动了的犯罪意思,因而具有可罚性。然而,在以计划危险为核心概念的综合未遂理论中,只有计划具有现实性,才可能存在一种客观上的危险性。由此可见,重大无知的未遂在以计划危险为核心概念的未遂理论中难以被接受为未遂犯,而只能成为不可罚的不能未遂。由此可见,计划危险说不是主观未遂论的立场,对此,本书持与张志钢博士相反的见解。陈家林博士认为科莱对于计划危险理论进行了一定的客观化,将"未遂可罚性的前提界定为存在可能的计划与按照可能实行结果的计划而实施的具体的行为所造成的法益的危殆化"[3],然而这并未从实质上为计划危险论的客观化作出任何改变,而仅仅是表述上的不同罢了。

其次是以"抽象危险"为概念核心的综合未遂理论。德国学者芬格在20世纪初通过对费尔巴哈的因果关系中断论的批判,提出主观未遂论具有一定的正当性,然而主观未遂论又过度贬低了因果关系的作用,过度夸

---

〔1〕 参见陈家林:《德国的不能犯理论及对我国的启示》,载陈兴良主编:《刑事法评论》(第20卷),北京大学出版社2009年版,第454页。

〔2〕 参见张志钢:《论不能未遂的可罚性》,北京大学2015年博士学位论文,第163页。

〔3〕 陈家林:《德国的不能犯理论及对我国的启示》,载陈兴良主编:《刑事法评论》(第20卷),北京大学出版社2009年版,第454页。

大了主观要素的作用,“在实行的时间点就已经明确不能引起所意图结果的未遂行为,与在以后的时间点才明确不能引起结果的未遂行为之间是存在区别的”。[1] 在这个意义上,抽象危险说以行为时的时点作为观察点,将行为人的主观认识作为事实根据,认为行为具有引起行为人所设想的犯罪结果的抽象的危险时,行为成立可罚的未遂。在抽象危险说的构造中,作为其判断之体素的是脱离行为人危险的抽象的危险,这一抽象的危险的判断却不能脱离行为人的主观要素,应当以行为人的认识和设想来判断行为是否具有这种意义上的危险性。就此而言,可以说抽象危险说所立足的综合未遂论,与计划危险的概念一样,过度重视了行为人主观的内容。因而,行为人所设想的因果流程具有结果诱发能力时,只要存在客观上的外在行为,抽象危险就能够成立,从而肯定可罚的未遂存在。

然而,根据本书的见解,以行为人的计划作为判断的标准,充其量只是在行为具有支配法益的能力时,就肯定了行为具有法益侵害可能性,因而在逻辑上是断层的。对此,计划危险说以及与其相似的抽象危险说受到了批判。[2] 然而,在本书看来,计划危险论的问题在于,在综合未遂根据论的立场上割裂地把握了未遂可罚性的基础。对此,陈璇教授指出,计划理论用以决定行为是否成立可罚未遂的决定性标准是作为行为人主观内容的计划的危险性,因而并没有进一步的法益侵害危险认定的余地,从而并非是以客观行为自身,而是以行为人的主观计划为根据的,按照计划危险论,不是客观认定实行行为,而是求助于行为人主观上是否设想了一个实行行为,其结论必然是荒谬的。[3] 在笔者看来,由于不法的综合性,行为的主观构成要件与客观构成要件都应当作为危险判断的事实基础,当行为人的主观构成要件存在时,才能确定,对于一种法益侵害的可能性来说,行为是具有支配能力的。然而,即便是行为具有法益侵害支配能力,由于行为客观上的偏离导致不具有法益侵害支配、法益侵害支配可能

---

〔1〕 陈家林:《德国的不能犯理论及对我国的启示》,载陈兴良主编:《刑事法评论》(第20卷),北京大学出版社2009年版,第454页。

〔2〕 对于计划危险论的理论本身、与立法的协调的全面批判,参见陈璇:《客观的未遂犯处罚根据论之提倡》,载《法学研究》2011年第2期。

〔3〕 参见陈璇:《客观的未遂犯处罚根据论之提倡》,载《法学研究》2011年第2期。

性的，就不能认为行为是危险的。计划危险说，仅仅以行为人主观内容的合致性，确定了行为具有支配法益侵害的能力，然而对于客观上是否具有实际的法益侵害支配、法益侵害支配可能性，并不考察，从而过度扩大了未遂犯的处罚范围。对于计划理论与现代不法理论的二元不法理论之间的紧张关系，笔者认为并没有陈璇教授所言那般夸张，二者都是立足于综合不法论的立场，只不过计划危险理论过度接近主观未遂理论罢了，然而还并未完全落入主观未遂理论的窠臼。

（二）以具体危险为核心概念的综合未遂理论

以具体危险为核心概念的综合未遂理论，在学说上也存在较多的追随者。在德国刑法上，李斯特首先提出了具体危险说。

李斯特通过批判帝国法院的判决，建构具体危险说。在帝国法院的判决中广泛地在主观未遂论的立场上判决了大量的未遂犯。对此，李斯特认为该主观说混淆了犯罪未遂与构成要件欠缺的关系，所谓行为对象缺乏符合构成要件的特征时，只是刑法上的构成要件欠缺，而只有手段不能未遂才有可能涉及成立未遂的可能。[1] 在此基础上，意思活动的危险性，也就是其导致结果发生的客观特征，对于成立刑法上值得处罚的未遂行为来说具有决定性意义，不危险的未遂犯只是一个幻觉犯，不能对其进行处罚。问题是，何种观点对于行为的危险性来说才具有重要意义？对此，李斯特指出，具有重要意义的只有事后判断和事后预测，作为事后判断基础的是行为时作为犯罪方法的一切事实情况，在行为人对事实的认识的基础上，一般就能够辨认行为具有这种意义上的危险性。[2] “如果行为人想用砒霜杀人，但使用了过小的剂量，则对评判人而言该问题具有下列含义：使用此等剂量在行为时就可辨认之情况下，是否能够证明发生死亡的较大可能性。如果行为人由于疏忽大意而使用白糖，则同样的问题也适用于白糖，而且即使当行为人错误地认为，他使用的是砒霜的情况下，也要进行这种判断。”[3] 由此可见，李斯特在此建构了一种不同于抽象危险说的具体危险说。具体危险说认为，应当以行为时一般人能够

---

〔1〕 参见［德］李斯特：《德国刑法教科书》，徐久生译，法律出版社2000年版，第341页。

〔2〕 Vgl. v. Hippel, Deutsches Strafrecht, Bd II, S. 425.

〔3〕 ［德］李斯特：《德国刑法教科书》，徐久生译，法律出版社2000年版，第342～345页。

认识到的事实和行为人特别知道的事实作为判断资料,行为如果具有引发结果发生的盖然性,就成立危险,因而行为成立可罚的未遂犯,否则属于不值得处罚的行为。然而,对此,德国学者科恩(Cohn)、麦耶(Mayer)、弗兰克(Frank)等学者批判李斯特的具体危险说与帝国法院的主观说没有太大区别。据陈家林教授的考证,李斯特学说之所以被批判,其原因在于,行为是否将给客体造成危险的问题,是以存在客体为前提条件的,关于存在客体的问题应当在关于客体的危险性问题被提出之前作出肯定的回答。而李斯特忽略了这一点,他偏离了自己所提出的客观危险概念,使其主观化了。[1] 对此,科里古斯曼(Kriegsmann)运用相当因果关系说对李斯特的具体危险说进行了修正。他认为,在判断可能性时,应当有必要对事实进行一定抽象化,否则就必须回到条件说,可罚的未遂是在意思活动时,以一般人能够认识的事实与行为人特别认识的事实为基础,对于行为能够引起构成要件具有预测可能性。[2] 希普尔认为,具体行为的危险应当进行"事后诊断",判断的基础是一般人能够认识的事实和由行为人特别认识的事实,只有客观上严肃的可能性存在时才能认定行为危险性。[3] 在此,希普尔指出,危险性理论是客观的理论,因此不是通过行为人的意思进行解释的,而是建立在人类经验知识的基础之上。[4]

由此可见,具体危险说采用如下思维结构:以一般人能够认识和行为人特别认识的事实作为判断的基础,进行事后判断,按照人类经验知识行为具有结果发生的严肃的可能性,则具有值得处罚的危险性。在这一判断中,既包括了主观要素也包括了客观要素。具体危险说是极其依赖于客观的立场的,其对判断方法采取事后判断,因而能够确保这一判断相当地依赖于事实情况。然而,这一判断也不是完全排斥和避免主观要素,行为人的认识和一般人的认识是作为选定事实基础的标准。

---

〔1〕 参见[德]李斯特:《德国刑法教科书》,徐久生译,法律出版社2000年版,第346页。

〔2〕 参见[日]宗冈嗣郎:《客观的未遂论的基本构造》,成文堂1990年版,第114页。转引自陈家林:《德国的不能犯理论及对我国的启示》,载陈兴良主编:《刑事法评论》(第20卷),北京大学出版社2009年版,第459页。

〔3〕 v. Hippel, Deutsches Strafrecht, Bd II, SS. 426–427.

〔4〕 v. Hippel, Deutsches Strafrecht, Bd II, S. 428.

然而,具体危险说存在一些难以解决的问题:第一,行为人所特别认识的事实,在犯罪体系地位中应当属于行为人的故意中的认识内容,因而当然属于故意的要素。因此,能否运用故意的要素来为客观危险性的证明奠定基础?这一理论并未充分说明。在学说史上与此相关的是目的行为论,即在行为阶段就将目的的要素考虑在行为是否成立的判断上。然而,这一理论在德国刑法上除了在构成要件理论中接受故意为主观构成要件之外,目的行为理论本身已经不能被接受了。[1] 应该说,具体危险说对于未遂可罚性的判断,仍然是以完整的主客观不法概念作为基础的。第二,具体危险说使用的事后判断与其事实基础的选取在关系上不明朗。如果要进行事后判断,那就意味着案件事实中的所有要素都不可避免地进入判断者的视野。然而,在选取事实上,该说又以一般人能够认识和行为人特别认识的事实作为判断基础,意在避免事后的偶然事实进入判断者视野中。本书认为,这一判断方法在此对二者关系并未清晰说明。

综上所述,计划危险论和具体危险说都是在完整的主客观不法的结构上综合论证未遂的可罚性。在这个意义上,由于现在刑法理论一般认为不法由主观不法要素和客观不法要素共同构成,综合未遂理论只能在主观不法与客观不法结合的意义上理解未遂的可罚性。

二、修正的综合未遂论

综合未遂论的基本立场是,未遂犯的处罚根据首先是实现犯罪的现实危险性,其次必须考虑行为人的主观内容。[2] 在笔者看来,未遂犯的可罚根据在于综合不法论意义上的综合未遂论。其理由是:

(一)构成要件的基本目的是保护法益,但同时也具有行为指导功能

现代刑法理论一般承认构成要件的体系性功能和刑事政策功能,在体系性意义上构成要件包含了与犯罪成立的所有主客观典型特征,因而

---

〔1〕 参见[德]克劳斯·罗克辛:《德国刑法学总论》(第1卷),王世洲译,法律出版社2005年版,第152页。

〔2〕 参见张明楷:《未遂犯论》,成文堂、法律出版社1997年版,第38页。

是彰显不法成立的阶层,因而体系性地设定了法益保护的目的;在刑事政策功能上,构成要件还具有保障功能,只有符合构成要件的行为才能够作为违法性判断的对象。[1] 在这个意义上,构成要件的基本目的在于法益保护。既遂行为的可罚性即在于该当全部构成要件,因而在法益保护的目的看来成立了不法。然而,构成要件还具有行为指导功能,在保护法益的同时,又以规范的形式指向人们的行为。[2] 在这个意义上,对于未遂的可罚根据而言,首先必须立足于法益侵害的立场判断行为是否具有相关的危险性。由于被禁止的行为也必须考虑通过刑法予以禁止,因而在判断危险性上,有必要对行为人的主观内容进行考虑。

在这个意义上,只有主观构成要件和客观构成要件同时满足,行为在实质上才能够被认为成立了完整的不法。在这个意义上,未遂的可罚根据与既遂是相同的。在整个刑法体系内部,不能够允许两种不同的刑法根据立场同时存在,否则便将刑法体系划分为两个不同的板块——未遂刑法体系与既遂刑法体系,并且要对其适用不同的原理和不法判断结构,在现代刑法体系内,由于罪刑法定原则要求,这种做法有可能破坏法安定性和明确性,因而显然是难以被接受的。因此,在既遂的场合,可罚性根据在于主观构成要件与客观构成要件共同构成的不法,因而是一种综合的可罚根据。在这个意义上,未遂的可罚根据也必须是综合的可罚根据结构,一方面必须具有主观不法作为基础,另一方面也必须以客观不法作为可罚性的基础。

(二)不法上的行为无价值与结果无价值二元论

当前,我国刑法学者就不法结构中行为无价值与结果无价值的地位与作用问题存在尖锐的争议。张明楷教授、黎宏教授等学者持结果无价值论,认为不法由结果无价值一元内容构成。陈兴良教授、梁根林教授、周光权教授、劳东燕教授等持行为无价值与结果无价值二元论,认为不法由行为无价值与结果无价值二元构成。

然而,在德国刑法学上,在不法中区分结果无价值与行为无价值早已

---

〔1〕 参见[德]克劳斯·罗克辛:《德国刑法学总论》(第1卷),王世洲译,法律出版社2005年版,第181页。

〔2〕 参见张明楷:《未遂犯论》,成文堂、法律出版社1997年版,第39页。

被普遍接受。首先，结果无价值的要素是不法中必然存在的内容，结果无价值的要素不能被作为纯粹的客观可罚的条件。齐林斯基、霍恩等学者主张对不法进行行为无价值一元化的观点，认为结果无价值对于不法的基础没有独立的意义。[1] 然而，正如罗克辛教授所批判的，对于结果无价值这样的理解，势必要求对未遂和既遂置于同等惩罚的地位，然而这与现代各国刑法制度的刑事政策抉择并不相符。[2] 此外，将不法一元化地理解为结果无价值，也并不妥当。不法的成立，不仅需要客观的要素，同时故意、过失也在一定程度上说明了不法的类型，因而应当被接受为构成要件要素。在这个意义上，故意过失等主观要素，以及其他的主观要素对于不法的成立、不法的程度也都具有必不可少的意义。[3]

在这个意义上，对未遂的可罚根据的理解，也必须采取行为不法与结果不法二元理解的方式展开，站在行为无价值一元论上则会过度主观化地理解未遂的可罚性，进入主观未遂理论，因而最终有可能偏离刑法客观立场而走向意思刑法。相对于此，如果仅仅站在结果无价值一元论基础上理解未遂的可罚性，则势必得出客观的、事实主义的未遂处罚根据论和纯粹客观的事实主义危险概念。而客观的事实主义危险概念，一方面是逻辑上难以成立的，另一方面也并未规范地理解不法的概念。

（三）未遂的可罚根据是主观与客观的综合立场，不必然推出主观加客观的危险说

从前文对综合未遂论两种立场的介绍可以看出，立足于综合未遂论的立场，学说对于危险的判断提出了具体危险说、计划危险说的不同观点，二者虽然在客观要素和主观要素的地位上有不同的安排，但是在结构上都是二元结构。然而，计划危险说过度考虑主观化的要素，因而在判断结论上将未遂的可罚性的标准设置得过低，从而过度扩大了未遂的处罚范围，因此除了迷信犯和重大无知的未遂，其余的不能未遂都能够根据计

---

〔1〕 Vgl. Zielinsiki, Handlungs-und Erfolgsunwert im Unrechtsbegriff, 1973; Horn, Konkrete Gefährdungsdelikte, 1973.

〔2〕 参见［德］克劳斯·罗克辛：《德国刑法学总论》（第1卷），王世洲译，法律出版社2005年版，第213页。

〔3〕 同上书，第211页。

划危险理论肯定一种计划上危险的存在,从而证明其可罚性。另外,具体危险说虽然在结论上能够达到一种较为中和的方案,其可罚性的标准能够较好地符合法感情,然而,这一理论对主观要素和客观要素的关系的安排并不明确,因而也难以体系性地清晰揭示不能未遂可罚性的可操作的标准。

笔者认为,未遂的可罚根据与既遂的可罚根据都是综合的不法立场上的综合未遂论,仅仅从主观要素或者仅仅从客观要素来奠定其可罚性根据,都不完整。然而,未遂犯与既遂犯一样,在主观不法上都具有完整性,因而并未存在问题。只有迷信犯,其主观内容能否成立故意的主观不法,是值得研究的。笔者在此认为,迷信犯当然不具有主观不法,然而仍然需要首先判断迷信未遂行为是否具有客观不法。因此,笔者认为对于未遂的可罚根据,由于犯罪成立体系只有一个,即既遂的犯罪成立和未遂的犯罪成立虽然有一些不同,但必须依赖于一个体系,因此只能承认综合的未遂论。但是,在不法成立判断上,客观不法判断必须先于主观不法判断,这一要求必然引出,对于未遂的可罚性判断的标准应当是客观的,而不能是主观与客观相结合的危险说。然而,这一客观说尽管不能包含主观的要素,但也不能被理解为事实主义的危险概念,而应当作为规范性的客观危险概念来解释。

第四节　小结

本章围绕未遂的可罚性基础,主要分析了刑法教义学上存在的多种不同立场。

首先,就我国刑法理论的状况和趋势进行了介绍和分析。传统刑法理论主张从犯罪构成理论角度,运用社会危害性原理能够论证,未遂是符合修正的犯罪构成,具有社会危害性的危害社会行为,因此具有可罚性。因此,传统理论在既遂、未遂行为的可罚性上是一贯的。然而,这一理论由于过于抽象,在修正的犯罪构成是否成立的判断上又缺乏较为清晰的标准,从而实质上仍要借助于处罚范围较宽的主观未遂论,以主观方面弥补客观方面,以肯定存在主客观相统一的社会危害性,从而认定行为成立未遂。在实际上,根据该理论,能够得出与主观未遂理论相同的结论,即仅迷信未遂不具有可罚性。由于我国刑法没有规定不能未遂的概念和处罚,运用该理论演绎我国刑法的规定,能够得出与德国现行刑法关于不能未遂规定的相同的法政策结论。

在此基础上,笔者讨论了未遂处罚根据论的分析思路。运用刑法体系与刑事政策二元分析思路,能够清晰地剖析各种不同的未遂处罚根据理论。从刑事政策的方向,可能会以一般预防的刑事政策作为未遂的可罚根据。然而,从这一维度所论证的命题,由于其立足于刑事政策,有可能与刑法体系存在紧张关系。另外,由于该立场出于刑事政策思维,从而有可能在实质结论上偏向于较容易扩大处罚范围的主观未遂理论。在刑法体系一面,由于刑法体系的二元实质内容是违法和有责,在理论选择上可能出现不同的抉择。第一种可能是从责任的立场为未遂的可罚论证,然而,责任谴责的立场由于失去构成要件的限制,有可能突破罪刑法定主义。因此,第二种可能则是从不法的立场,未遂的可罚根据在于未遂不法。然而,由于现行理论对不法的理解存在客观不法一元论与综合不法二元论的不同主张,从而在基本思路上又可能进一步分为主观与客观不法的不同侧重。

根据上述分析思路,笔者分别就印象理论、主观未遂理论、客观未遂论、综合未遂论,依次讨论了关于未遂可罚性的不同理解的各种立场。

关于印象理论,笔者紧扣"未遂可罚性的基础应当在刑法体系内还是刑法体系外的刑事政策"的问题进行展开。对丁印象理论的内容,笔者认为印象理论是以刑事政策上的"值得处罚"的法感情为实质内容,以社会心理学上规范的、一般意义上的法秩序动摇的印象为形式来理解未遂的可罚根据的。就此而言,印象理论具有刑事政策上积极的一般预防的重大意义。然而,在判断内容上,由于社会心理的规范判断缺乏教义性的限制,从而容易沦为见仁见智的法感情判断,实质上与主观未遂论的结论十分接近。因此,印象理论对于德国刑法的关于不能未遂可罚性较宽的规定是较为相容的,因而也称为德国刑法理论上的通说。我国现在有少数刑法学者主张引入印象理论改造我国刑法不能未遂理论。然而,不管是我国刑法传统理论还是印象理论对于未遂处罚根据的理解,都会得出与主观未遂理论相同的结论,因而引入该理论根本不可能改造我国现有刑法理论。然而,印象理论即便存在根本方向上的重大疑问,却启示我们,在未遂可罚性的根据上,应当重视刑事政策的考虑,虽然立足于教义学建构未遂的可罚性根据,然而在重视其合理性之余仍然要考虑不能严重偏离刑事政策的价值取向。

就此而言,在纯粹刑事政策一面试图为未遂的可罚性奠定基础的进路,有违刑法教义学的基本方法,其结论虽然符合法感情却将教义学可罚性标准过度宽泛化。因而,应当强调在刑法体系内部为未遂的处罚寻找正当性基础。主观未遂论与客观未遂论的角逐,就是在刑法体系内部的两种不同路径。在主观未遂论这一面,立足于当时的条件说,主观未遂理论被司法实务长期运用,并被德国立法者所接受。在我国刑法中虽然形式上以主客观相统一理论限定不能未遂,但仍然是以主观未遂理论为基础的。主观未遂理论对于未遂的可罚性,根本不可能提出限定性的标准,而最终只能任凭处罚范围扩大。至于主观未遂论可能与纳粹刑法、意思刑法接近,笔者认为这并不是主观未遂论在教义学上的弊病,因而并不是首要问题。在教义学层面,主观未遂论至少在未遂可罚性这一领域颠倒、混淆不法与责任对于犯罪成立的功能,由于构成要件不法与罪刑法定、人权保障上的紧密联系,因而应当强调不法作为犯罪成立的基础,即作为全部刑事可罚性一贯的基础,在这个意义上,主观未遂论可能建构另一种犯罪体系,然而却不是现代行为刑法的犯罪论体系。当然,主观未遂论对于客观未遂论的批判,也为刑法理论提供了有益的启示,未遂的可罚根据不可能是纯粹客观的,而至少应当采纳一定的主观要素。

与此不同,客观未遂理论是以构成要件不法作为基石性概念的理论。该说认为,不法的本质是法益侵害,构成要件的目的是保护法益,未遂之所以是可罚的,是因为未遂行为创造了构成要件实现的危险,也就是法益侵害的危险。在这个意义上,客观未遂论的基本方向是合理的,然而,客观未遂论将危险概念纯粹客观化的做法则有可能是危险判断变成不可能的任务。客观未遂论将危险概念事实化,实质上是将刑法处罚未遂行为进行物化,从而丧失了这一制度本身的功能性考量。笔者认为,客观未遂理论放弃刑事政策考量,从而得出的结论有可能与刑事政策相违背。另外,客观未遂理论实际上是很难将危险概念落实为一个具有真实内容、可操作的实际概念。但是,客观未遂理论至少说明,应当在不法的层面为未遂可罚性奠定基础,应当主要以客观要素建构可罚性的基础。

综合未遂论则不同于主观未遂论、客观未遂论。综合未遂论的基础是综合的不法论,即行为无价值与结果无价值二元论,应当以主观要素和客观要素共同建构未遂可罚性的基础。在这个意义上,如果强调未遂作为不法构成要件的类型性,当然需要主观要素去填充,仅有故意的未遂行为,才具有法益侵害的类型性。在理论上,立足于综合未遂论建构未遂可罚性理论的,存在偏客观方向和偏主观方向两种理解。偏向于主观方向的理解以行为人的认识为基础理解客观行为,实际上又落入我国传统刑法中主客观相统一的未遂可罚根据论的立场。偏向于客观方向的具体危险说的结论,基本上是妥当的,然而其立论的结构却不明确。

在此基础上,笔者认为,未遂的可罚性基础是行为成立的未遂不法,未遂不法的结构具有主观不法与客观不法两方面内容。未遂不法的解释,与既遂不法一样,都以构成要件的基本目的,即保护法益的目的为指导。在不法结构上,未遂可罚性基础是以行为无价值与结果无价值二元论作为基础的。然而,立足于主观与客观结合的立场,在未遂的可罚性判断上,却不必然得出综合的危险概念的结论。在未遂的主观不法上,由于与既遂一样,是完整的主观不法,因而不存在判断上的疑难。对于客观不法的判断,应当独立于主观不法判断,否则容易被主观不法冲破。因此,应当在综合不法论基础上,提倡客观的规范危险概念。

第三章　德国刑法未遂的可罚性与危险概念

第一节　概述

由于德国刑法对于不能未遂的可罚性已作出明确规定,为避免读者对此误解,也为了强调这一实定法的重要性,还应介绍德国刑法关于不能未遂的可罚性的相关条文和判例。

第 22 条　概念确定[1]

行为人根据其犯行设想直接开始实现构成要件的,是犯罪未遂。

第 23 条　未遂的可罚性[2]

---

[1] 其德文原文是:§22 Begriffsbestimmung

Eine Straftat versucht, wer nach seiner Vorstellung von der Tat zur Verwirklichung des Tatbestandes unmittelbar ansetzt.

[2] 其德文原文是:§23 Strafbarkeit des Versuchs

(1)Der Versuch eines Verbrechens ist stets strafbar, der Versuch eines Vergehens nurdann, wenn das Gesetz es ausdrücklich bestimmt.

(2) Der Versuch kann milder bestraft werden als die Vollendete Tat (§49 Abs.1).

(3) Hat der Täter aus grobem Unverstand verkannt, daß der Versuch nach der Art des Gegenstands, an dem, oder des Mittels, mit dem die Tat begangen werden sollte, überhaupt nicht zur Vollendung führen konnte, so kann das Gericht von Strafe absehen oder die Strafe nach seinem Ermessen mildern(§49 Abs.2).

(1)重罪的未遂可罚;轻罪的未遂,只有法律有明文规定时才能处罚。

(2)对于未遂,可以比照既遂犯罪减轻处罚。

(3)如果行为人由于重大无知而误认为,未遂行为根据其对象或者方法的性质,针对该对象或者运用该方法犯罪能够得逞,而根本不可能达到既遂的,法院可对其免除刑罚或者刑罚可根据裁量而减轻。

上述第22条是关于未遂的"概念确定"。据此,当行为人根据其对犯罪行为的设想而直接开始构成要件实现,而不能得逞的,成立法律所规定的未遂。[1] 然而,一般认为这一规定虽然标题采用"概念确定"的术语,但实际上只是表明了未遂的开始,[2]应当根据未遂的性质说明未遂的概念和构造。根据该条,未遂的成立须满足三个要件:行为人的犯行设想(主观构成要件)、[3]直接开始构成要件的实现(开始犯罪实行)、[4]行为不能达到既遂。[5]

第23条设定了相对复杂的未遂可罚性规则。首先,未遂的可罚性与刑法分则具体犯罪是重罪还是轻罪有关。根据该法第12条规定,重罪是指基本法定刑最低为一年以上自由刑的犯罪,轻罪是基本法定刑低于一年自由刑或者为罚金刑的犯罪。重罪的未遂当然具有可罚性,因而无须刑法分则特别规定其可罚性。轻罪的未遂,非经刑法法规特别规定则不可罚。对于未遂的处罚,该条规定一般可以按照该法第49条第1款的量刑方法比照既遂减轻处罚。对于因方法或者对象的错误产生重大无知的不能未遂,本条明确规定其可罚性,在处罚上可免除处罚或者法院酌定减轻处罚。根据该规定,德国刑法实质上规定了不能未遂的可罚性。因为,如果基于重大无知而对行为对象或者行为方法产生错误,因而不可能达

---

〔1〕 Vgl. Rudolphi, SK, § 22, Rn. 1.

〔2〕 Vgl. Thomas Hillenkamp, LK, § 22, Rn. 8; Schönke/Schröder/Eser, § 22, Rn. 1; Zaczyk, NK, § 22, Rn. 1.

〔3〕 Vgl. Rudolphi, SK, § 22, Rn. 2.

〔4〕 Vgl. Rudolphi, SK, § 22, Rn. 7.

〔5〕 Vgl. Rudolphi, SK, § 22, Rn. 22.

到既遂的行为,也要进行处罚,那么不能被处罚的不能未遂行为,就只剩下迷信犯和幻觉犯了。因此,根据上述初步观察,现有任何德国刑法学说都应当以该实定法为出发点,或者至少不得不顾及实定法中已经明确表示的未遂可罚性态度。

在判例方面,有:使用不适当的方法堕胎而未遂(RGSt 1,440)、针对尸体实施杀人行为(RGSt 1,452)、假想怀孕而实施堕胎未遂(RGSt 8,201)、假想客观上合法地追求利益实施诈骗未遂(BGHSt 15,201)等,都是以主观未遂理论判定成立未遂而处罚。

本书下面对德国刑法学史上关于不能未遂的概念、可罚性以及引起的刑法基本立场的若干争论,全面地进行考察。在此,笔者首先对不能未遂的学术史进行清晰的梳理,不仅学说的提出和内容,某一学说提出的背景和刑法动因也是理解该学说的钥匙。其次,德国刑法中对不能未遂的概念进行了相当程度的限定,该概念使用的语言背景是什么?该概念的具体内容包括什么?在刑法规范视野下哪些情形应从该概念中予以排除?由于现在我国刑法学受日本刑法影响较深,不能犯、不能未遂、不能犯未遂等概念之间的逻辑关系不甚清楚,以致对理论的深刻发展“荼毒不浅”,因而在此对德国相关理论的介绍在摸清德国刑法中不能未遂的基本概念的基础上展开。另外,德国刑法中不能未遂的成立要件是什么?学界对此进行了什么样的探讨?这对于后文详细展开如何限定不能未遂的可罚性边界,至少意味着,德国刑法对不能未遂可罚性的限定理论,是建立在不能未遂相应的成立条件基础之上的。在这一部分,本书专门介绍德国刑法中所明文规定的重大无知的不能未遂。既然(并不那么值得处罚的)重大无知的不能未遂都予以处罚,显然(由于反面构成要件错误的程度更浅而更加值得处罚的)普通的不能未遂也可当然解释进未遂的概念中。因而,重大无知未遂的概念与成立条件,对于不能未遂的可罚性的解释,也是值得研究的。

一、不能未遂的学术史考察

(一)客观说的提出

在古代刑法结果责任思维中,因没有损害出现,未遂是没有立足之地的,因而未遂的可罚性已经是发达法制的标志。[1] 在中世纪意大利法中才开始的对未遂概念的学术性探讨中,未遂被作为不同于既遂犯罪的减轻的法侵害,因而被减轻处罚。[2] 不能未遂的可罚性被当作质疑的问题抛出来,归功于1804年费尔巴哈在对克莱因施罗特草案的批判,他第一次在一般意义上提出诘问,并在客观理论的意义上进行了回答。[3] 根据费尔巴哈的客观理论,可罚的未遂须满足两个条件:第一,意图实施重罪的行为,不是由于意思的改变,而应是由于外在的阻碍而没有达到既遂;第二,根据行为自身所表现的特性,应当具有直接的还是间接的、或多还是或少的与所设想犯罪之间的客观因果关系,即具有客观的危险。[4] 因而,根据费尔巴哈的客观说,只有客观的危险的未遂才具有可罚性,否则,由于根本不存在一个外在的侵犯权利行为,就只能是不属于犯罪行为的不能未遂。[5]

据陈家林教授考证,费尔巴哈的客观未遂说的基础是权利侵害学说。作为刑法对象的行为,是对他人的权利进行侵害的行为,在直接侵害权利行为中,根据效果不同可分为既遂和未遂,既遂是现实的权利侵害,而未遂是刑罚的特别对象,只要肯定其具有可罚性,未遂就必须具有权利侵害的危险性。[6] 也就是说,既遂是现实的权利侵害行为,而未遂是可能的权利侵害行为。然而,费尔巴哈所提出的客观说,并未进一步就如何判断危险,从而为限制不能未遂的可罚性提出可操作性的具体判断方法及详细的方案,因而在学说上有待于进一步的推进。

鉴于此,一方面德国部分学者对此展开批判,在自然主义因果论和条件说的基础上提出了主观说,另一部分学者则试图对客观说进行改造。在客观说内部,米特迈尔试图提出一个界定危险的标准,即根据行为是否绝对不适合于结果的引起,将不能未遂区分为绝对不能和相对不能,绝对

---

〔1〕 v. Hippel, Deutsches Strafrecht, Bd II, S. 392.

〔2〕 Mezger, Strafrecht ein Lehrbuch, 3. Aufl., S. 376.

〔3〕 Mezger, Strafrecht ein Lehrbuch, 3. Aufl., S. 376.

〔4〕 Vgl. Feuerbach, Lehrbuch des gemeinen in Deutschland geltenden peinlichen Rechts, 14. Aufl., 1847, S. 71.

〔5〕 Zaczyk, NK, § 22Rn. 9.

〔6〕 参见陈家林:《不能犯初论》,中国人民公安大学出版社2005年版,第6页。

不能是某一行为在任何情况下都不会发生所意图的犯罪,因而不具有可罚性,相对不能是仅仅在具体情况下未能引起结果发生的不充分行为,两者相比,后者存在法律认为的不法行为,因而是可罚的。〔1〕 然而,上述区分也只是就手段不能犯而言,而并不能扩展至对象不能犯的场合,因而在客观说的后续发展上影响不大。对此,贝尔纳也曾试图努力改造绝对不能与相对不能区分说,将该区分标准也适用于对象不能的场合。从而,绝对不能与相对不能说在一定程度上偏离了费尔巴哈的不能未遂学说,实质上肯定了不能未遂中只有绝对不适合于结果实现的手段、对象的绝对不能未遂,才是不具有可罚性的,而相对不能未遂则是具有危险的,因而应当处罚。在此应当指出,不能未遂的概念发生了变动。《费尔巴哈刑法典草案》第 60 条规定,"未遂,在外部行为与所意图的犯罪之间没有任何关联时,即依据自然法则犯罪绝对不可能发生时,不处罚"。由此可见,费尔巴哈所谓的不能未遂的概念,是按照自然法则绝对不可能发生犯罪结果的情形。然而,绝对不能未遂和相对不能未遂的区分,肯定不能未遂中还有一部分是适合于结果的发生而由于具体情况的变异性而例外地没有发生结果。因而,绝对不能与相对不能区别说,实际上是先扩大了费尔巴哈的不能未遂的概念范围,然后又试图运用费尔巴哈的学说对其进行区分,以限定不能未遂的处罚范围。

如何评价费尔巴哈的客观说及其修正的观点?陈兴良教授认为,米特迈尔的区分标准具有一定的恣意性,因而为人所诟病。无论是在手段不能未遂中区分目的适合的手段与目的不适合的手段,还是在对象不能未遂中区分适合的对象和不适合的对象,该客观说都未对其区分提出具体的可操作性标准。〔2〕 张志钢博士正确地指出,旧客观说的根本问题是在区分绝对不能与相对不能时对具体事实进行怎样的抽象,随着抽象程度的不同,绝对不能与相对不能的界桩是流动的,因而某些案件随着抽象程度的变化,有时是绝对不能有时又是相对不能,因而该理论必然遭受被彻底放弃的结局。〔3〕 尽管这一学说在德国现今已无人支持,因而只具有

〔1〕 参见陈家林:《不能犯初论》,中国人民公安大学出版社 2005 年版,第 15 页。

〔2〕 参见陈兴良:《不能犯与未遂犯——一个比较法的分析》,载《清华法学》2011 年第 4 期。

〔3〕 参见张志钢:《论不能未遂的可罚性》,北京大学 2015 年博士学位论文,第 47 页。

理论史的意义。但是,应当指出,奥地利刑法典关于不能未遂的规定、日本刑法中现今有力的客观危险说都是建立在绝对不能与相对不能区分说的基础上的。例如,《奥地利刑法》第16条第三款规定:缺乏法律所规定的个人特征或者关系,或者根据行为种类或者行为对象的种类,行为不可能达到既遂的,未遂和未遂的参与不可罚。而日本刑法学中正成为有力学说的客观危险说,就是以是否存在客观科学上的危险来区分不可罚的不能犯和可罚的未遂犯,因而可以说是费尔巴哈、米特迈尔等客观说的翻版和具体化。[1]

笔者认为,费尔巴哈的客观说具有以下特征:

第一,以危险作为未遂犯可罚性的边界,是处于萌芽阶段的法益侵害说的必然结论。费尔巴哈所处的时期,正是法益概念的萌芽时期,法益概念所具有的划分刑事可罚性界限,从而使人获得自由的内涵,已经深入地印在费尔巴哈的不能未遂理论中。与比恩鲍姆的法益概念不同,费尔巴哈使用的是权利的概念。而犯罪的本质,就是权利侵害。任何种类的权利侵害,都违反国家的目的。因此在国家之中不发生权利侵害是绝对必要的。所以国家有权利与义务,采取预防权利侵害之可能性的必要措施。[2] 因而,对于犯罪概念的实质限定,应当围绕权利侵害展开。一方面,当行为在实质上引起了现实的权利侵害时,意味着实质的犯罪既遂已经成为可罚的行为,从而能够以国家刑罚权作为对其的回应。另一方面,在行为并未引起现实的权利侵害时,能否发动国家刑罚权,成为费尔巴哈所担心的有可能违背市民社会的市民刑罚原理。市民刑法不是道德刑罚,因而不属于道德领域而是属于法的秩序的领域。国家只能遵从外部的法律对行为进行判断,而不能适用道德的刑罚。不能未遂的行为即便属于违反道德的行为,但由于其不具有权利侵害的危险性,因而不能为刑罚权的发动奠定充足的根据。在这个意义上,不能未遂的客观说,尽管并未对限定不能未遂的可罚性范围提供清晰的判断标准,但仍然具有积极意义。

第二,不能未遂的判断与限定,也反映了处于萌芽时期的客观不法理

〔1〕 参见钱叶六:《未遂犯与不能犯之区分》,载《清华法学》2011年第4期。
〔2〕 参见陈家林:《不能犯初论》,中国人民公安大学出版社2005年版,第15页。

论的状况。现代刑法理论基本上承认“不法是客观的而责任是主观的”这一命题,并且现代刑法是行为刑法,任何犯罪都应当以不法的成立作为其可罚性的基本根据。然而,在费尔巴哈的时代,不法和责任还没有被清晰地进行学术上及体系性关系的区分,因而当时的法制和理论时而反映了不法对可罚性限定的踪迹,时而又映射出以可责难性作为可罚性根据的影子。在不法和责任的立场上,费尔巴哈的学说大致属于以不法来建构不能未遂的可罚性、以权利侵害所表达的不法成立来限定未遂的可罚范围。应该说,费尔巴哈从康德的道德哲学出发区分法与道德,强调从市民的刑罚中排除道德的刑罚的概念,就反映了他想要从不法,而不是从责任的角度来为未遂奠定可罚性根据。众所周知,现代刑法责任理论来源于心理责任论,即以故意、过失等犯罪心理作为刑事谴责的内容。然而,在费尔巴哈的时代仍然是道德责任论盛行的时代,被费尔巴哈所批判的《克莱因施罗特草案》中就存在大量的持有不道德情感的犯罪。[1] 因而,没有权利侵害而仅仅存在道德违反性的行为,是按照道德戒律可责难的行为,然而却不是按照法律的具有不法的行为。在这个意义上,费尔巴哈想要将那些不具有权利侵害的危险的行为排除在可罚性范围之外,其基本动因很可能是源于客观不法的思维。

客观说虽然具有说服力,然而却缺乏具体可操作性的判断标准,因而其理论的可行性大打折扣。因此,构成要件欠缺理论应运而生。根据该学说,过去人们所作的绝对不能与相对不能未遂之间的区分,其背后的不可罚的实质根据是构成要件缺乏。贝林认为,构成要件欠缺是在具体情况下构成要件要素的不完整存在,构成要件欠缺的不可罚性的根据是某种实证法的例外,只有构成要件结果的缺乏时能够肯定犯罪类型的成立,因而是可罚的未遂,所谓的绝对不能未遂既不是既遂,也不是未遂,而是刑法上不值得评价的对象。[2] 根据弗兰克的表述,构成要件欠缺应当从未遂的概念中抽出来,作为其适例的是,不是构成要件的结果不存在,而是其他的构成要件欠缺,但行为人错误地认为其存在而行为。[3] 因此,

---

〔1〕 参见陈家林:《不能犯初论》,中国人民公安大学出版社2005年版,第1页。

〔2〕 Vgl. Mezger, Strafrecht ein Lehrbuch, 3. Aufl., S. 393.

〔3〕 Frank, Das Strafrecht für das deutsche Reich, § 43 I.

构成要件欠缺不同于未遂。未遂的行为，除了构成要件的结果不具备之外，其他的构成要件要素都已经满足。然而，构成要件欠缺的行为，是欠缺除了结果（无论结果是否存在）以外的其他构成要件要素的不存在。例如，误认为自己怀孕而堕胎，不是因为结果未发生而未遂，而是因为作为孕妇的身份不存在而成立构成要件欠缺。应该说，构成要件欠缺的理论反映了在不法判断上形式的构成要件理论在刑法学上兴起的这一现象对刑法理论构成的影响。按照贝林的构成要件理论，行为构成犯罪的第一个要件是符合刑罚分则规定的客观的中立的构成要件，全部构成要件符合时才能够成立既遂的犯罪。当行为符合除了结果以外的其他一切构成要件要素时，则行为应当被作为未遂进行处罚。与此不同，行为的实施虽然形式上并未该当构成要件结果的要素，然而不符合构成要件结果该当性的原因如果是因欠缺结果以外的其他构成要件要素时，应当是与刑法无关的现象，而非未遂。在这个意义上，构成要件欠缺理论进一步对不能未遂的概念进行了限定，然而并未对结果不存在和是否存在危险，即进一步是否能成立未遂给出新的判断标准和理论界定。正因如此，构成要件欠缺理论是不成功的理论。

因而，绝对不能与相对不能区分说、构成要件欠缺理论在实质上都并未将费尔巴哈的不能未遂理论向前推进，只是进一步使得费尔巴哈所提出的问题更加完整、清晰化——到底怎样判断没有发生结果的行为是否危险？而对于费尔巴哈等人的旧客观说的弱点，希普尔认为只有在已经深化了的刑法因果理论的基础上，危险概念才有可能被合理地界定。[1]鉴于此，德国刑法学者随着犯罪论体系的逐步发展和刑法因果理论、不法理论等的进一步深化，努力在客观上限定不能未遂的可罚性。相继地，在客观说的进一步发展中随即产生了各种以不能未遂概念及可罚性限定为目标的危险学说。

（二）主观说的否定

在费尔巴哈提出客观说主张对不具有危险的不能未遂不予以处罚以后，第一位在基本原理上的主观论者是提特曼（Tittmann），之后得到一系

〔1〕 v. Hippel, Deutsches Strafrecht, Bd II, S. 419.

列文献著作者的接受，在那时的部分地区的立法多数是采取了主观说的，但当时最大的普鲁士王国则在1851年的立法中采取了客观说的见解，在理论上和实务上主流的观点视不能未遂为不可罚的，相对的适合未遂是可罚的。[1] 自从1962年起，冯·布理作为主观理论的新的奠基者，持有这样的观点——未遂的性质应当是：在既遂中相应的某一个客观构成要件的缺乏。如果既遂的客观构成要件中缺少哪怕一个最微乎其微的要素，全部客观构成要件的存在即无任何意义，在客观上既不存在整个的，也不存在半个甚至更不存在任何一部分的法益侵害；对此，行为人采用了适当的还是不适当的方法，或者针对适当或者不适当的对象去实现其意志都是一样的；因此，根据主观立场即便缺乏全部客观标准，主观立场也是逻辑上唯一可接受的标准。[2] 冯·布理的主观说同时也是德国帝国法院一系列判例中所稳定支持的立场。根据主观说，未遂的可罚性取决于犯罪意思，由于未遂的犯罪意思已经存在，因此任何未遂都具有可罚性，包括绝对不能未遂，只有迷信未遂才被帝国法院作为不可罚对待。[3] 帝国法院采取主观说，与冯·布理的因果理论脱不开干系。在帝国法院判例中有如下论证："任何一种行为，如果不具有真实的因果性，即没有引起结果真实发生，其在某个案件的现存具体对象上就是不可能的……因此客观的危险不可能是未遂的性质，因为行为在具体案件中没有损害法益，因此表明行为在具体案件中也是不可能损害法益的，因此通过该行为也并未为法益制造客观的危险。"[4] 麦兹格认为，帝国法院采取主观说的主导动机在于：第一，帝国法院的法官在因果理论上将各因果要素采取全条件同价值的观点，这导致他们拒绝了客观危险性的概念。[5] 第二，帝国法院法官将行为人的犯罪意思作为刑法根据，"犯罪意思的表现方式，

---

〔1〕 Mezger, Strafrecht-ein Lehrbuch, 3. Aufl., S. 388; v. Hippel, Deutsches Strafrecht, Bd II, S. 416.

〔2〕 Vgl. Mezger, Strafrecht-ein Lehrbuch, 3. Aufl., S. 388.

〔3〕 德国帝国法院刑法判例，编号RGSt 33, 321：通过念咒语或者使用意念杀人不是杀人未遂，因为这种行为既不是相对的不适当方法，也不是绝对的不适当方法，毋宁是根本能被看作是无论何种改变外在世界的进行手段来看待。因此，只在道德领域具有重要性。

〔4〕 RGSt 1, 439; RGSt 8, 202/03.

〔5〕 Mezger, Strafrecht-ein Lehrbuch, 3. Aufl., S. 390.

就是刑法典本身所针对的对象”。[1]

根据主观说，未遂不法的根据在于犯罪人的侵害意志。[2] 未遂的可罚性根据是某个法敌对意思作为犯罪意志的确证。[3] 因此，对于主观说而言，区别未遂还是不可罚的行为，其判断的对象是能否在客观上确证行为人的犯罪意思。在不能未遂中，由于行为人实施的行为能够被视为主观犯意的表动，因而即便是重大无知的未遂，也能够毫不费力地解释为犯罪意思的确证。

正如前文所述，如果联系到犯罪论发展的历史阶段，就能理解为何帝国法院和许多学者选择支持主观说作为限制未遂处罚的标准。一方面，正如德国学者希普尔和亨克尔所指出的，主观说的理论根基是刑法因果理论中当时盛行的自然因果理论和机械的条件说。由于结果产生的全部条件同价值，所以结果没有发生意味着全部条件都不具有刑法上值得可罚的性质，在客观上不能肯定危险的存在，危险只是人类的自我无知的孩童的表现。[4] 在相当因果关系的立场上，冯·布理以条件说为出发点对于危险概念的否定，便显得捉襟见肘。相当因果关系由于在因果判断中重视人类社会生活经验法则的重要性，并且根据一般人的角度进行一般化判断，从而将行为是否具有对结果的因果性问题，从条件说的窠臼中得到救赎。在未遂的场合，由于结果并未发生，因而按照全条件同价值的理论自然无法肯定结果发生具有可能性，危险性的概念自然不能维持。但是在相当因果关系理论看来，行为是否具有引起结果的相当性，成为危险概念的规范内容。危险判断，因此不是对条件关系的确定和判断，而是对行为是否制造了刑法上重要的相当的潜在原因力进行判断。

另一方面，纯粹主观说将未遂的可罚根据建立在责难性的概念上，因而否定了不法对于犯罪成立的限定意义。从主观说的论证过程中不难发现，“客观上只要某个构成要件要素不存在，全体构成要件都是无意义的”“未遂的可罚性只能在主观要素中寻找根据”，都反映出当时的犯罪理论，

---

〔1〕 RGSt 1. 439.

〔2〕 Zaczyk, NK, § 22, Rn. 10.

〔3〕 Eser, in Schönke/Schröder, StGB Kommentar, Vor. § 22, Rn. 21.

〔4〕 Vgl. Henckel, Das Gefahrbegriff im Strafrecht, SS. 3, 4.

由于在未遂中无法贯彻机械的纯粹客观不法，因此只能从主观犯罪意思的可责难性中寻找不能未遂可罚的根据。这种论证的结果就是导致既遂犯罪结构中不法的后撤和责任的弥散化，导致犯罪整体体系都限于主观化，刑法体系因而是意思刑法，而不是行为刑法。

现代刑法是行为刑法，以罪刑法定作为基本原则，任何可罚性的根据都应当与构成要件的不法相关联。在这个意义上，纯粹主观说由于将未遂可罚性的根据奠定在责难性的概念上，因而不可取。罗克辛正确地指出，纯粹主观未遂论的必然结论是将未遂疏离于构成要件，因而导致刑法体系被撕裂为两个不相关的部分。[1] 在笔者看来，罗克辛担心的是，这种理论将未遂理解为建立在责任上的刑法规则，将既遂理解为建立在不法上的刑法规则，从而使刑法体系的统一性不再能够维系，因而违反了教义学的基础性构造。因而，纯粹的主观说应予以否定，理论上由此产生了对主观说进行限定的思维。

（三）对主观说的限定

对于主观未遂论的后续发展，察克齐刻认为目的主义理论在理论上强化了主观未遂论的基础。[2] 然而，这种说法掩盖了纯粹主观未遂论与偏主观的折中未遂论的实质差异。正如前文所述，纯粹主观未遂论将未遂的可罚性基础建立在责任上，由于体系的内部协调化又势必推导出既遂犯的本质也是责难性，从而否定不法的基础性地位。与此不同，偏主观的综合未遂论虽然也认为应当从行为人的主观犯罪设想出发，但是否可罚则是落脚于以此为基础的较为主观的不法。因而，这种理论虽然对不法的客观性予以缓和，但实际上仍然是坚持在不法的立场上论证未遂的可罚性基础。笔者认为，纯粹主观说的理论基础是失当的，在责任和不法何者是犯罪的基础上，纯粹主观说放弃了以构成要件相关的不法概念的基础性地位，就此，各种理论试图对主观说进行限定。

首先，在客观说的内部出现了动摇，尽管仍然采取危险概念来限定不能未遂的可罚性，但危险的判断中融入了行为人的认识、行为人的犯罪设

[1] Roxin, Über den Strafgrund des Versuchs, Nishihara-Festschrift, S. 159.

[2] Vgl. Zaczyk, NK, § 22, Rn. 10.

想等主观要素作为判断的基础。例如,李斯特将危险概念作为未遂论的核心概念,应受处罚的未遂的特点也具有危险状态的特征,然而在危险判断上李斯特却引入了“意思活动为大众认识或者只为行为人知晓”这一主观判断要素,因而这一危险概念是主观化的危险概念。[1] 此外,在20世纪30年代德国刑法学界几乎一致认为犯罪未遂的处罚根据在于其对构成要件上所保护的法益造成的危险性,然而60年代以来客观未遂理论完全是明日黄花,客观不法的观点不再受人欢迎。[2] 特别是由于威尔泽尔提出了目的行为论,因而主观未遂理论得以系统地重建,在建构不法中的构成要件故意概念被学界迅速接受,而形成了行为不法的概念。行为不法概念,因而在一定意义上是犯罪意思和客观危险中和后的产物,为不能未遂的可罚性限定提出了新的判断标准。

其次,原来的纯粹主观说不再有人主张,主观未遂论改弦更张,转而支持印象理论。由于纯粹主观未遂论实质上是以选择性的要么主观要么客观的立场理解主观和客观因素在未遂处罚根据中的地位,因而不符合现代行为刑法的不法理论而遭废弃。有见解提出主观要素与客观要素是累积性的关系,累积的主观与客观要素共同构成未遂可罚性的根据,在这个基础上,该见解虽然坚持以主观未遂论为出发点,然而却引入客观性内容加以限制。未遂的可罚性仍然在于行为人的犯罪意思,然而这种犯罪意思只有在行为人的行为动摇了公众对法秩序有效性的信赖时,行为人才能够被作为未遂进行处罚。[3] 因此,印象理论是限制的主观未遂论,通过引入社会心理学因素和一般人法秩序信赖的判断,行为人的犯罪意思本身不再被作为未遂可罚性的根据,而只是可罚性的动因。对于不能未遂行为,行为人的犯罪意思不再是决定性的证实可罚性的要素,而只是借以判断的要素,不能未遂的行为,是否引起社会公众心理意义上的法秩序信赖的动摇的印象,成为一种相对客观化的判断。然而,应当指出,印象理论中的客观化基础,不是运用不法概念和不法理论,而

---

〔1〕 参见[德]李斯特:《德国刑法教科书》,徐久生译,法律出版社2006年版,第180页。

〔2〕 参见[德]托马斯·魏根特:《刑法未遂理论在德国的发展》,樊文译,载《法学家》2006年第4期。

〔3〕 同上。

是运用了刑罚目的理论中的一般预防的概念。就此而言,印象理论与现代刑法不法理论之间的藕断丝连的关系,仍然值得警惕。由此直接从刑法"终极奥义"中导出具体解决方案的做法,是否能够保障法安全,是有很大的疑问的。

最后,德国有学者试图在综合不法论的基础上限定主观未遂论,提出二元方案,可罚的未遂要么是危险未遂,要么是目的未遂。即:一方面肯定客观危险作为处罚根据的危险未遂,另一方面则肯定主观目的作为支持处罚根据的目的未遂,只有行为人具有实现构成要件的目的或者其行为已经处于接近既遂的危险阶段,实施犯罪行为的未遂才应受到处罚。[1] 例如,行为人想要枪杀被害人,然而子弹打偏了只是从被害人头部擦过。此时,根据该学说既是目的未遂,也是危险未遂。从这一理论的结构来看,在对主观未遂论进行修正时,以危险和目的的概念来限制不能未遂的可罚性,几乎等于肯定在不存在以不法为基础的危险时,也为主观性的目的概念留下了突破口。从而在判断结论上,如果不能认定为危险未遂的,那么只要行为人主观上具有目的符合性,也能够按照目的未遂进行处罚。然而,实际上未遂的特征就在于行为人对于犯罪结果的目的性,尽管在不能犯的场合,也不能否定行为人具有对犯罪结果的目的性追求,在这种情况下肯定也作为未遂处罚,实际上并未走出主观未遂论。

此外,由德国刑法学者科勒所提出的抽象危险说和李斯特所提出的具体危险说,尽管在内容上存在较大的差异,然而其立场是较为接近的,也同时都是限制主观未遂论的立场。在肯定综合不法论的基础上,二者对运用主观要素的内容存在差异。抽象危险说认为犯罪行为的计划只要具有引起结果的因果现实性,行为人的计划就具有对法秩序的危险性,因而表明行为已经成立可罚的未遂。而具体危险说则是要求根据一般人能够认识的事实和行为人特别认识的事实来判断行为是否造成了法益侵害的危险。从内容上来说,抽象危险说的主观化色彩比具体危险说偏重一些。

根据陈璇教授的观察,行为无价值与结果无价值二元不法理论逐步

---

〔1〕 Schmidhäuser/Alwart, Strafrecht Allgemeiner Teil Studienbuch, 2. Aufl., 1984, S. 344.

成为德国刑法越发完整的可罚性基础概念，希尔施、魏根特、察克齐刻等越来越多的德国刑法学者更加强调不法对于不能未遂可罚性限定的理论意义，对于未遂犯的处罚根据，不仅需要认定行为人的主观犯意，同时客观法益危险也是行为的必备要素。[1]

二、不能未遂的界定

在德国刑法学上，不能未遂的概念曾出现过变动。

在费尔巴哈提出“无危险的行为不是未遂而是不能未遂因而不可罚”的理念时，不能未遂在概念上是与不可罚相关联的。因而，对于费尔巴哈来说，不能未遂不是未遂，未遂是可罚的行为，而不能未遂是不可罚的行为；未遂是符合构成要件的行为，而不能未遂则是没有符合构成要件的行为。然而，在此后，不能未遂并未被学者从未遂的概念中驱逐出去，在德国刑法解释论上，不能未遂由于其可罚性被立法者、帝国法院与德国联邦最高法院的司法实务反复确认，在学理上也得到承认，从而不能未遂由于具有可罚性因而属于未遂，是一种共识。因而，这种具体化的、地方性的教义学知识，不得不在我们学习、分析和研究德国刑法不能未遂、未遂犯理论时加以警惕。

关于不能未遂的概念，德国刑法学者金德霍伊泽尔教授认为，从一个理解了具体条件的观察者的视角来看，该未遂行为对于构成要件的实现来说是不适合的，所谓不能（或者不适当性）可能由于缺乏行为人的身份要件、缺乏适合的行为对象或者选择的手段缺乏必要性质。[2] 鲍曼、韦伯、米特施认为，“能”与“不能”的区分在此只有在这个意义上是可能的，即立足于行为实行的时间点在适当性条件基础上考察，并且对此进行适当性判断，不能未遂的特点是，全部构成要件实现的不可能性在未遂行为的一开始就确定了，只是行为人没有认识到这一情况罢了。[3] 就此可见，所谓不能未遂，是指在实行行为开始时结合行为所处的具体条件，行为不可能引起结果的发生。

---

〔1〕 参见陈璇：《客观的未遂犯处罚根据论之提倡》，载《法学研究》2011 年第 2 期。

〔2〕 Vgl. Kindhäuser, Strafrecht AT, § 30, Rn. 13.

〔3〕 Baumann/Weber/Mitsch, Strafrecht AT, § 26, Rn. 28.

三、不能未遂的成立要件

在德国刑法学中,一般认为未遂的成立要件包括主观要件和客观要件,所谓主观构成要件是指行为决意,至少要以间接故意的形式,指向一个全部构成要件要素充足的致害过程,此外还要具有建立不法的目的要素以及不法意识。[1] 而未遂的客观要件则是决意性的开始构成要件符合的行为,即某个行为要素已经完全实现了,如在复行为犯或者多举动犯的犯罪类型中或者在结果发生前的完整的既遂伤害行为的场合。[2] 鲁道菲(Rudolphi)教授认为,不能未遂的成立需要满足的条件是,根据行为人对构成要件实现的设想所指向的行为,由于事实性的或者法律性的原因而不可能达到既遂的程度,因而对于不能未遂来说,决定性的特征在于,不能未遂是一种行为人对构成要件符合性欠缺的认识错误。[3] 他认为,对于不能未遂的成立来说,必要的成立条件是:行为人对于构成要件行为的存在或者某个构成要件符合的侵害对象的存在产生了错误的认识,因此在理论上有所谓针对不适当对象的不能未遂和适用不适当方法的不能未遂的不同类型。结合德国刑法关于重大无知未遂的立法规定,笔者认为不能未遂的成立要件包括:第一,在主观要件上,行为人具有完整的犯罪故意以及附带的主观违法要素。也就是说,行为人必须在犯罪主观构成要件该当性上是齐备的。首先,行为人认识到了实现客观构成要件引起犯罪结果的状况(尽管这一主观认识与客观事实发生了尖锐冲突导致事实或者法律上的不可能实现)。其次,对于那些要求特定犯罪目的(Absicht)的犯罪类型,如盗窃罪的成立要求具有主观上的非法占有目的等,行为人还必须具有相应的主观违法要素。最后,对于那些要求"明知"(wissentlich/gegen besseres Wissen)某种犯罪构成要件要素的犯罪类型,行为人还必须在主观上具有直接故意的较高程度的认识。第二,在客观构成要件上,行为人直接开始了构成要件的实现,然而缺乏有效的构成要件行为对象或者构成要件行为方法,构成要件客观上不能实现既遂。

---

〔1〕 Vgl. Mischeal Kohler, Strafrecht Allgemeiner Teil, S. 459.

〔2〕 Vgl. Mischeal Kohler, Strafrecht Allgemeiner Teil, S. 460.

〔3〕 Rudolphi, Systematischer Kommentar zum StGB, § 22, Rn. 24.

这就要求,行为人越过了预备的阶段,直接开始(unmittelbar ansetzen)了构成要件的实现,因而成立了实行的着手,开始了行为不法。但是,行为客观上不可能完全实现构成要件。例如,针对尸体实施了故意杀人行为、毁坏了他人客观上同意的财物、与误以为是幼女而实际已满 14 周岁的女性发生了性关系等行为。因此,在这种情况下,法益本身就不存在或者行为本身不适宜作为侵害法益的方法。

由此可见,在德国刑法学上,不能未遂的成立条件受到严格限定。基于此,幻觉犯(Wahndelikt)不属于不能未遂。不能未遂属于反面的构成要件错误,即行为人误将客观上不存在的构成要件要素错误地认为其存在。而幻觉犯则属于反面的禁止性错误,即行为人误认为自己合法的行为是被禁止的、具有违法性的。幻觉犯的成立,意味着行为人在主观上承认了一种实际并不存在的刑法规范并且因此错误地认为其实施的某个行为是刑事可罚的。[1] 根据德国刑法学界一致的意见,幻觉犯是不可罚的。[2]

四、重大无知的不能未遂

《德国刑法典》第 23 条第三款规定对于重大无知的不能未遂(untauglicher Versuch aus grobem Unverstandnis),法院能够“放弃刑罚或者根据裁量减轻刑罚”。因而,在德国刑法典中,重大无知的不能未遂具有可罚性,仅在量刑上比普通未遂得到更宽的处罚。

所谓重大无知的不能未遂,其概念的核心在于如何理解“出于重大无知”。因此,在理论上能够区分两种不同性质的“无知”:对于生活经验的认识错误(nomologisches Irrtum)和对于事实性的认识错误(ontologisches Irrtum),对于生活经验的认识错误,会构成这里所谓的重大无知的不能未遂,而对于事实性的认识错误则属于普通的不能未遂。生活经验的认识错误,如行为人试图自己进行堕胎,然而由于生活经验的认识错误,对客观世界的经验法则产生了错误,她本来能够运用普通人就能够具有的客

---

〔1〕 Rudolphi, Systematischer Kommentar zum StGB, § 22, Rn. 31.

〔2〕 Zaczyk, Nomos Kommentar zum StGB, §22, Rn. 40.

观规律的知识发现自己根本没有怀孕,或者她本想采用甘菊茶来达到堕胎效果的方法就不适宜产生这种效果。在这种情况下,由于行为人对社会经验法则产生了错误,导致了一种不能未遂的成立,因而属于重大无知未遂。与此不同,对于事实性的认识错误,是指行为人对于属于案件事实的客观对象的属性发生了错误。例如,行为人把一种不具有杀伤力的玩具手枪当作了真实的射击武器,或者行为人把一个明显可以看出的尸体当成是正在熟睡的被害人,就不属于重大无知,而是普通的不能未遂。[1]

因此,德国刑法上的重大无知的不能未遂,并非是程度更深的不能未遂或者距离发生构成要件实现更加遥远的不能未遂,而是出于特定原因以致行为对实现构成要件具有不适当属性的一种不能未遂。

第二节 未遂可罚性的范围

一、未遂可罚性范围的原则性规定

在德国刑法中,对于未遂行为是否可罚,在原则上应当区分行为属于轻罪还是重罪进行限定。根据《德国刑法典》第 23 条的规定,重罪的未遂具有可罚性,对于轻罪的未遂,只有刑法分则明文规定时才能作为未遂处罚。因此,不同于我国刑法的规定,德国刑法并非所有罪名的未遂都具有可罚性。这意味着,尽管德国刑法对于未遂成立的标准,实务与立法、法理上较多学者、判例都持主观未遂理论,看似未遂成立的范围较为宽泛,但实际上由于可罚未遂的罪名受到了限制,实际上德国刑法处罚未遂的范围,不可轻易下定论,而是应当全面考察这种未遂制度的真正面貌。

对此,某个犯罪的未遂是否值得处罚,不仅要看行为是否能够作为未遂来认定,即便按照总则未遂法条和法理上判断,行为应当作为未遂来认定,也不见得该行为的可罚性就被肯定。因而,应当区分重罪与轻罪。根据《德国刑法典》第 12 条的规定,重罪与轻罪是以某一基本犯的法定刑作为基准的,法定刑最低是一年以上的自由刑的,属于重罪;法定刑是比此

---

〔1〕 Roxin, Strafrecht AT II, § 29, Rn. 363, Rn. 365.

更低的自由刑或者罚金刑的,则是轻罪。[1] 在此基础上,除了结果加重犯这类由于构成要件的变化形成的新的犯罪类型之外,单纯加重量刑规则与减轻量刑规则对于重罪、轻罪的划分来说不具有意义。

二、可罚罪名的情况

在德国刑法中,罪名主要是在1871年颁布并施行至今的刑法典分则进行规定的,此外在附属刑法中也存在大量犯罪构成要件的规定。本书主要就德国刑法典分则规定的犯罪罪名进行了统计分析。

根据德国刑法典分则的规定,刑法典分则共有罪名273个,其中重罪罪名41个,如抢劫人口、抢劫、放火、引起核能爆炸、引起炸药爆炸、滥用电离辐射、引起水灾、危害公共安全的投毒、枉法、刑讯逼供、预备叛乱、绑架、背叛国家、伪造货币、虚假宣誓、强制猥亵、强奸、谋杀、杀人、严重身体伤害、预备发动侵略战争、对联邦的叛乱、对州的叛乱、建立恐怖组织、伪造担保支付卡与空白的欧洲通用支票、残害女性生殖器、为勒索抢劫人口、扣留人质、泄露非法秘密等。因此,对于该类重罪罪名,其法定刑最少为一年以上自由刑,因而该类犯罪的未遂行为当然具有可罚性。

在重罪罪名之外,德国刑法典分则规定了232种轻罪罪名,其中明文规定未遂可罚的轻罪罪名有110种,如对儿童性滥用、污染土地、扰乱公共服务、危险地侵害公路交通、毁坏重要生产资料、破坏计算机、非法变更数据、包庇债务人、包庇债权人、骗取给付、计算机诈骗、利用职务妨碍刑罚实施、盗用电力能源、盗用交通工具、使他人受政治嫌疑、促使买卖人口、介绍卖淫、利用职位实施性滥用、追诉无罪人、职务行为不作为、污染空气、污染水域、非法交易放射性与其他危险物品和产品、毁坏电信设施、毁坏重要设施、毁坏财物、毁坏建筑物、变造官方证件、间接伪造文书、伪造文书、诈骗、洗钱、隐瞒非法获得的财产价值、窝赃、敲诈勒索、侵占、盗窃、强制、剥夺他人自由、强制结婚、买卖儿童、虐待被监护人、危险的身体伤害、身体伤害、终止妊娠、受请杀人、侵犯言论秘密、伪造身份、扰乱死者安宁、威胁安全的复制、伪造支付卡、支票与汇票、在选举中欺诈、伪造选

---

[1] Lackner/Kühl, StGB Kommentar, § 12, Rn. 2.

举、引诱虚假陈述、妨碍选举、擅自释放在押人员等。

在此之外，有 122 种轻罪罪名的未遂是不具有可罚性的，也就是说，只有完整地实施了构成要件的行为，在结果犯中还符合因果地造成了构成要件的结果时，行为才具有可罚性。未到达既遂的未遂行为是不具有可罚性的。其中，过失犯罪都是轻罪，然而理论上本来其未遂也不具有可罚性。除过失犯罪以外，这类罪名如不救助罪、醉酒、失火、引起火灾危险、损害外事信用、非法公开法院审理内容、制造噪音、震动和非离子辐射、投资诈骗、信贷诈骗、滥用支票与信用卡、宣传终止妊娠、探取数据、拦截数据、扰乱葬礼、商业贿赂、酒后驾驶、非法运行核设施、非法狩猎、非法捕鱼、阻碍强制执行、非法组织赌博、参加非法赌博、伪造健康证明、威胁、包庇、参与斗殴、诱拐未成年人、侵犯通信秘密、诽谤、恶言中伤、侮辱、露阴行为、近亲性交、重婚、扰乱宗教活动、违背抚养义务、引诱犯罪行为、使用违宪组织标志、贿赂议员、擅自逃离肇事现场等罪名。

由此可见，德国刑法中对于 44.69% 的罪名的未遂行为是不具有可罚性的，这在一定程度上说明，德国刑法立法者在对未遂行为的刑罚资源投入上，在立法的层面进行了相当程度的节制。

第三节 关于未遂可罚性根据的讨论

一、客观未遂论

由费尔巴哈、米特迈尔等倡导，李斯特、希普尔等发扬并由施彭德尔当下仍然主张的客观未遂理论，即认为不能未遂行为的可罚性基础是行为的客观危险性。这种理论在德国刑法学的历史上，在 1910 年之前占有德国学术界的统治地位，然而始于德国帝国法院并由德国联邦最高法院贯彻的则是主观未遂论。[1]

〔1〕 参见[德]克劳斯·罗克辛：《德国刑法学总论》(第 2 卷)，王世洲等译，法律出版社 2013 年版，第 259 页。

根据当前仍然被主张的客观未遂论[1]，只有危险的未遂才具有刑事可罚性，对于“危险”应当如此进行确定，即按照在因果关系和客观归责理论中的相当因果关系、客观归责理论中所谓的“法律不允许的危险”的概念和判断方法进行识别。因此，当前的客观未遂论的主张，可以说将不能未遂的可罚性基础与客观归责理论进行了紧密的结合，实际上也就是将不能未遂的问题仅仅与构成要件的实现——构成要件的客观归责紧密扣连。具体来说，在一个平均水平的观察者（我国刑法学上往往称为“一般人”）具有行为人的目的和通常的社会经验法则知识，在事前判断（*ex ante*）中认定了结果发生的可能性，就能说明行为具有危险性，因而为不能未遂的可罚性奠定了根据。如果一般人根据通常社会经验进行事前判断时，认为这种行为是不可能造成结果的，则说明行为是不可罚的。

在学理结构上，客观未遂论从客观的不法角度来解释不能未遂的可罚性基础，不能未遂之所以是可罚的，是因为不能未遂的行为建立了实质的客观不法，也就是在客观上行为具有实质违法性。从不法的内容来看，不能未遂的行为既具有行为无价值性，也具有结果无价值性。由于不能未遂的行为，也是直接开始实现构成要件的行为，因此具有了行为无价值性，也就是在形式上该当了刑法分则的构成要件行为。不能未遂的行为，是引起了危险的行为，因此构成要件实现的危险，就是对法益的实质威胁，成立结果无价值。

二、主观未遂论

与客观未遂论不同，主观未遂论从行为的主观面的角度寻找不能未遂的处罚根据。处罚不能未遂的行为的正义性在于：不能未遂的行为在主观面具有完整的犯罪主观构成要件，或者不能未遂的行为的主观面建构了一种主观的不法。

主观未遂论是德国帝国法院、联邦最高法院以及德国现行刑法典（至

---

[1] 实际上客观未遂论只是对一系列以“危险”的概念作为核心的学术观点集合体的归纳，或者提取公因式的说法，由于不同时期、不同学者对危险概念采取了不同的理解，实际上在客观未遂论内部危险的内涵和判断上都有较大的不同，笔者在下文将会对主要的几种类型进行详细分析，在此特别注明，以防读者误解。

少从1975年起)贯彻的立场,德国主流刑法学说采取印象说来判断不能未遂的成立范围,实质上是以主观未遂论作为学说的理论支点的。主观未遂论认为,未遂的处罚根据是行为人操纵敌视法律的意思活动。[1] 一方面,未遂与既遂的可罚性基础不同,犯罪意思本身表现在外部行为之中,就足以说明不能未遂行为具有足够的可罚性。另一方面,由于在未遂中缺乏与结果的因果关系,所以客观上无法对不能未遂提出一种以危险作为区分的标准,所有的未遂都是无危险的。[2]

由此可见,主观未遂论的理论基础是条件说,从条件关系的角度考察未遂的客观构成要件,得出了否定结论,然而又必须承认不能未遂具有的可罚性,因此为了法感情正当性,不得不从主观角度为不能未遂的可罚性奠定基础。因此,主观未遂论批判客观未遂论的主要理由是,客观未遂论所提出的危险概念都只是概念法学的产物,脱离具体司法实践中的案件事实,因此危险概念是见仁见智的可变概念,缺乏法适用的客观性和明确性。德国刑法理论上现在较为流行的两种理论都是以主观未遂论为出发点所做的变通,雅科布斯教授根据主观未遂论论证了一种规范违反的不能未遂处罚根据论,不能未遂的可罚性基础恰好在于其对规范的违反。[3] 另一种观点是主流观点,即印象学说,不能未遂的可罚性基础在于,行为人操纵敌视法律的意思活动,表达于外部行为,从而动摇了社会大众的法秩序信赖。[4]

主观未遂论的理论基础部分是源于主观不法论,部分是从责任的角度为不能未遂的可罚性奠定根据。对于那些仍然从不法的角度来奠定不能未遂处罚根据的学者而言,违法性仍然是可罚性根据的唯一阵地,因此只能从主观不法的角度才能够合理说明不能未遂的可罚性。然而,主观未遂论的另外一部分学者已经跳出不法的范畴,而是从责任的角度,认为

---

〔1〕 Lackner/Kühl, StGB Kommentar, § 24, Rn. 11; Baumann/Weber/Mitsch, Strafrecht Allgemeiner Teil, § 32, I 2c.

〔2〕 参见[德]克劳斯·罗克辛:《德国刑法学总论》(第2卷),王世洲等译,法律出版社2013年版,第261页。

〔3〕 Vgl. Jakobs, Strafrecht Allgemeiner Teil, § 25, Rn. 21.

〔4〕 Vgl. Gropp, Strafrecht Allgemeiner Teil, § 9, Rn. 48; Maurach/Gössel, Strafrecht Allgemeiner Teil, Teil Band II, § 40, Rn. 40.

行为人的责任心理活动，是不能未遂的可罚性根据来源。

三、综合未遂论

综合未遂论既不同于客观未遂论，也不同于主观未遂论，客观未遂论持客观的不法论的立场，主观的未遂论持主观不法论的立场，而综合未遂论则持综合的不法论，且不能未遂的可罚性基础既在于主观上的犯罪计划也在于客观上引起的危险，并且对于危险的判断，应当结合犯罪计划来作出判断。因此，对于不能未遂的可罚性采取一种联合的方案，对于适当未遂（能犯未遂）和危险的不能未遂而言，可罚根据在于接近构成要件的实现，而对于没有危险的未遂而言，其可罚性根据则在于动摇法律的规范违反。[1]

综合未遂论的基本立场是综合不法论，不法的结构既包括客观不法也包括主观不法，未遂的可罚性基础应当结合二者，从主观不法与客观不法的联合中寻找。因此，综合未遂论是应对德国刑法典较为主观的未遂可罚性规定，对不法作出的必要修正。因此，综合未遂论认为，主观未遂论对于不法理论的偏离过度，因而在正当性上难以贯彻，而客观未遂论虽然具有充实的理论正当性和自洽性，但却无法充分说明立法者对于不能未遂可罚性较为宽泛的决定。因此，综合未遂论是应对德国刑法典处罚不能未遂的较为特别的立法例，在理论妥当性与理论对法律条文的解释性之间进行的妥协。

第四节　关于现有立法的可罚性的判断方案

在理论基础上，对于不能未遂的可罚性的奠基可以区分为客观未遂论、主观未遂论和综合未遂论，在如何限定不能未遂的可罚性的问题上，德国刑法理论存在若干具有代表性的学说。

---

〔1〕 参见［德］克劳斯·罗克辛：《德国刑法学总论》（第2卷），王世洲等译，法律出版社2013年版，第256～257页。

一、印象理论

印象理论是现在德国刑法理论上得到较多支持的理论,在未遂的可罚性根据上采取主观未遂论的立场,认为只有那些引发了法秩序动摇印象的不能未遂行为,才是可罚的不能未遂,连法秩序动摇的印象都不能引起的行为,只有迷信未遂(abglaubischer Versuch),因而是不具有可罚性的。与迷信未遂不同的是,重大无知的未遂,虽然对社会经验法则产生了错误,但由于能够引起法秩序动摇的印象,因而应当进行处罚。由此可见,印象理论能够很好地适应德国刑法立法对于不能未遂设定的宽泛处罚范围。

印象理论具有如下优点:第一,印象理论较为统一地说明了既遂与未遂的可罚性基础。在客观不法上,既遂与未遂行为显然是极为不同的,这也正是在传统刑法理论上困扰不能未遂可罚性根据的主要原因。然而,采取印象学说,正好能够从另外一个角度奠定不能未遂可罚性的基础,从而规避了既遂与未遂在不法层面的差异。第二,印象理论对于德国刑法立法和司法实践具有更高的适用性,德国刑法典对于除迷信未遂以外的所有未遂都能够处罚,在德国帝国法院和联邦最高法院的一百多年的司法实践中不能未遂的处罚范围也是极为宽泛的。然而,遍观刑法上对不能未遂提出的理论学说,仅印象学说能够较好地适应立法与司法实践。第三,印象学说的主要方法论基础是对主观未遂论进行社会心理学的方法论限制,实现了一种相对客观化的判断方法,避免了过度主观化的尖锐质疑。由于法秩序动摇的印象,是由法官通过一般人的评价来衡量的,因而受制于社会心理学的限制,法官不能任意根据犯罪主观方面来论证不能未遂的可罚性。

然而,印象理论也遭到了较多的批判:首先,印象理论在现实中是过于易变且不确定的,因而用"动摇法秩序信赖的印象"的概念,并不能对不能未遂的界定,说明一种较为精确的区分界限。罗克辛认为,对于印象学说来说,界定"动摇法律的印象",需要运用价值判断的方法。在"一个认识所有外在与内在要素的打算使用的平均水平观察者看来,这个行为人的行为是否适合引起一个动摇法律的印象”。[1] 因而,既然是价值判断,不能未遂的处罚边界就是具有一定的可变性的,与价值判断者有关。其次,采用印象理论来理解不能未遂的可罚性标准,会导致预备与未遂的区分模糊化。因为,预备行为也会引起相当的法秩序动摇的印象,在预备与未遂之间仅仅存在法秩序动摇印象的程度差异,而不是质的区别,因此采取印象理论会导致在预备行为中处罚范围的扩张。最后,从实质上说,动摇法秩序信赖的印象并不是一个教义学上的实体概念,而是一个社会科学的一般概念,其内容的解释论结构是由“危险”和“主观恶性”通过不同比例的搭配而杂糅起来的,因此对于法秩序信赖动摇的印象,部分需要通过行为的客观危险性来加以说明,部分还需要通过主观恶性来进行描述。

然而,印象理论具有较强的实用性,能够便捷地解释德国刑法典的立法选择,也能够为司法者提供较好的解释工具。简言之,人们需要对不能未遂进行处罚时,印象理论就能够给予其妥当的方法和工具。

二、危险理论

在不能未遂的教义学史上,危险理论是与主观未遂论几乎同时出现、一并发展的一种学说。从内容上,危险理论的若干不同主张者分别适用了不同意义上的危险概念,因此危险理论是对一系列学说的概要称呼。从时代上来说,至少存在三个不同的历史阶段:危险理论的早期形态脱胎于费尔巴哈和米特迈尔的锻造,呈现为早期的客观危险说,理论上也称为旧客观危险说,旧客观危险说与条件说是互为表里的关系;经李斯特、希普尔等学者的探索形成了以相当因果关系说为基础的抽象危险说和具体危险说;后来由施彭德尔、赫茨贝格等在现代德国刑法理论上仍然提倡。应当说,在德国刑法学理论上,晚近以来的理论由于过多地偏向了主观未遂论的立场,危险理论的支持者已经为数不多了。

根据危险理论,只有“引起了危险”的不能未遂行为是具有可罚性的行为,那些没有引起危险的行为,是不可罚的。因此,是否引起危险,是在

〔1〕 [德]克劳斯·罗克辛:《德国刑法学总论》(第2卷),王世洲等译,法律出版社2013年版,第264页。

不能未遂的场合可罚性判断的“分水岭”。

客观危险说认为,事后判断的客观实在的危险,是不能未遂可罚性的根据。据此,能够从不能未遂的概念中划分出来一部分不具有危险的情况,因此称为绝对不能未遂。而与此不同,具有危险、应当处罚的那一部分不能未遂,则是相对不能未遂。客观危险说对于危险概念采取事后判断,事后根据客观上存在的事实,行为绝对不能引起结果发生的,不具有危险,是绝对不能未遂,应当否定其可罚性。

抽象危险说认为,客观危险说的“绝对不能与相对不能”的区分标准是难以判断的,因而应当根据行为人的犯罪计划来判断行为是否具有引起结果发生的可能性。借此,抽象危险说实现了对危险概念的主观化改造,对于危险的判断,应当从事前的角度,以犯罪计划的内容来判断是否具有结果发生的引起能力。因而,抽象危险说面临着过于主观化的批判。

具体危险说认为,应当根据事前的视角,从一般人的角度来判断行为是否具有引起结果发生的能力。因此,具体危险说的判断标准更加明确,也避免了过度主观化的批判。然而,具体危险说的判断结构仍然存在欠缺,如怎样界定一般人的判断所应限定的事实范围。

由此可见,危险理论是从客观构成要件符合性的角度,将不能未遂的可罚性理解为判断构成要件结果该当性的一种理论,因此危险理论紧密建立在客观不法论的基础上。

三、双轨制方案

前文通过对比印象理论和危险理论对于不能未遂可罚性的理论建构与不能未遂处罚立法规定的解释,不难发现:如果理论上忠实于事物逻辑,会更加倾向于在客观上限定不能未遂的可罚范围;如果在解释上忠实于实定法律文本,会更加倾向于突破客观不法理论。因此,我们能够初步得出结论,德国刑法不能未遂处罚的立法与事物逻辑存在尖锐的冲突,如果承认不能未遂可罚性的理论逻辑,就会与立法者通过实定法文本表达法政策选择产生不可调和的冲突;反之亦然。

鉴于此,德国刑法理论上产生了一种双轨制方案,承认危险未遂作为不能未遂可罚性基础的符合逻辑的类型,同时肯定目的未遂作为不能未遂可罚性扩张的合法类型,因此不能未遂的可罚性根据,是一种逻辑上的或然关系:不能未遂的可罚性根据要么是必须具有实现构成行为的目的,要么是导致了一种客观的危险,因此表达了在意图未遂或者危险未遂中法益侵害的目的无价值与危险无价值。〔1〕

因此,双轨制方案具有显著的特色:不能未遂的可罚性根据并非是一元的,而是两种类型不同事物的复合体,目的未遂的本质是在意图中表达的法益侵害性,而危险未遂的本质是在危险中表达的法益侵害性,对此,鲁道菲认为客观危险无价值才应是一元的不法与责任的量子,因此指向刑罚程度的也应当是标志了法益侵害属性的危险的举止,就此拒绝所谓的双轨制理论。〔2〕 由此可见,双轨制理论对于不法的基底进行了彻底的分离,因而使刑法分裂为两个各不相关、分别受制于不同成立要件的部分。罗克辛教授认为,这一理论除了其倡导者施密特·霍伊泽尔及其学生阿尔瓦特之外,还没有获得其他支持者的认可,部分是由于在法律中不能找到一个要点来证明"适当未遂仅在行为人具有有目的的行为时才应当具有刑事可罚性"这一命题。〔3〕

四、规范违反理论

在德国刑法理论上,有学者从规范违反的角度来理解犯罪,因此在不能未遂的场合,能够当然进行理论适用上的推广。在这个意义上,未遂的本质是表现性的、接近构成要件的规范违反。〔4〕 根据这种理论,未遂与既遂都是对规范适用的攻击,在未遂的场合,也必须要求行为人像在既遂行为中那样表现出规范对他是不适用的,这是可罚行为的最低内容。

因此,未遂的可罚性根据就在于:对于规范违反的表现性"将为",即在实质意义上的未遂通过一个外部举止,而在形式意义上的未遂,则是在一种实证法层面可以在外部得到解释的举止行为。因此,对于不能未遂

〔1〕 Schmidhäuser, Strafrecht Allgemeiner Teil Studienbuch, § 11, Rn. 16.

〔2〕 Vgl. Rudolphi, SK, Vorbemerkung zum § 22, Rn. 5a.

〔3〕 参见[德]克劳斯·罗克辛:《德国刑法学总论》(第2卷),王世洲等译,法律出版社2013年版,第265页。

〔4〕 Vgl. Jakobs, Strafrecht Allgemeiner Teil, § 25, Rn. 21.

的可罚性范围来说,如果行为人实施的开始构成要件的行为,虽不能得到犯罪构成要件的结果,然而却真实地表达了一种规范违反。行为人通过他的不能未遂的行动表明,规范对他来说是不具有效力的,此时规范应当对其进行回应,通过刑罚来重新强调规范对其的可适用性。继而,在迷信犯的场合,规范理论认为并不存在一个真实的规范违反,因为所有构成要件都应当被限制于确定的或者稳定的自然因果或者自然因果支撑的方法、针对着某种自然真实存在的对象。[1]

根据规范违反理论,德国刑法典对于不能未遂的立法政策能够得到充实的理论支持,除迷信未遂之外,包括重大无知未遂在内的所有未遂形式,都能够在规范违反的意义上得出合理的说明。

应当指出,规范违反理论是立足于主观未遂论立场上的一种学说,行为人通过行为的表现性"将为",需要通过行为人对于世界的认识来加以说明,"当行为人在建立故意,尤其是在选择工具中,以一种在社会交往上没有重大意义的世界观作为出发点时,一种真实存在的规范就没有被违反"。由于这一理论与主观未遂论的接近性,其对于当前较为主观的德国不能未遂可罚性立法能够完美地匹配。然而,这种立场被认为过度解读了不能未遂的可罚性基础,有可能接近态度刑法的主观化倾向。[2]

五、破坏承认关系理论

晚近以来,波恩大学法哲学教授察克齐刻在其教授资格论文中提出了一种法哲学理论,用于解释不能未遂的不法成立。不能未遂的刑事可罚性的基础在于,一种具体的承认关系受到了损害。所谓承认关系,是指在法益的构成成分中存在的一种社会承认关系,承认关系由于可能被损害而存在,在个人法益、社会法益与国家法益中存在一种可能被侵害的承认关系,要求社会一般人或者特定行为人承认这一利益关系。[3]

例如,将一具尸体当作熟睡的人而开枪射击,属于事实上的不能未

〔1〕 Vgl. Jakobs, Strafrecht Allgemeiner Teil, § 25, Rn. 22.

〔2〕 参见[德]克劳斯·罗克辛:《德国刑法学总论》(第2卷),王世洲等译,法律出版社2013年版,第263页。

〔3〕 Vgl. Zaczyk, Das Unrecht der versuchten Tat, 1989, S. 255.

遂，但是从规范的层面，不可能发生对社会承认关系的损害，因而不具有刑事可罚性；然而，向被害人刚刚离开的空床射击、把树干当成了跟踪行为人的被害人而向其开枪的行为，对于生命法益的承认关系构成了损害，因而应当作为具有刑事可罚性的未遂处罚。在这些损害了承认关系的场合，实质的法益承认关系被损害，从而实质的未遂不法才能够成立，从而为可罚的未遂行为奠定了处罚根据。

应当指出，这一理论是从法哲学视角论证了一种不能未遂应然的制度设定基础，既不是对德国刑法典不能未遂立法的解释，也难以作为司法实务上判决不能未遂案件的具体理论。因此，法益承认关系理论建构了从法益概念到不法成立的法哲学基础，可能会发展出一种紧密立足于法益概念的新的未遂不法理论。然而，这一理论面临的障碍是，根据这一理论对不能未遂进行的可罚性限定，与德国刑法立法者规定的不能未遂的可罚性不一致，因而难以作为对现行德国刑法不能未遂的解释理论。[1]

六、未遂经济学理论

前文介绍的法益承认关系理论是从法哲学视角的理论建构，而印象理论则是从社会心理学角度对于未遂可罚性进行的解释，相对地，未遂的危险理论和主观理论、规范违反理论等都是在刑法教义学内部试图对不能未遂的可罚性进行的理论说明。然而，德国有学者仍然试图从经济学的意义上来论证处罚不能未遂行为的合理性，也就是说，不能未遂的处罚符合经济学上的“成本—收益”分析模型，因而是合理的。

这一理论的出发点在于，“刑罚应当被视为一种作为负担的附带私益成本，其威慑的程度取决于，是否应当由于他实施了一个通过其行为对他人造成了恶害的犯罪行为，对于行为人来说进行强制处罚，在解释上将这一恶害行为与其通过行为获得的利益进行合并考虑”。这就是对人们的行为决定在刑法层面的一般经济学理论。[2] 这一理论同时将一个值得刑法关注的行为人（需要排除精神病人等无责任能力人）视为经济学上的

---

〔1〕 参见［德］克劳斯·罗克辛：《德国刑法学总论》（第2卷），王世洲等译，法律出版社2013年版，第265页。

〔2〕 Adams/Shavell, Zur Strafbarkeit des Versuchs, GA 1990, 337.

理性人,只有满足这一条件,即通过犯罪行为的实行能够获得的期待利益与此关联的期待刑罚至少达到同等程度时,行为人才会实行某种犯罪。而不能未遂的可罚性则是由于在边际条件下的威吓漏洞的考虑,降低其可罚性程度。

根据该理论,不能未遂的行为,也是符合刑法经济学一般模型的一种情形。由于行为人不可能实际引起构成要件的结果,以至于事实上行为人没有从中获得期待的利益,当然这并不否定,反而恰恰证明了一种符合理性人思维的预想中的期待利益的存在,从而仍然有必要给予实际的成本支付——即将刑罚加之于作为理性人的行为人,让这一成本收益分析的思维模式对于行为人来说仍然能够发挥刑法一般经济学的效用。否则,行为人通过成本收益分析,在经济学模型的边际地带就获得了无成本的期待收益,这与刑法一般经济学模式的逻辑相违背。

这一经济学模型理论,笔者认为虽然可以对德国刑法立法者的政策选择进行合理的说明,但却很难作为一种适用于司法实务的解释理论,它既不能对不能未遂的处罚边界提供清晰的解释,限定处罚范围,也难以说明未遂与预备之间的界限,从而造成可罚未遂行为范围的不当扩大。犯罪预备行为当然也符合成本收益分析模型,犯罪预备行为人也是一种经济学上的理性人,可是为何德国刑法唯独重罚不能未遂的行为人,而不一概处罚预备行为人,是这一理论难以跨越的屏障。

七、总结性分析

德国刑法对于不能未遂的立法政策与不能未遂的教义学基础之间存在着巨大的鸿沟,如果坚持教义学的基本信条,固守传统客观不法概念,坚守法益保护原理,势必无法回应立法者已经作出的立法政策决定。因而,如何在立法政策与教义学之间搭建一个沟通的桥梁,让不能未遂的处罚在教义学的范围内合理化,确实是德国刑法不能未遂理论研究的固有难题。

然而,就上述介绍的理论类型而言,德国刑法理论对于不能未遂问题提出的解释论学说呈现出的特点是:在理论类型上,既有立足于教义学内部的解释论方案,也有在刑法体系之外寻求对立法解释的多学科解释方案。由于教义学内部的解释论方案,或坚持客观不法理论,或主张主观不法理论,或转而采取综合不法理论,但对于不能未遂可罚性的建构都不免存在问题,受到彼此的质疑。客观未遂论难以回应立法者的政策选择,而教义学上的解释方案往往又应以立法者制定的成文法为出发点,这是客观不法理论难以回应之处。因而,对于客观未遂论者而言,在教义学内部难以契合客观不法理论和主观未遂处罚规定,因而需要进行立法上的突围——即主张通过修法来限制不能未遂的处罚范围。主观未遂论虽然以主观立法政策作为解释的出发点,能够完美契合立法者的方案,但难免受到主观主义刑法、意思刑法的批判,其恣意扩张刑法处罚范围的弊端也比较明显。综合未遂论意图对不法进行综合化理解,然而在一定程度上会突破不法与责任的逻辑进阶关系,使二者平面化、“耦合”化,也足以引起学界的警惕。相对而言,在刑法体系外部寻求解释方案的各类研究,最终在结论上往往既能够契合立法者的政策,又能够颇具合理性地解释这一规定。从这个意义上而言,刑法上的不能未遂制度的确具有其综合的社会科学基础,能够符合社会心理学、经济学、哲学等层面的事物逻辑与规范的自我辩证逻辑。对此,能够提出不能未遂的社会学基础、经济学基础与哲学基础等不同层面的问题,加以深入研究。然而,这些研究在一定程度上已经超越了刑法教义学的范畴,成为刑法哲学、刑法社会学等的内容。

第五节　德国不能未遂可罚性的启示

一、法律与法理的关系

从德国刑法理论对于不能未遂可罚性根据的理解、对不能未遂可罚性限定的诸多学说的争鸣中不难发现,法律与解释法律的理论之间存在一定的相互制约关系。从德国刑法不能未遂的立法角度来看,对于不能未遂在原则上承认其可罚性,对生活经验法则产生错误而形成的重大无知的不能未遂,也具有可罚性,而由于迷信发生的迷信未遂,则不具有可罚性。在解释理论上,法理是否需要完全遵守法律的政策选择?

在德国刑法不能未遂理论上,既有依照法律条文的政策抉择而进行解释的理论,也有批判这一立法决定而作出的与之相冲突的解释的理论。

德国立法者对于不能未遂的处罚具有长期的实践史，在德国帝国法院与德国联邦最高法院长达两百年左右的司法实践中，一直对几乎全部的涉及不能未遂的案件都肯定了行为的可罚性，从而贯彻了一种主观主义倾向的未遂处罚政策。因而，德国立法者的主观未遂偏向的立法，具有充实的实践部门的基础。主流学说站在主观未遂论的立场上，以印象理论为解释方案，肯定对造成社会大众法秩序信赖动摇印象的不能未遂行为，都应当进行处罚。因此，主流理论坚守着法律与法理的同一性。尽管这种坚守的代价可能是冲击犯罪论体系的传统立场，与客观不法论形成一定的矛盾。甚至从这一路径出发，不少研究通过社会心理学、刑法经济学的论证，从刑法体系之外对客观不法论进行了一定程度上的刑事政策的调整，或许不啻为一种弥补刑事政策与刑法体系之间鸿沟的方案。

此外，坚持刑法体系传统客观不法概念的学说也是有力的学说，以危险概念来理解不能未遂的本质，并且通过对危险判断的限制，实质上约束着德国立法者较为扩张的刑事政策。从这个意义上来说，法理对于法律条文又具有一定的能动性，能够根据刑法体系进行相当的理论展开，以对立法者的刑事政策选择进行有效的限制，以保障现代刑法、刑法客观主义的基本立场。

二、不能未遂可罚性问题的体系性归属

通过对德国不能未遂研究状况的大致描绘，笔者认为值得反思的另一个问题点是所谓不能未遂可罚性问题的体系性归属。就此，德国刑法理论上存在所谓“反面构成要件错误”的说法，以与“反面的禁止性错误”形成对应关系。[1]

---

〔1〕 构成要件错误与禁止性错误是在主观构成要件符合性讨论的问题，构成要件错误，是指行为人在故意的认识内容中没有认识到客观上存在的构成要件要素，形成的错误。禁止性错误，则是行为人对自己行为被刑法所禁止产生的错误，也就是误认为具有违法性的行为是合法行为。与此不同，反面的构成要件错误（Umgekehrter Tatbestandirrtum）是指行为人在故意中设想了一种客观构成要件的存在，但实际上客观构成要件不存在，而形成的错误。反面的禁止性错误（Umgekehrter Verbotsirrtum）则是行为人将自己的适法行为误认为违法。所谓反面的构成要件错误，主要涉及未遂的判断，而反面的禁止性错误，则是幻想犯（Wahndelikt）。Vgl. Rudolphi, SK-StGB, § 22, Rn. 24; Rn. 30.

在德国刑法理论上,不能未遂的问题往往被定位在不法的层面进行讨论,也就是未遂不法的成立与未遂不法的判断。在此前提下,不法的主观性与客观性,不法的成立结构等问题,都是与不能未遂可罚性的解释方案紧密相关的问题点。然而,从实质上看,笔者认为德国刑法不能未遂的学说背后,对于不能未遂的可罚性之体系性归属,是定位于客观构成要件符合性。

这是因为,构成要件错误是涉及主观构成要件符合性的主题,也就是构成要件错误是否阻却故意的成立的问题。然而,反面的构成要件错误,当然并不影响构成要件故意的成立,而是对客观构成要件符合性产生了障碍。某种客观构成要件要素是否符合,是既遂与未遂的区分标准。因而,在客观构成要件实现中,如果缺乏结果或者缺乏因果关系,那么就当然排除既遂犯的构成要件符合性,但至少能够满足未遂犯的构成要件符合性。此外,如果缺乏身份、必要的方法或者必要的对象,就意味着不仅结果和因果关系不符合,构成要件行为是否符合成为疑难问题,需要从解释论上加以说明。由于客观构成要件符合性优先于主观构成要件符合性进行判断,因而需要坚持判断的客观性,由此应当否定从主观角度来理解危险概念、从主观角度来理解行为性质的解释方案立场。

从这个意义上来说,不能未遂可罚性问题的体系性地位是客观构成要件符合性的判断。

三、危险概念能否发挥限定未遂的可罚性作用

在德国刑法不能未遂理论学说中,自费尔巴哈提出不能未遂的概念与可罚性限定的主题以来,危险概念一直被用于限定未遂的可罚性范围。这种理论的坚持是值得注意的,应当联系德国司法实践上普遍广泛处罚不能未遂、德国立法者对不能未遂的处罚采取较为主观的刑事政策的背景进行理解。

应当说,在学说的较量中,危险学说并不是一种占据优势的学说。这种状况有其特定的背景因素,也就是德国刑法实务与立法者对于未遂可罚性整体架构的特定安排。一方面,德国立法者对于未遂可罚性,从基准上肯定较为宽泛的范围,基准的设定具有较强的主观刑法的色彩,德国刑

法学者称为“意思刑法”的残余。因而,由于刑法中已经对不能未遂的可罚性范围表明了立法者的刑事政策导向,形成了对刑法不能未遂理论的一种客观制约。解释者不得不在立法者划定的圆圈内活动,无法自行设定解释者的刑事政策价值导向。因此,很多主张行为刑法主义的学者不得不放弃危险概念,转而使用相对较为客观的法秩序动摇印象等其他概念用以建立客观刑法理论与偏向主观的刑事立法之间的逻辑关联性。另一方面,德国立法者在刑法分则实际上也对未遂可罚性的原则性范围进行了限定,重罪的未遂可罚,轻罪的未遂不可罚。由于近一半的犯罪行为都属于不可罚的轻罪,因此德国刑法所处罚的未遂行为范围较窄。在这个背景下,采取较为主观的学说、摒弃较为客观的危险学说,在一定程度上有修正德国刑法分则限制未遂处罚之意蕴。因此,从这个角度出发,能够对德国刑法学说中危险概念的理论地位之现状给出合理的解释。

在此前提下,笔者认为危险概念具有发挥限定未遂的可罚范围的作用。危险概念通过对客观构成要件符合性提出一种与客观归责理论具有同等功能的实质限定,从而符合刑事政策性地对未遂的可罚性进行客观面的限缩。由于在既遂犯的客观构成要件符合性判断中才会涉及客观归责和因果关系的判断问题,而未遂行为,尤其是不能未遂,往往并没有引起结果,而只是一种潜在因果诱导性,因而危险概念是对这种潜在因果诱导性进行了一定程度的实质限定,从而实现在未遂领域的客观归责的判断。正是因为危险概念具有对不能未遂可罚性限定的作用,而德国刑法分则对于未遂设定的处罚面又较窄,因此促成了德国刑法理论主流学说不采危险理论。试想,在刑法已经从罪名角度对未遂可罚面进行了严格限制的前提下,如果理论上忽视立法者的这一安排,采取危险理论再进行实质限定,那么将会导致德国刑法实务上对未遂行为的处罚漏洞。

第四章　计划危险论及其批判

第一节　计划危险论概述

一、计划危险论与抽象危险说的概念

计划危险说在危险判断上与抽象危险说较为接近。根据计划危险说，未遂犯的危险存在于行为人主观的计划中，需要从行为人的主观面或者行为人的想象出发进行判断。[1] 简单地说，就是作为待评价行为之基础的行为计划是否具有一般的结果倾向，如果行为计划具有一般的结果倾向，则以未遂处罚，如果不具有这种一般性的倾向，则不成立未遂。[2] 在计划危险说看来，"重要的不是该行为如何被实施，而是如何被计划。对于法秩序的危殆化来说，必要的不是某种计划基于实际的手段被实施，而是在自然法则上能够引起结果的计划已经特别地表现于外部"。[3] 德国刑法学者希尔施认为，在

〔1〕 参见张志钢：《论不能未遂的可罚性》，北京大学 2015 年博士学位论文，第 163 页。

〔2〕 参见张志钢：《论不能未遂的可罚性》，北京大学 2015 年博士学位论文，第 166 页。

〔3〕 参见［日］宗冈嗣郎：《客观的未遂论的基本构造》，成文堂 1990 年版，第 104 页。转引自陈家林：《不能犯初论》，中国人民公安大学出版社 2005 年版，第 20 页。

不能未遂的内部能够根据是否具有危险性区分可罚的危险的不能未遂与不可罚的无危险的不能未遂，所谓未遂的危险性独立于适当性（不能未遂之不能性、不适当性意义上而言），未遂的危险性是指在事前的行为人基础上的客观理性人，在知悉了犯罪计划基础上的意图构成要件行为具体上是可能的。[1] 在司法实务上，根据计划危险论能够较为宽泛地承认不能未遂的可罚性。例如，对于“误把白糖当作砒霜给被害人服用”与“以为白糖能够毒死人而给被害人服用”而言，从客观行为事实面来看这两个行为具有相同的外观。但是在这两个行为是否具有可罚性的问题上，根据计划危险论的逻辑：对于前者，行为人主观上是以“砒霜能够毒死人——给被害人服用砒霜可杀死被害人——所放之白色晶体就是砒霜”这一过程为内容的，行为人之所以不能达到既遂是因为主观上对行为方法产生了错误，但是按照该行为计划发展的话，能够合乎科学法则地导致被害人死亡的结果。因此，前者的行为是故意杀人罪的未遂，具有可罚性。对于后者，行为人主观上是以“白糖能够毒死人——给被害人服用白糖可杀死被害人——所放之白色晶体就是白糖”为内容的，在此行为人对于行为方法没有产生错误，然而对于一般人都能够具有的生活常识性科学法则产生了错误，按照该行为计划发展的话，根本不可能产生行为人所希望追求的犯罪结果。在此情况下，该行为就不是计划危险论所认可的未遂杀人行为，而只是不可罚的不能犯。由此可见，计划危险说能够否定重大无知未遂的可罚性，因而也具有重大进步意义。

抽象危险说的判断逻辑也与此相同。根据抽象危险说，应当“立足于实行的着手的时间点，以行为人的主观认识为基础，考虑其行为是否具有引起所意图结果的抽象的危险”[2]。因此，抽象危险说是以行为人在行为当时认识到的事实为基础，根据一般的见地判断危险的有无，如果按照行为人的计划实施行为具有发生结果的危险时，成立未遂犯；即使按照行

[1] Hirsch, Roxin-FS, S. 718.

[2] 参见［日］宗冈嗣郎：《客观的未遂论的基本构造》，成文堂1990年版，第106页。转引自陈家林：《不能犯初论》，中国人民公安大学出版社2005年版，第21页。

为人的计划实施行为也不具有发生结果的危险时，则成立不能犯。[1] 抽象危险说在表述上与计划危险说略有不同，对于判断的性质，计划危险说是力求对计划的可行性进行一般人评价，而抽象危险说则是就行为人所认识的客观事实为基础，力求一般人对该事实基础产生抽象危险的感觉。然而，行为人的犯罪计划也就是行为人所认识的客观事实，即便该行为人所认识的事实客观上并不存在，也要把它作为抽象危险的判断基础。在这个意义上，抽象危险说也不是客观的学说，而是属于主观的学说。抽象危险说仍然是以一般人的视角判断行为人的主观事实的危险性。例如，对于上述案例来说，根据抽象危险说应当进行如下判断：对于"误把白糖当作砒霜给被害人服用"的案件，行为人在行为时所认识的事实包括"砒霜能够毒死人""给被害人服用砒霜可杀死被害人""所放之白色晶体就是砒霜"，在一般人看来，这样的认识是能够引起结果发生的，因而具有抽象的危险性。由此可见，如果按照客观事实进行一般人的危险判断，则需要抛弃"所放之白色晶体就是砒霜"这一事实，因为该事实虽然行为人主观上存在，但客观上并不存在。如果要进行客观事实基础上的判断就需要运用实际上发生的事实"所放之白色晶体是白糖"，在这个意义上抽象危险说属于主观危险说无疑。对于第二种情况而言，"以为白糖能够毒死人而给被害人服用"，按照抽象危险说作为判断基础的事实是"白糖能够毒死人""给被害人服用白糖可杀死被害人""所放之白色晶体就是白糖"，因此一般人根据这种事实都不可能产生抽象的危险，因而应当认定为不可罚的不能未遂。在这个意义上，抽象危险犯也能够对重大无知的不能未遂发挥限制可罚性的作用。

二、计划危险论的特征

首先，计划危险论、抽象危险说的主张者一般反对客观未遂论，而提倡主观未遂论。例如，张明楷教授指出，抽象危险说是主观主义刑法理论的产物，在这种观点看来，刑事责任的基础在于行为人的主观上所具有的

---

[1] 参见郑军男：《不能未遂犯研究》，中国检察出版社 2005 年版，第 258 页；张明楷：《未遂犯论》，成文堂、法律出版社 1997 年版，第 230 页。

危险性格，因而只能以行为人犯罪意思的危险性来建构未遂可罚性的基础。[1] 张志钢博士认为，客观未遂论的结论是简单明快的，但自其提出到至今都未能明确行为的客观的危险的内涵是什么，或者说它在实践层面是失败的；未遂犯处罚基础的演变并非逻辑体系上论争的结果而是实践理性下的选择。[2] 根据计划危险的概念，笔者认为计划危险论所判断的对象是行为人故意的适格性、适合性，也就是行为人是否通过客观行动表明其侵害法益的构成要件故意是值得刑法予以评价的，在行为人的心理要素中，虽然对其主观内容对应的客观要素不能全部具备，但是其主观要素是全部满足且认识、意志要素在客观要素关联属性上是对应的。在这个意义上，计划危险说与抽象危险说，都是以客观事实证实主观故意，以主观故意及对于该故意的社会性否定评价为基础说明未遂行为的可罚性。因此，计划危险说与抽象危险说，实际上都是以社会责任论意义上的规范的故意责任作为未遂的可罚性基础。

其次，计划危险论、抽象危险说在因果理论上仍然是以条件说为基础的。按照条件说，对于结果来说存在“若无前者即无后者”的想象中关联性，就是结果发生的条件，对于结果发生的全部条件，都具有相同的刑法上的价值，所以都是结果发生的原因。根据条件说，由于结果没有发生，因此行为与其他条件一样都不是原因力，因而客观上的危险与客观原因力并不能为不能未遂的可罚性划定合理的边界，而只有主观上的原因力才是奠定未遂可罚性的关键要素。在这个意义上，计划危险说在条件说的基础上否定客观原因力，而承认主观原因力。例如，德国刑法学者芬格认为，作为可罚未遂限定要素的客观构成要件，是作为行为人犯罪意志现实化的行为，并非由纯粹的外部情况来构成，客观的构成要件是意志的现实化，因此意思的要素在这个限度内属于客观构成要件，为了确定客观构成要件，必须确定行为人认识到了某种情况，在其行为中附有何种意识要素，即以行为人的事实认识为基础，根据社会经验法则判断上述客观构成要件是否会引起意图的结果，所谓实行行为，即可罚的未遂，是根据行为

---

〔1〕 参见张明楷：《未遂犯论》，成文堂、法律出版社 1997 年版，第 231 页。

〔2〕 参见张志钢：《论不能未遂的可罚性》，北京大学 2015 年博士学位论文，第 164 ~ 165 页。

人存在论的知识而实行，根据一般的经验法则会引起意图的结果的行为。[1] 由此可见，计划行为论试图以主观上的原因力证明行为的实行性，从而肯定行为作为未遂处罚的正当性。

最后，计划危险论与抽象危险说在我国刑法理论中，是传统不能犯未遂可罚性的固有立场、司法实务中固有思维的延续。根据我国刑法学者郑军男的分析，我国传统刑法理论虽然并未形成类似于德日刑法危险说的危险性判断理论，但在结论上与抽象危险说却具有惊人的相似之处，我国的不能未遂理论表现出了对抽象危险说的亲近性。[2] 在笔者看来，计划危险说在德日刑法理论上由于过度偏向主观未遂理论已经被抛弃、废弃，现已无人支持。然而，我国部分刑法学者主张计划危险说、抽象危险说，毋宁说就是在为传统刑法理论和我国刑法立法过于宽泛地处罚不能未遂、预备犯等未完成犯罪形态的行为作理论上的铺垫和论证。例如，张志钢博士认为客观未遂论与我国《刑法》第 22 条关于犯罪未遂的规定矛盾：其一，我国刑法采取总括处罚主义是立法上主观未遂论的体现；其二，客观未遂论与《刑法》第 23 条得减主义的处罚规则无法协调。[3] 此外，客观未遂论与我国《刑法》第 22 条普遍处罚预备犯的规定也存在解释上不可解决的矛盾。[4] 然而，张志钢博士的总结从法实证主义的立场是毫无破绽的，毕竟我国刑法在犯罪未完成行为可罚性上的立法存在鲜明的主观主义倾向这一点，就法条主义的分析来说是无法批判的。但是，就刑法教义学应当在现代行为刑法的立场上，体系性地限制不能未遂行为的可罚性这一点来说，这种解释就显得捉襟见肘了。应当运用教义学方法，对立法进行解释，以提供法安全和法适用上的保障，毋宁说才是对未遂刑法规定解释的应有的立场。在这个意义上而言，计划危险论似乎存在为旧有的主客观相统一刑法理论脱胎换骨的志向。

---

〔1〕 参见陈家林：《不能犯初论》，中国人民公安大学出版社 2005 年版，第 21 页。
〔2〕 参见郑军男：《不能未遂犯研究》，中国检察出版社 2005 年版，第 263 页。
〔3〕 参见张志钢：《论不能未遂的可罚性》，北京大学 2015 年博士学位论文，第 176～177 页。
〔4〕 同上文，第 173 页。

第二节 计划危险论的结构

从前文对危险概念的分析来看,危险的判断无外乎是在三个层面进行的综合判断:首先,是否需要考虑行为人的主观认识,行为人的主观认识具有何种意义?其次,在事实层面怎样理解危险的实际可能范围?最后,对于事实层面的危险范围,应当如何进行规范的限制?本书依据这一分析框架,分析计划危险论的危险判断结构。

一、计划危险论的判断对象

危险概念需要对"是否选取、如何选取特定范围内的行为人主观方面的事实作为判断基础?"的问题进行分析。在这一层面,计划危险论对于行为人主观方面的事实,给予了较大的重视。

计划危险论认为,行为人的犯罪计划,就是危险判断的全部事实基础。因而,计划危险说和抽象危险说所主张的事实,是行为人的主观事实,包括三个方面的内容:客观上存在且为行为人所认识的事实、客观上不存在但行为人误以为存在的事实、行为人所具有的错误的犯罪相关的知识和经验。因此,客观上存在但行为人没有认识的事实,并非计划危险说所考虑的事实资料。

首先,计划危险论认可全部客观上存在、为行为人所认识的事实。这类事实首先是客观事实,且行为时就已经存在。对此,一般来说是一般人认识的事实,当然在例外的情况下也包括一般人虽然没有认识到而行为人所特别认识到的部分事实。应当承认,行为人必须认识到一部分客观上存在的事实,否则因主观上可能没有认识到客观构成要件而排除故意的成立,此时自然没有成立未遂的可能性而言。在这个意义上,计划危险说并非意在使用行为人的主观事实来解读客观事实,而是用客观事实来证明主观故意。由于行为人认识到了一部分客观构成要件所对应的客观事实,并在此基础上采取了某种试图侵害法益的行为,根据《刑法》第 14 条规定,明知自己的行为会发生危害社会的结果,希望或者放任这种结果发生的,是犯罪故意。在这个意义上,计划危险说试图用行为人所认识到且客观上存在的事实作为未遂可罚的主观故意的成立基础。

其次,计划危险论认可客观上不存在、但行为人错误地认为其存在的事实。对于客观上不存在,但行为人错误地认为其存在的事实,并没有该当该部分的客观构成要件,然而计划危险说仍然认可该事实对危险判断的意义。例如,行为人误以为佛像是仇人而枪击佛像的行为,使用客观上具有杀伤力能够击杀他人的枪支,开枪后他人中枪很可能会死亡的事实是为行为人所认识到、客观上存在的事实。然而,对于故意杀人罪的犯罪对象——实际的打击对象是佛像而不是被害人的事实,行为人错误地认为被枪击的对象是被害人。然而,计划危险说仍然肯定该事实对于危险判断来说是必不可少的内容。在判断上,按照行为人主观上的犯罪计划——“使用的是枪支”“枪支能够杀人”“被击中的是被害人”(错误的认识),错误认识中的被害人能够在一般人看来具有死亡的危险,因而应当肯定成立未遂行为。如果将该行为人错误认识的不存在的客观事实排除出去,就不得不承认按照行为人的犯罪计划对于真实存在的客观犯罪对象并不能够发生任何危险性。在这个意义上,计划危险论在判断上舍弃了客观上的细微事实——按照主观认识为标准,与主观认识不一致的客观事实都被舍弃,然后在此基础上进行危险的判断。

最后,计划危险论对于行为人的知识、经验的错误则排除出判断的基础事实之外。例如,在行为人对知识经验产生重大错误而实施犯罪行为时,对于误以为白糖能杀人而给被害人的咖啡里加入白糖进行“投毒”的行为,原本行为人在主观上对于白糖对于人类食用来说所具有的性能、效果产生了错误,对于这一部分主观事实,计划危险说并未采纳为判断的基础,而是以一般人的判断、社会经验法则判断取代。否则的话就会得出如下结论,按照行为人的错误的经验法则,当然行为人的行为就是可以导致犯罪结果的,甚至对迷信犯来说完全按照行为人的主观认识的话,也是能够肯定犯罪结果能够发生的。因为,这种行为之所以不具有结果发生的能力,就是基于对因果法则的认识错误。然而,在计划危险说看来,行为人的行为虽然是能够被理解的,却是不能够被赞同的,行为人对事实的认识,应当是考察危险成立与否的出发点,而事实认识之外的行为人错误的经验知识,是导致结果不能发生的原因,是需要进行舍弃的事实。

在这个意义上,在全部事前、事后事实中,计划危险说基本上是以行为人主观上所认识的事实为判断基础的,对于客观上不存在但行为人错误认识的事实也要纳入判断的事实基础,对于客观上不存在但是行为人错误认识到的因果性法则却不被考察。

二、计划危险的成立范围

在行为人的主观认识中,计划危险说、抽象危险说在计划危险的成立上,肯定依照行为人的认识的内容就能够得出一个危险成立的范围。因此,只要在具体案件中能够肯定行为人存在故意,就在形式上成立了危险,然而还需要按照刑法的功能进行限制。因而在判断上,如果完全按照行为人的认识,依据行为人标准去判断是否存在危险,对于未遂的成立范围就会显著无限扩大。例如,即便是迷信犯、重大无知的未遂,按照行为人对经验法则和自然规律的错误认识,也能够肯定危险的成立,但是这显然是不能接受的。计划危险说的形式上的危险成立需要按照刑法的标准进行限制。

在这个意义上,计划危险的成立最大范围就是是否能够认定一种犯罪故意的成立。在这个意义上,对于迷信犯来说,按照行为人的认识来判断的话,根本不可能产生任何犯罪结果,行为所表现出的行为人的主观认识根本不能称其为一种犯罪故意。应当说,在这里只能肯定行为人具有实施某种犯罪的动机,但是并未形成与客观构成要件具有对应性的故意。就像"为了杀人而劝服他人乘坐飞机,恰巧飞机失事"的案件中一样,在刑法意义上的行为人的故意是不被承认的。从事实层面分析计划危险所肯定的成立范围,因此首先排除了迷信犯。其次,在重大无知的不能未遂中,也存在一些案件,行为人对于社会生活的事实层面的经验法则产生了错误,从而并未引起结果发生。例如,行为人误以为白糖能够致死,行为人误以为甘菊茶能够堕胎,行为人误以为硫黄可以致死,都是典型的重大无知的方法不能未遂。在这类案件中,如果不按照刑法的规范限制舍弃掉一部分细微事实的话,就必须完整地按照行为人的认识,即连同其错误的因果流程想象也要被纳入进来,在这个意义上必须认为行为具有危险性。然而,这一结论显然是无法在刑法上得到接受的。对此,计划危险说使用一般人的观点来对事实进行修改和限制。

三、计划危险的规范限定

如果完全按照行为人的犯罪计划去判断,而不根据刑法上的规范标准进行一定的限定的话,就必须承认连重大无知的未遂都是具有结果发生危险的。因而,能够作为未遂进行处罚的危险,就必须是刑法上重视的危险。对此,计划危险说认为刑法的功能在于发挥行为指导功能,因而一般人的判断对于危险的限定具有决定作用。应当根据行为人的犯罪计划,按照一般人的标准进行规范的限定。根据行为人犯罪计划,只有以一般人的认识为标准能够肯定危险成立,才是刑法上值得处罚的未遂行为。

例如,在行为人以为白糖能够杀人而给被害人喂食白糖的案件中,经前文分析可见行为人所认识的事实,在因果流程的想象上与客观经验法则发生了冲突。客观上存在的经验法则是,食用白糖不仅一般来说不能够致死,而且是社会道德上能够得到积极评价的行为。但是行为人由于重大无知,而对这一因果流程进行了错误的想象:白糖能够致死,食用白糖会导致死亡的结果。如果完全根据行为人的主观认识,就必须承认这一结论,即行为人的犯罪计划具有危险性。这一结论显然不能接受,于是计划危险说试图以规范的标准进行限定。

这一规范的标准,就是社会一般人的观点、社会一般人的认识。[1]在这个意义上,由于是根据一般人的观点来看行为人的犯罪计划是否具有诱发结果能力,因而具有一定的抽象性。因此,计划危险说与抽象危险说在理论结构上是一致的。然而,对于一般人的理解,抽象危险说又存在两种不同的方案。根据第一种方案,规范的一般人就是通常的社会一般人。[2] 社会普通一般人的危险判断,是刑法对于上述形式上危险的规范限定标准。因而,这种观点是以刑法对于社会普通一般人的行为指导作用作为理论的根据的。为了发挥刑法的一般预防作用,对于按照一般人

---

〔1〕 参见张明楷:《未遂犯论》,成文堂、法律出版社1997年版,第230页。

〔2〕 参见[日]牧野英一:《刑法研究》(第2卷),法律学丛书第9编,1921年版,第95页。转引自张明楷:《未遂犯论》,成文堂、法律出版社1997年版,第231页。

判断没有危险的行为进行处罚,就是没有意义的;而如果一般人感觉到危险的行为,如果不进行处罚则会使社会大众对于刑法的行为指导作用无所适从。与此不同,第二种方案认为这里的一般人判断只能是科学的一般人判断,由于刑事诉讼法设立了鉴定人制度,因而是否产生危险应当以专家一般人的标准进行判断。如果根据专家意义上的科学一般人判断,就会进一步缩小计划危险说成立未遂行为的范围。例如,对于硫黄不具有杀人的性能,社会一般人由于缺少必要的社会生活经验对此不具有认知,然而在专家鉴定人的角度来看硫黄通常是不能够发挥致死的效果的。如果行为人以硫黄为方法喂食被害人因而不能得逞的,按照社会一般人的判断则不免要得出结论,即按照经验法则并不确定的硫黄,应该是具有危险的,因而能够肯定未遂行为。但是,如果根据科学鉴定人的标准进行判断,硫黄不具有致人死亡的效用,因而会否定危险成立,而只能作为不可罚的不能未遂。由此可见,在计划危险论内部,对于形式上危险的规范限定标准,存在程度不同的限制标准。从结论上说,普通一般人标准的结论与印象理论十分接近,而专家鉴定人的标准则对犯罪故意的成立范围进行了更为严格的限制。

四、计划危险论与印象说的比较

计划危险说与印象理论同属于主观未遂论,都是以行为人的犯罪计划、犯罪意思的危险性作为判断对象。

首先,在如何对待行为人的犯罪意思的体系性地位上,计划危险说认为犯罪计划的危险性是可罚的未遂的充分条件,而印象理论认为犯罪意思的表达所带来的法秩序动摇的规范的社会心理预测则是可罚未遂的充分条件。从形式上来看,二者似乎是不同的,计划危险说通过社会一般人或者专家鉴定人的判断,选择那些社会一般人或者专家认为具有危险性的犯罪计划作为刑法处罚的未遂行为。就专家鉴定人意义上的计划危险说来说,其对于犯罪计划危险性又做了进一步限定,因而犯罪计划确实能够符合科学规律地引起犯罪结果时,使行为才具有可罚性。因而,就印象理论对重大无知未遂都肯定可罚性来说,专家鉴定人意义上的计划危险说能够得出更为克制的未遂可罚范围。就社会一般人判断的计划危险说而言,社会一般人认为犯罪计划具有危险性,与社会一般人对行为人犯罪意思的表达所感知的法秩序动摇印象,应该只是说法上的不同罢了,实质上其对犯罪未遂成立的范围能够得出相同的结果。就此而言,如果社会一般人认为犯罪计划危险,那么应当从社会心理学的层面肯定法秩序动摇的印象的成立;如果社会心理上的法秩序动摇印象已经存在,也反证了犯罪计划在一般人看来是危险的。

其次,对于形式上所肯定的危险成立的范围,计划危险说按照全部犯罪计划进行判断,并且以行为人犯罪计划中所认识到的错误因果流程作为标准进行判断,能够肯定迷信犯也具有事实层面的危险,因为如果完全按照行为人的犯罪计划而不依某种规范标准进行限定,行为人的迷信结果在行为人看来是能够得到他想要的犯罪结果的。按照印象理论,行为人的犯罪意思的表达,就能够成立形式上的危险,然而主观未遂论认为迷信犯的犯罪意思是不值得考虑的,没有刑法上的意义,因而印象说在形式上将除迷信犯以外的所有不能未遂行为都认为具有事实层面的危险。

最后,就对事实层面的形式上危险进行规范限定来说,计划危险说主张用社会一般人的判断来修正事实层面的危险,从而得出规范的危险标准。只有在社会一般人看来,犯罪计划具有结果诱导的可能性,才能够肯定行为具有危险。在这里,通过社会一般人标准,行为人对因果流程的错误认识被社会一般人都能够接受的真实因果流程所代替,并且在这个前提下,对行为人的犯罪计划是否具有危险进行判断。由此可见,在计划危险说这里,对于事实上的犯罪计划能否成立规范上可罚的犯罪故意,计划危险说作出了一定的限定。然而,根据印象说来看的话,行为人所表达的犯罪意思带来了法秩序动摇的印象,因而在规范标准上,对于重大无知的不能未遂,如行为人给被害人喂食白糖,以期望白糖能够杀人,对于这种行为按照印象理论也能够得出法秩序动摇的印象结论。因而,在规范限定的标准上,印象说的成立范围更宽泛。

就此而言,笔者认为计划危险说与印象说在未遂的处罚根据上,都是以故意与责任的内容作为基础的。然而,在故意成立的标准上,计划危险说以经验法则上的结果诱导可能性作为故意成立的规范限制,如果某一具体犯罪计划不具有社会经验法则上的符合性,行为不具有故意,则不能成立未遂。与此不同,印象说则是以社会评判作为故意成立的规范标准,对于某一犯罪意思的表达,社会一般人的心理上产生了"发生了犯罪"这样的印象时,就成立犯罪故意。就此而言,计划危险说是以构成要件,尤其是以构成要件中的因果关联作为审查故意的实质标准,因而具有规范性。而印象说则是以社会评价,而非构成要件的规范评价作为限制故意的成立标准。仅就此而言,计划危险说具有合理性。然而,在学说的基本立场上,二者都是以主观未遂论为基础的,即未遂的可罚根据在于"行为人的故意心理具有刑法上值得谴责的性质",而不是以行为是否违法、行为是否成立了不法作为判断对象的。

五、客观事实在计划危险说中的定性

然而,计划危险说以符合构成要件(以及规范保护目的)的犯罪故意作为未遂可罚性的标准,客观行为事实在判断中具有何种作用呢?也就是说,能否仅仅根据适格的犯罪故意标准来认定无论何种客观行为事实都将行为作为未遂可罚?

如果认为客观事实仅仅具有判断犯罪故意的作用,就可能导致犯罪预备也被作为未遂处罚。原因在于,犯罪预备也是表达了犯罪计划的行为,根据行为人在行为当时所认识到的事实为基础,以一般人的见地来判断通常也能够肯定危险的成立。那么,客观事实在计划危险说中的地位究竟如何?张志钢博士认为,计划理论的出发点是行为人的主观面,其重心不在于犯罪行为,而在于支配该犯罪行为的计划所表明的一般的结果倾向。[1] 这一表述只说其重心不在于犯罪行为,然而对作为犯罪行为的客观事实部分具有什么作用却并未说明。本书认为,计划危险理论实际上只是要求客观事实上已经存在能够证明犯罪故意的部分事实,也就是行为事实。然而,正如前文所说,犯罪预备的行为也是能够证明犯罪故意的行为事实,能否根据犯罪预备的行为事实对于犯罪计划所起的证明作用,在犯罪计划具有一般人看来的危险性时,作为未遂进行处罚?对此,按照计划危险论并不能提供一个清晰的说明和限定。例如,行为人为实

---

〔1〕 参见张志钢:《论不能未遂的可罚性》,北京大学2015年博士学位论文,第166页。

施杀人而购买砒霜进行预备行为，按照计划危险说，这种准备犯罪工具的预备行为，如果根据行为人的犯罪计划——砒霜能够毒死人、为了给被害人下毒要购买砒霜、给被害人喂食砒霜后被害人会死亡，一般人或者科学鉴定人都不能否认这里也存在一种发生结果的抽象危险。在此，计划危险论只能转而通过所谓的“着手理论”，认为预备行为因为没有实施着手，而不能作为未遂处罚。然而，根据计划危险说的理论，对于行为是否着手的判断，也势必要按照计划上是否开始危险作为判断标准，这样的话，当一般人感觉到危险时，就肯定着手的开始，当一般人未感受到犯罪计划的危险性时，则否定着手的开始。因此，按照计划危险说的观点，能够合理解释犯罪预备行为的普遍可罚性。计划危险说也并不否认，计划危险论与我国刑法关于未完成犯罪的现行规定十分协调，由于我国刑法有关立法具有鲜明的主观主义倾向，所以需要将建构不法的重心放在行为人的法敌对意志上，同时需要兼顾外在行为是否存在法益侵害的危险以及对法益侵害危险的程度。[1] 然而，客观上为何还需要兼顾行为是否具有法益侵害的危险及法益侵害危险的程度，这种客观上的危险应当怎样进行判断？客观的危险与主观的危险之间具有怎样的关系？对于这些问题，计划危险说并未回答。

因此笔者认为，计划危险说只是给出了未遂可罚性的一个判断方案，对于其方案所引起的未遂不法结构的系统性问题，只是在理论的畅想上开了一个头，而远远没有进入问题的核心。

第三节 计划危险论对不能未遂的判断

一、计划危险论对于对象不能未遂

对于对象不能未遂来说，我国司法解释与刑法实务上均对“误把假毒品而当作毒品走私、贩卖、运输、窝藏的行为”作为走私、贩卖、运输、窝藏

〔1〕 参见张志钢：《论不能未遂的可罚性》，北京大学2015年博士学位论文，第172~173页。

毒品罪的未遂定罪处罚[1]，相关判决是以绝对不能未遂和相对不能未遂区分的分析方法说明裁判理由的。张志钢博士认为，这一分析框架并不合理，决定这类案件的关键在于，知晓行为计划的一般人，认为行为人的行为具有实现结果的可能，因而才使这类行为具有可罚性。然而，其对于“误把冥币当作假币而购买”之类的案件的分析又与计划危险说的本意不符。如果按照计划危险说，行为人是以真实货币以适当价格购买假币的，这一犯罪计划在社会一般人看来当然是能够肯定具有破坏货币流通的危险，因而应当肯定行为成立未遂。然而，该说认为“这种极度愚蠢的行为恰恰可以归入重大无知的不能未遂，无须处罚”“现代社会具有一般社会经验的人，也显然不会认为冥币、人民币复印件一类的假币可以达到以假乱真的程度到交易市场上毫无障碍地花出去”。根据这一说明，这一危险判断已经不是严格意义上的犯罪计划危险性的判断。如果以犯罪计划是否危险为判断对象，就只能以“行为人主观上认为能够以真货币按照合理价格买到假币”，行为人被他人欺骗而买到冥币是行为人没有认识到的客观事实，因而不能够作为危险判断的对象。在这里，显然这种危险判断已经不再是紧扣犯罪计划而作出的判断，而是以客观上是否存在法益侵害的危险进行的说明。由此可见，计划危险论在判断对象不能未遂案件中，时而根据主观事实的一般人评价而肯定计划危险，时而又借助于客观上一般人判断来肯定行为的危险性。

笔者认为，对于对象不能未遂来说，行为成立不能未遂的原因是因为对象不存在、对象不具有某种必备属性而使得行为不能既遂。例如，我国强奸罪的单独实行犯需要以妇女作为犯罪对象，如果以男人作为强奸对象就只能是对象不能未遂。再如，故意杀人罪的对象只能是人，如果客观上不存在人，而只是尸体、蜡像、佛像或者木头，那么就是对象不能未遂。在对象未遂的场合，行为人必然是对对象的客观性质产生了错误的认识的。例如，误将尸体当活人而砍杀，只能视为砍杀尸体；误将男性当作妇女实施奸淫，只能评价为故意伤害行为。在对象不能未遂的案件中，客观事实上的对象与行为人主观上认为的对象并不一致。如果按照计划危险

[1] 参见张志钢：《论不能未遂的可罚性》，北京大学2015年博士学位论文，第185页。

说,行为人主观上所要实施的行为对于行为人主观上错误认识的对象,能够合乎法则地引起犯罪结果,因此在社会一般人看来通常应当肯定行为具有危险性而作为未遂处罚。在这个意义上,对于仅仅是对象不能未遂的行为而言,按照计划危险论的判断对其很难有成立不可罚的不能未遂的余地。即便是法益根本不存在,按照计划危险说,即以行为人在行为时所认识到的事实为基础,以一般人的见解来判断有无危险,对于全部对象不能未遂都应当作为未遂来处罚。在这种情况下,即便是由于重大无知而对对象产生错误。例如,一般人都能够辨别对象是木头而不是人,行为人产生重大错误认为是仇人而枪击,这时如果严格贯彻计划危险说,按照行为人认识到的事实出发进行判断,也肯定得出行为具有可罚性的结论。

二、计划危险论对于手段不能未遂

对于手段不能未遂来说,计划危险说认为对于明显重大无知的手段不能,由于行为人的认识中对于因果流程的经验知识存在错误,在一般人判断的情况下这种经验错误就会被一般人的经验法则检验,从而在结论上得出行为不可罚。对于"在网络上上传一般人通过正常渠道都可以获取的包含真实的炸药制作方法的恐怖分子手册"的行为,周光权教授认为"一般人并不会真的认为恐怖分子在实施爆炸袭击之前会先查阅、研究冯某的电子材料,而大多会对其恶作剧付之一笑",〔1〕这显然是根据具体危险说而得出的结论,即客观行为事实在一般人看来不具有危险。然而,张志钢博士根据计划危险论认为,从案件事实来看行为人显然不是无聊的恶作剧,手册中所涉及的各种炸药知识、制法等均具有一定的科学性、可行性,通过查阅专业知识也能够获取说明了行为人的行为并非不值一提和微不足道的,因而本案不属于重大无知的手段不能未遂,法院将其判决为未遂犯是妥当的。〔2〕 在这一分析中不难发现,计划危险论能够得出比具体危险说更为宽泛的未遂犯成立范围的结论。这也说明,我国刑法司法实务在未遂的认定上,采用了较为宽泛的主观未遂的判断思维。

〔1〕 周光权:《区分未遂犯与不能犯的三个维度》,载《清华法学》2011 年第 4 期。

〔2〕 参见张志钢:《论不能未遂的可罚性》,北京大学 2015 年博士学位论文,第 190 ~ 191 页。

在手段不能未遂的案例中,行为人可能基于对因果法则的错误而使用了根本不可能导致结果发生的手段。例如,误以为白糖能够杀人而喂食白糖,使用未安装子弹的枪支枪击他人;行为人也有可能使用了对其效果不明一般人也无法确切知晓其效果的手段导致行为未得逞,如误以为硫黄能够毒杀他人而给被害人食用硫黄粉;行为人也有可能是因为使用了虽然能够导致结果但是在具体条件下不能得逞的方法,例如行为人使用安眠药毒杀被害人但由于剂量不足使被害人安眠一宿、行为人使用射程只有五百米的枪支但被害人在六百米之外。根据计划危险说,上述不同情况在危险判断中能够得出不同的结论。在第一种情况下,行为人对因果法则产生错误,因而按照社会一般人的判断对行为人的犯罪计划进行审查时,这一因果关系错误的主观事实在一般人判断之下就会得出没有危险的结论。在第二种情况下,行为人不明确方法的具体效用、社会一般人也不明确该方法的效用时,按照社会一般人判断就能够肯定行为具有抽象的危险性。在第三种情况下,按照行为计划完全能够发生犯罪结果,按照一般人的判断,由于具体条件的不具备从而使这一客观事实被无视,因此得出危险成立的结论。

因此,对于计划危险论来说,手段不能未遂中除行为人因因果法则错误而只能成立不可罚的重大无知未遂之外,其他的手段不能未遂都具有可罚性。

三、计划危险论对于身份不能未遂

在身份不能未遂中,行为人不具有该当某身份犯构成要件的犯罪身份,行为人误以为其具有该身份而实施行为。例如,作为某公安局聘任清洁工的甲误以为自己是国家机关工作人员而收受他人财物,并为他人清除某行政处罚档案记录。在这一案件中,受贿罪的成立要求行为人具有国家工作人员的身份,然而行为人并不具有这一身份。

按照计划危险论,如果仅仅根据行为人的犯罪计划,这个被错误地认识的“身份”也能够成为危险判断的事实基础,在此前提下只能肯定行为成立未遂犯。然而,部分学者认为对于纯正的身份犯,身份属于构成要件要素,同时表明主体负有特定义务的地位,就义务而言,没有义务的人并不能因为误以为自己有义务而成为义务主体,所以应当对其成立不能未遂,而不能成立未遂犯。[1] 然而,这一论证既然是从义务出发否定其可罚性,就不再是根据抽象危险说所主张的以行为人的认识为基础进行的危险判断,而是以客观实行行为为由否定危险成立。从这个意义上说,计划危险论并不能合乎逻辑地对身份不能未遂给出不可罚的解释。

从上述分别就对象不能未遂、手段不能未遂和身份不能未遂的类型而言,计划危险论仅仅能够排除"犯罪计划中不符合经验法则"的重大无知的手段不能未遂的可罚性,由此为未遂犯的可罚性给出了较为宽泛的成立范围。

第四节　计划危险论的疑问

计划危险论由于以行为人的犯罪计划、犯罪意思作为未遂成立的判断对象,故而在现代行为刑法体系下存在若干重大疑问:

一、计划危险论得出的未遂犯处罚范围过于宽泛

计划危险论或者抽象危险说对于未遂犯的处罚范围过于宽泛。由于计划危险说和抽象危险说都是以行为人犯罪计划、犯罪意思作为基础判断犯罪故意的危险性,因而会导致客观上根本没有危险的行为仅因为行为人出现了认识错误就作为未遂来处罚。[2] 实际上,除了迷信犯、重大无知未遂之外,按照计划危险说的立场,其余的不能未遂都应当作为未遂进行处罚。

计划危险论对未遂犯处罚范围过于宽泛地界定,主要原因在于计划危险论不以客观上行为的规范属性为判断依据,而是以主观上行为人犯罪心理的规范属性为判断依据,导致主观归罪。实际上,按照计划危险说,能够按照未遂进行处罚的只不过是一个具有危险性的故意,以此区别

[1] 参见张明楷:《未遂犯论》,成文堂、法律出版社 1997 年版,第 233 页。

[2] 同上。

于无危险的故意。所谓有危险的故意,是指行为人的认识因素和意志因素所设定和引导的行为方式,符合经验法则,通常按照一般人的判断能够设想该故意与危害社会结果存在紧密的关系。而无危险的故意,则是由于行为人的认识错误导致其行为方式对于经验法则产生了重大偏离,因此这一故意只具有社会伦理上的负价值,而不值得刑法对其重视。陈璇博士指出,计划理论用以决定犯罪成立与否的唯一标准是存在于行为人头脑中的认识和计划的危险性,在此毫无客观法益侵害危险的立足之地。[1] 笔者同意这一命题,并且认为,计划危险论重视行为的主观面,而忽略行为的客观面,从而在未遂成立范围上失之过宽。然而,计划危险论为了得出合理的限制,有时不得不放弃主观危险的绝对决定性作用,引入客观危险判断进行限制,从而在基本立场上失去了计划危险的绝对核心地位。在计划危险说内部,对于未遂的范围实际上存在两种不同程度的标准。前文已经介绍,在计划危险说内部存在两种学说,一种是对犯罪计划作一般人的抽象判断,另一种则是认为须按照科学法则来审查行为人的犯罪计划是否能够导致结果。按照第一种观点,如果对犯罪计划作一般人的抽象,并在一般人能够认为存在危险时肯定行为成立可罚的未遂,此时处罚范围是极宽的。例如,日本曾经发生过这样的案例,行为人为了投毒杀害被害人而给其喂食硫黄,由于硫黄根本不具有致死的效果,而不能得逞。如果按照一般人标准进行抽象地判断,一般人对于硫黄是否具有致死效果是缺乏经验法则辅证的,因而会给出"喂食硫黄具有危险性"的判断,从而为其肯定可罚性。然而,如果按照科学法则对犯罪计划进行判断,硫黄不具有致死能力,在科学法则上能够加以证明,这导致该犯罪计划在科学法则上不具有危险性从而不可罚。由此可见,在计划危险说内部,科学法则的标准意识到了抽象危险的宽泛性,并提出科学的法则进行甄别和限定。然而,即便按照科学法则的标准,也会扩大犯罪成立范围。其原因在于,计划危险说一般只适合手段不能未遂,而不适合对象不能未遂和身份不能未遂。因为对象不能未遂和身份不能未遂,往往并非事关科学法则的问题,而只是事实上的认识偏差问题。由此可见,计划危

[1] 参见陈璇:《客观的未遂犯处罚根据论之提倡》,载《法学研究》2011 年第 2 期。

险说内部,按照一般人标准进行判断则过于宽泛,按照科学法则的标准进行判断则无法对对象不能未遂和身份不能未遂给出妥当的区分。总而言之,如果某一行为只有在添加了尚未被客观化之行为人想象的情况下才能展现出来,那么它并不值得引起社会的关注;如果人们将它作为未遂犯,就等于是处罚想象而非行为。[1]

二、计划危险论对于迷信犯解释自相矛盾

按照计划危险说,行为人的犯罪计划的危险性(或者说犯罪计划的可行性)是行为作为未遂处罚的实质根据。就此而言,迷信犯之所以不成立犯罪,是因为犯罪行为在主观方面不构成可行的犯罪计划,因而排除具有危险性的犯罪故意的成立。然而,这种判断顺序与现代行为刑法的基本共识存在矛盾,在犯罪成立判断中客观判断先于主观判断已成为刑法理论的公理,也是各国刑法学者的共识。[2] 如果对犯罪成立的判断,在未对客观构成要件进行审查时就开始审查主观构成要件,就是在逻辑上对于犯罪成立体系的诸多要素进行了错误的体系性引导。

在这个意义上,计划危险说本意是从客观上的危险判断限制未遂的成立范围,但由于其所谓危险是以犯罪计划作为判断基础,实质上使危险概念主观化。就此而言,计划危险说实际上是以客观危险判断之名,行主观危险判断之实。根据主观未遂论,迷信犯不可罚的根据是因为迷信犯缺乏故意,因而不具有责任从而不可罚。与此不同,计划危险说主张迷信犯不可罚,是因不具有危险而不成立主观不法,就此而言计划危险说比纯粹主观危险说具有先进之处。然而,计划危险说刚刚从主观未遂的泥潭中走出来,又在不法与责任、主观与客观之间采取了过于暧昧的态度。

三、计划危险论以主观构成要件作为危险判断基础

计划危险论与主观未遂论存在显著差别:主观未遂论认为未遂可罚

---

〔1〕 Günther Jakobs, Kriminalisierung im Vorfeld einer Rechtsgutverletzung, ZStW 97(1985), S. 764.

〔2〕 参见陈璇:《客观的未遂犯处罚根据论之提倡》,载《法学研究》2011 年第 2 期。

的基础是责任,而计划危险论认为未遂可罚的基础是主观不法。例如,主观未遂论认为未遂的刑罚基础是行为人的法敌对意思,这也正是刑法典所重视的对象,以此区别于既遂犯中法敌对意思所造成的违法的结果。[1] 而计划危险说与抽象危险说的特点在于,强调行为计划是否具有一般的结果倾向,如果犯罪计划具有一般的结果倾向,那么就以未遂处罚,如果不具有这种倾向,就不成立未遂。[2] 由此可见,计划危险说以结果作为犯罪计划的指向,对于犯罪计划具有限制作用。在结论上,计划危险论能够排除重大无知未遂的可罚性,而主观未遂论则肯定重大无知未遂的可罚性。作为主观未遂论投胎转世的印象说,实际上用所谓社会心理学的法秩序动摇印象继续掩盖主观未遂论将未遂可罚性定位于责任的事实,声称法动摇印象是客观的社会心理学标准,然而其结论上与主观未遂论完全一致,都是学术上为过于宽泛的刑事立法进行铺垫的作品。计划危险说的立足点在于一反主观未遂论,主张从不法中寻找未遂的可罚性的根据,然而囿于德国刑法对于重大无知不能未遂也赋予可罚性的规定,计划危险论在不法基础论与德国刑法实证法之间所做的妥协,导致了其对于不法作过于主观化的理解,结论上不免要返归主观未遂论的大本营。

由此可见,计划危险论声称以不法作为未遂可罚性的基础,但实质上却通过偷换主观不法的概念,使所谓主观不法彻底沦为责任不法,因而仍然是在“故意—责任”的基础上为未遂可罚性进行说明。这也在一定程度上反映出,《德国刑法典》第 23 条关于重大无知未遂可罚性的实证法规定,对于学说的建构所起的巨大作用。可以说,如果在法政策指向上接受并以德国刑法典过于宽泛处罚不能未遂的立法作为教义学建构未遂理论的指引,在理论的建构中对未遂趋于主观化难以避免。

在学说与实证法的关系上,这一现象值得我国学者深思。我国刑法并未规定不能未遂的概念与可罚性,因而形式上对于不能未遂可罚性的解释具有较大空间。然而,我国刑法对于预备犯的处罚却进行了总则一

---

〔1〕 Vgl. Magdalena Grupp, Das Verhältnis von Unrechtsbegründung und Unrechtsaufhebung bei der versuchten Tat, S. 96.

〔2〕 参见张志钢:《论不能未遂的可罚性》,北京大学 2015 年博士学位论文,第 166 页。

般化的规定，预备行为一般的可罚性得到我国刑法的确认。就此，能否根据我国刑法对于预备犯一般赋予可罚性的立法，推出我国刑法对于未完成犯罪形态的立法主观主义模式，在我国刑法学说上存在争论。对此，张志钢博士认为，我国刑法在未完成犯罪的规定上具有如下特征：1. 肯定全部未遂犯都是可罚的；2. 未遂犯的处罚采取得减主义，即可能判处与既遂犯相同的刑罚；3. 预备犯具有未遂犯的上述两点特征，预备犯的处罚比相应未遂的处罚为轻；4. 中止犯免除处罚以损害的不发生为前提；5. 不能未遂可罚与否尚未明确规定。在此基础上，不难得出我国刑法有关未完成罪的立法具有鲜明的主观主义特征，因此建构不法的重心应当是行为人的法敌对意志，同时兼顾外在行为是否存在法益侵害的危险以及对法益侵害的程度。[1] 然而，这一命题缺乏足够的论证。对于预备犯的处罚，学界一概承认我国刑罚对于普遍处罚预备犯是过度犯罪化的做法，预备犯在学理上不存在普遍处罚的不法基础，应当从立法上和解释论上对于预备犯规定的适用进行双重限制。[2] 因而，预备犯的处罚只能从刑事政策上寻找妥当的依据，在教义学上预备犯缺乏足够的不法作为其可罚性根据。在这个前提下，以预备犯的“错误”立法来说明尚未规定的不能未遂的主观主义立法基础，显然存在学理上的重大理解偏差。毋宁说，在我国司法实践和传统刑法理论过于主观化的未遂犯可罚背景下，应当以构成要件、违法性的客观主义的观念，限定性地理解和解释我国关于未遂，甚至是犯罪预备的可罚性。否则，由于犯罪化本身就具有自我扩张的天然本能，这种极度偏向主观化的计划危险理论，能否坚守住现代刑法以客观判断为基础的底线，是大有疑问的。因此，计划危险论的本质问题仍然是以主观为犯罪判断的基础，以犯罪故意判断取代构成要件不法判断，其逻辑演绎的结果就是，既遂犯也是主观导向的不法，对于既遂犯的可罚性基础，也是犯罪计划的得到结果的确认。否则，就必须承认两种刑法体系，一方面在未遂犯的场合肯定主观的可罚根据论，另一方面在既遂犯的场合肯定客观的可罚根据论。然而，这种将刑法体系二元分裂的做法，是

---

〔1〕 参见张志钢：《论不能未遂的可罚性》，北京大学 2015 年博士学位论文，第 172～173 页。

〔2〕 参见梁根林：《预备犯普遍处罚原则的困境与突围——〈刑法〉第 22 条的解读与重构》，载《中国法学》2011 年第 2 期。

现代刑法难以接受的。

四、计划危险论无助于改变我国现状

我国传统刑法理论对于未遂的成立范围是较为宽泛的，除迷信犯之外的不能未遂一般都作为未遂犯进行处罚。在处罚的理由上，中国刑法理论通说认为，无论工具不能犯还是对象不能犯，都具备了主观罪过和客观犯罪行为这两个犯罪构成中最基本的因素，这种主客观的统一决定了它们均具有刑法上的可罚性，都应按照犯罪未遂予以处罚。[1] 由此可见，我国传统刑法理论运用四要件犯罪构成理论与主客观相统一原则，对不能未遂的可罚性给予了肯定。然而，主客观相统一的论述存在显著的缺陷，客观犯罪行为是否存在本身就是需要说明和证明的对象，不能未遂的行为其根本问题就在于，该行为是否具有法益侵害的危险，如果不具有这种法益侵害的危险，不能未遂行为就不是符合刑法分则构成要件的行为，而是刑法上不值得评价的行为。就此而言，我国传统刑法理论对于不能未遂的处罚一般给予承认。这种理论主张，在我国司法实务中也是较多判例的普遍做法。对此，赵秉志教授认为有必要对通说的观点进行反思，通说观点将由于认识错误而客观上不能达到犯罪既遂的行为一概认为属于可罚的未遂犯，对于某些在一般人看来并无任何法益侵害危险性的行为也按照未遂犯予以处罚，在一定程度上存在主观归罪的倾向，容易造成处罚范围的不当扩大。[2] 因此，刑法理论应当在未遂可罚性的问题上，通过客观不法构造对未遂成立的范围进行限制，在行为实质上并未产生对法益侵害的可能性时，行为就没有客观的社会危害性，因而未遂处罚根据的探讨与不能未遂可罚性标准的研究，其目的应是对刑法处罚未遂的法则按照犯罪构成的体系性标准进行理论的限制，并且在立法有可能过度地处罚了不值得处罚的不能未遂行为的情况下，以法理调整法条，以实现刑法的谦抑性原理所要求的刑法自我约束、刑罚适用经济性。

---

〔1〕 参见高铭暄主编：《刑法学原理》（第2卷），中国人民大学出版社1993年版，第327页；姜伟：《犯罪形态通论》，法律出版社1994年版，第171页；赵秉志：《犯罪未遂形态研究》，中国人民大学出版社2008年版，第189页。

〔2〕 参见赵秉志：《犯罪未遂形态研究》，中国人民大学出版社2008年版，第193页。

然而,计划危险论无法达到以法理限制未遂处罚法条的要求,而是为过于宽泛的未遂处罚范围进行了理论论证。一方面,计划危险论的理论论据之一就是以法条的过度主观主义色彩为出发点的。例如,张志钢博士认为,中国刑法关于未完成犯罪的部分,表现出鲜明的主观主义立法的色彩。这种主观主义立法的感觉,主要来自我国刑法对于预备犯一概处罚的规定。就此,笔者无意曲解立法者对于预备犯概念的实证法规定和立法目的上挂一漏万、防止犯罪分子逃避法律制裁的实然状况。然而,预备犯在法理上存在重大困境:无论是一元行为无价值论,还是二元的行为无价值论,均立足于构成要件判断行为的不法内涵,只有构成要件行为才能展现作为以规范违反性或者规范违反于法益侵害为内涵的客观不法,也只有构成要件行为才能确定地表征以行为人对法规范的敌对意识为内涵的主观不法,这说明,预备犯的可罚根据不仅在一元的行为无价值论无法予以展开,更无法得到相对更为流行的包容结果无价值的二元行为无价值论的支持。[1] 另一方面,在结果无价值那里,预备行为虽然是为了实行犯罪、便利构成要件行为,但由于尚未着手实行构成要件行为,因而对于构成要件所保护的法益并未形成危险,不可能造成实际侵害结果,因而预备犯的刑事可罚性应当被完全否定。在刑事政策上,普遍处罚预备犯的规定会违反现代刑事政策对刑法辅助性法益保护的机能定位,使刑罚干预起点过于前置,刑罚威胁的行为范围不当扩大,甚至可能使大量符合社会规范的日常活动都成了预备犯处罚的对象,导致现代法治社会对行为自由的过度限制。[2] 就此而言,在预备犯的规定本来就面临与现代行为刑法法益保护的机能定位存在紧张关系、因而存在法理上正当性危机的情况下,以预备犯之立法作为法理上建构未遂行为可罚性的判断标准,显然与研究者面对法条的具有相对独立教义性地位的姿态不符,有可能使得理论论证存在重大疑问。

笔者认为,刑法学者面对立法者既定的价值选择,当然不能一味否定、单纯地拒绝和批判,而是应当根据刑法体系构造与妥当刑事政策的价

---

〔1〕 参见梁根林:《预备犯普遍处罚原则的困境与突围——〈刑法〉第22条的解读与重构》,载《中国法学》2011年第2期。

〔2〕 同上。

值导向,发展对具体法条的妥当的、符合体系性与刑事政策性双重制约的解释方案。从这一维度来看,计划危险说的立场定位值得我国刑法学者反思和警惕,不仅立法论上的未遂的主观主义价值倾向应当否定,而且在教义学上能否体系性地疏导和重构一种妥当的不能未遂可罚性标准理论,毋宁说正是学术研究本来的目的。

五、计划危险论在未遂行为之着手问题上存在疑问

在理论上,着手的成立是不法成立的起点和根据,未遂犯可罚界限应当与着手的判断方法一致,都是在未遂犯处罚根据之下对可罚的不法是否成立所进行的判断,只不过二者在视角上有所不同,着手的判断是从起点上判断是否已经开始了可罚的不法构成要件行为,而未遂的可罚性判断则是在实质上对是否存在可罚的不法构成要件行为进行判断。然而,计划危险论在未遂行为可罚性标准所做的设定,会导致着手判断的空洞化,最终采取主观着手理论,从而与计划危险论所主张的以主观不法作为未遂可罚性基础的原理矛盾。例如,木村亀二在未遂可罚性标准上采取科学法则的计划危险说,即按照科学法则判断,行为人的计划具有引起法益侵害结果的危险性时,就应当将行为作为未遂犯进行处罚。在着手判断标准上,木村教授主张主观的客观说,即应当以行为人的整体计划为基础,对构成要件的保护法益造成直接危险的行为明确表现出行为人的犯罪意思时,就是实行的着手。[1] 因而,计划危险说一般认为,认定着手还是应当以行为人的整体计划为依据,犯罪意思明确地表现在具有侵害法益的危险的行为中时,就是实行的着手。[2] 张明楷教授正确地指出,对于这种计划不做限定,而是只要行为人将其纳入计划进而实现该计划时,就得肯定为着手,这便扩大了着手的范围。[3]

在理论结构上,根据计划危险论,未遂行为可罚性的界限在于,在一般人看来行为人的犯罪计划具有结果诱导的能力。而实行行为是具有危

---

〔1〕 参见[日]木村亀二:《刑法总论》,有斐阁 1978 年增补版,第 345 页。转引自张明楷:《未遂犯研究》,成文堂、法律出版社 1997 年版,第 63 页。

〔2〕 参见张明楷:《未遂犯研究》,成文堂、法律出版社 1997 年版,第 63 页。

〔3〕 同上书,第 65 页。

险的举止行为,按照计划危险说的主张,应当将实行行为界定为:只有那些具有结果诱导能力的犯罪计划的实施,是实行行为的标志。所谓实行行为的危险性,在计划危险说看来,必须是犯罪计划危险的行为。那么,对于计划危险论来说,将实行行为的着手定义为危险犯罪计划的开始实施,就是必然的结论。然而,这一命题必然将未遂行为之着手过早地提前,从而过早地宣告了不法的成立,在实体上扩大不法成立的范围。

例如,以诈骗保险金为目的放火时,既然已经实施了放火这种严重行为,据此也可以确定是诈骗保险金的犯罪,如果以是否表现了犯罪计划的危险性作为判断标准,可以说在放火时就确实表明了这一点,因此容易认为放火时就是诈骗的实行着手。然而,就保险诈骗罪的构成要件该当性判断而言,放火显然还没有表现出任何对于保险金管理秩序的危害性,而只不过是一种针对保险诈骗的预备行为,因此,计划危险说在该案例的判断中使得实行着手的时间过于提前。

第五章　事实危险论及其批判

第一节　事实危险论概述

笔者认为，在未遂犯可罚性的限制理论上，存在以事实意义上的具体客观危险作为标准，只有事实上引起了法益侵害具体危险的行为才是可罚行为的理论，本书一概称为事实危险论。典型的事实危险论是所谓客观危险说，即以实在的客观事实为对象，根据物理的自然科学观判断危险性的有无。[1] 事实危险论的核心特点在于：事后从客观的观点来判断行为是否具有危险性。[2] 在学说史上，费尔巴哈首先提出该学说，认为未遂犯的实质可罚根据是一种以行为人的物理可能性为基础的客观危险性。[3] 在日本刑法学上，早在"二战"前，大场茂马就提出应当区分绝对不能犯与相对的不能犯，

---

〔1〕 参见郑军男：《不能未遂犯研究》，中国检察出版社 2005 年版，第 277 页。

〔2〕 参见[日]大塚仁：《刑法概说》(总论)，冯军译，中国人民大学出版社 2003 年版，第 260 页。

〔3〕 参见郑军男：《不能未遂犯研究》，中国检察出版社 2005 年版，第 277 页；陈家林：《不能犯初论》，中国人民公安大学出版社 2005 年版，第 4 页。

前者是真正的不能犯,后者是未遂犯的一种。[1] "二战"后,由于具体危险说的声名鹊起,客观危险说不再受人欢迎。然而,从 20 世纪 60 年代中期开始,由于日本治安形势的稳定化,主张强调限制刑罚权的刑法理论逐步走向以法益侵害与法益侵害危险作为认定违法性的核心根据,由此,事实危险论渐渐得到越来越多学者的支持,山口厚、前田雅英、曾根威彦、西田典之等刑法学者都以各种不同的形式代表一种客观事实危险作为限定可罚未遂犯边界标准的理论。[2] 在我国刑法学上,张明楷教授、黎宏教授、钱叶六博士等学者都主张客观危险说,因而在理论上具有较大的影响。[3] 在德国,现在已无人支持事实危险论的观点,这在一定程度上或许是由于德国司法判例稳定地以主观未遂论的立场作为判决的基础,而且德国刑法立法者在未遂可罚性问题上选择了较为宽泛的处罚范围刑事政策设定。

从学说的渊源关系来看,事实危险论奠基于旧客观危险理论,即认为客观上无危险的行为不是未遂犯,而是不可罚的。因而,主张事实危险论的学者一般都会肯定两个前提:

第一,无危险的未遂就是不可罚的未遂,因而不能未遂在事实面是无危险的,在规范面是不可罚的。在这个意义上,对于没有引起结果发生的行为,应当清晰地划分为不能未遂与未遂,不能未遂不是未遂。这里的不能未遂与不能犯,其实具有相同的含义。在这个意义上,不能未遂就是不能犯,而不是未遂犯。例如,客观理论的最早雏形是由费尔巴哈提出的,为了作为未遂来处罚,要求行为对于意图的犯罪来说在外部结果之间建立了因果关联,因而行为才是客观危险的,才是可罚的。然而,费尔巴哈的理论在因果理论上遭受了批判,因为如果严格按照因果理论应用费尔巴哈的公式,会导致所有未遂都无危险的,因为没有引起结果发生正好说明了行为与外部想象的结果之间没有因果性。出于这一考虑,米特迈尔随后提出了重要的区分,将方法不能未遂区分为绝对不能未遂和相对不

---

〔1〕 参见张明楷:《未遂犯论》,成文堂、法律出版社 1997 年版,第 251 页。

〔2〕 参见[日]大塚仁:《刑法概说》(总论),冯军译,中国人民大学出版社 2003 年版,第 264 页。

〔3〕 参见黎宏:《刑法中的危险及其判断——从未遂犯与不能犯的区别出发》,载《法商研究》2004 年第 4 期;钱叶六:《未遂犯与不能犯之区分》,载《清华法学》2011 年第 4 期。

能未遂。其后的学者也在对象不能未遂之间区分绝对不能对象的未遂与相对不能对象的未遂。当行为根据其性质自始不适合于引起意图犯罪的结果时,就存在绝对不能的对象或者方法未遂。在这种情况下,构成要件的结果无论在何种情况下都不可能引起结果。对此的教学案例有:针对未怀孕者的堕胎、针对死人的杀人、针对空包的盗窃、用白糖杀人。相对不能未遂是指对象或者方法,不是自始就不能,而是仅仅由于特定的个案中的条件而不能引起结果。可以考虑的是,使用不足量的毒药杀人或者枪击超过射程的人。[1] 客观理论从一开始就开宗明义地主张无危险的未遂作为不能未遂是不可罚的行为,而不属于未遂犯。然而,由于受到主观理论的攻击,立足于条件说的旧客观理论调整了自己的立场,将绝对不能未遂作为限制的不能犯概念,承认其由于不存在危险而不值得处罚。

对此,我国刑法学上存在不能未遂、不能犯未遂、不能犯等若干不同的称呼,在笔者看来这只不过是在不同的体系内部使用的概念罢了,如果脱离该术语被使用的语境就不可能对该概念产生正确的理解。其中,不能犯的概念是事实危险论惯用的概念。例如,不能犯的概念往往就是事实危险论的用法,不能犯是指行为不具有危险性,因而不是未遂犯,而是不同于未遂犯的不可罚的行为。因而,在事实危险论看来,不能未遂的概念是暧昧的,既然不能,为何又是未遂?如果行为不能引起任何结果,就是不能犯,不能犯不具有引起结果的危险性,当然在概念不能就意味着不可罚,不能犯是不可罚的行为。而未遂,在概念上是被作为可罚的行为来界定的,在成立条件上,由于未遂是可罚的,因而可以合乎逻辑地得出未遂犯是引起具体危险的行为的结论。

第二,未遂是引起了客观危险的行为。换言之,是否在事实层面引起了客观危险是行为作为未遂还是不能未遂的关键区分标准。例如,钱叶六博士指出,“未遂犯与不能犯的区分的关键在于,行为是否具有侵害法益的现实的、具体的危险,危险的有无的判断,应该以事后查明的行为时存在的全部客观事实为判断资料,站在行为时的立场,以根据客观的因果

---

[1] Albrecht, Der untaugliche Versuch, 1973, SS. 7 - 8.

法则具体地判断行为是否具有导致构成要件结果发生的现实可能性为标准,行为客观上具有发生结果的现实可能性,只是意外地导致结果没有发生的,成立未遂犯;反之,行为在当时确定地不可能发生结果或者发生结果的可能性极低的,是不能犯”。[1] 再如,黎宏教授认为,“某一行为是否具有危险,应当以事后查明的行为时所存在的各种事实为基础,以行为时为标准,从一般人的立场出发来判断,如果就事后所查明的行为时存在的事实来看,发生结果的可能性极大,就可以说该行为具有危险或者说具有社会危害性,应当成立犯罪未遂,如果就事后所查明的行为时存在的各种事实来看,该行为完全不具有发生结果的可能或者可能性极小,就可以说该行为没有危险或者说没有社会危害性,而不成立犯罪,属于不能犯”。[2] 再如,日本刑法学者中山研一认为,在对未遂犯的危险进行判断的时候,应当在危险判断的基准上毫无疑问地选择事后情况基础上行为的危险性判断,行为在任何情况下都不可能产生行为人意图实现的犯罪结果时,行为就因为没有事实危险而成立不能犯,不具有可罚性。[3] 在这个意义上,事实危险论所持的危险概念,是仅仅就事实层面的事实观察而发现的某种法益侵害发生的客观可能性。就此而言,事实危险论由于以事实上客观可能性作为限定未遂可罚性的标准,会使未遂的成立范围围绕在法益侵害既遂可罚性的基础上,其对未遂成立的范围是相对较为限制的。首先,根据事实危险论的主张,仅仅具有行为人主观危险性的迷信犯、重大无知未遂犯都是缺乏这种事实上的危险引发效果的,因而并未存在充足的可罚性基础,不能作为未遂犯处罚,在概念上都属于所谓的“不能犯”。其次,对于其他普通的不能未遂,也要按照事实危险是否存在的标准进行限制,如果不能从事后的事实观察上肯定客观的法益侵害较高的可能性,那么也应当作为不可罚的行为处理。

事实危险论在刑法观念上强调保护人权,刑法的社会保护应当仅仅作为辅助性的法益保护来展开,社会秩序维护、社会伦理观念等都无法作

〔1〕 钱叶六:《未遂犯与不能犯之区分》,载《清华法学》2011 年第 4 期。

〔2〕 黎宏:《刑法中的危险及其判断——从未遂犯与不能犯的区别出发》,载《法商研究》2004 年第 4 期。

〔3〕 参见张明楷:《未遂犯论》,成文堂、法律出版社 1997 年版,第 252 页。

为刑法保护的内容。首先,在事实危险论的早期形态,也就是旧客观未遂论的危险概念上,费尔巴哈旗帜鲜明地批判以只具有道德可责难的行为作为未遂处罚的观念,认为这种观念属于道德伦理领域的范畴,而非法与违法所关心的对象。费尔巴哈将作为刑法对象的行为,理解为权利侵害的行为(实际上就是法益侵害说的早期形态),现实的权利侵害直接与法的状态相矛盾,而未遂则是间接的权利侵害,与法的状态相矛盾,未遂不是权利侵害本身,而是现实的权利侵害的可能性的原因,只要是作为刑事可罚的未遂行为,那么行为前提必须直接指向特定的违法结果的诱发,由此可见,对于未遂可罚性的标准,费尔巴哈的理论是以权利侵害的危险性为内容的。[1] 而权利侵害的本质,费尔巴哈是从法的任务中进行说明的。国家的目的在于维护法的状态,即维护权利不受侵犯的状态,因而应当从市民的刑罚中驱逐道德的刑罚概念,遵照道德的理念进行判断的行为,仅仅只能理解为侵害内在的道德法则,而不能理解为侵害外在的法规,因而该行为只能属于道德伦理领域的负面行为,而不是与法的状态相关联的权利侵害行为,国家只应从外部的法律来对行为进行判断。[2] 对于日本的事实危险论的发展,张明楷教授指出,由于日本经济的飞速发展,治安形势逐渐稳定化,这导致刑法理论上开始强调刑法的谦抑性、主张对刑罚权的发动进行一定的限制,在立法论与解释论的层面都主张进行非犯罪化处理,这导致犯罪论领域中的违法本质理论的变迁,贯彻结果无价值论,反对行为无价值论的理论倾向抬头,违法性的认定不应根据行为的反伦理性与行为人的反社会性,而应当根据以结果无价值为唯一内容的行为对法益的侵害性与危险性,因而这种理论的基本倾向就是限制刑事可罚性的范围。[3] 作为危险判断的学说,事实危险论排斥行为无价值论,贯彻结果无价值论,具有限制刑事可罚性的范围的作用。

---

〔1〕 参见陈家林:《不能犯初论》,中国人民公安大学出版社2005年版,第5~6页。

〔2〕 同上书,第7页。

〔3〕 参见张明楷:《未遂犯论》,成文堂、法律出版社1997年版,第251页。

第二节　事实危险论的基础

一、不法结构：结果无价值一元论？

应当指出，事实危险论的理论基础是一元结果无价值论。也就是说，违法性是指由行为引起的结果具有违法性的属性，既遂不法首先就是以这种结果的违法性属性为基础的不法类型，并且，未遂不法也不是与此不同的其他不法类型，同样是结果无价值的表现形式。因而，事实危险论认为未遂不法的内容就是作为结果无价值表现形式的危险无价值。

（一）结果无价值论的基本立场

结果无价值论的基本内容承袭自古典时代，与贝卡利亚的社会危害性理论、费尔巴哈的权利侵害说之间有着千丝万缕的联系，而结果无价值论理论的形成则是始于以自然因果思想为基础的客观不法论，根据客观不法论，不法概念的内容中并不包含对行为人的非难要素，而仅仅是对评价规范的违反；不法的评价对象是客观上发生的社会损害、权利侵害或者法益侵害，行为人方面的侵害法益的行为则不是不法评价的重点内容。[1]

在我国刑法学中，持结果无价值论的是张明楷教授、黎宏教授、钱叶六博士等学者。结果无价值论的出发点，是从非常明确的保护客观的、外部的生活利益的立场出发，既防止构成要件符合性判断的恣意性，从而保障国民的自由，又将违法行为限定在发生了法益侵害或者危险结果的情形，从而使刑罚称为保护生活利益的最后手段。[2] 因此，结果无价值论明确区分客观要素与主观要素，客观要素是违法性的基础，容易判断，在对客观要素与客观的违法性进行明确判断的基础上，结果无价值论也不再否定对行为人对于违法事实是否具有认识、认识的可能性进行判断，从

---

〔1〕 参见劳东燕：《结果无价值论与行为无价值论之争的中国展开》，载《清华法学》2015 年第 3 期。

〔2〕 参见［日］内藤谦：《刑法讲义总论（上）》，有斐阁 1983 年版，第 117～118 页。转引自张明楷：《行为无价值论与结果无价值论》，北京大学出版社 2011 年版，第 61 页。

而限制了主观要素的判断对象与判断范围。[1]

在构成要件领域,结果无价值论认为构成要件是违法类型或者违法有责类型,然而即便是主张构成要件是违法有责类型的学者,也不意味着作为构成要件要素的故意、过失是不法的要素,而仍然是作为责任要素才归入构成要件的。在这个意义上,无论是对构成要件采取违法类型说,还是采取违法有责类型说的学者,只要承认结果无价值论,就会认为违法在原则上是一元的客观内容。[2] 在这个前提下,晚近以来的结果无价值论一般例外地承认主观的违法要素,然而,结果无价值论仍然坚持认为,违法性的实质是法益的侵害与危险,有无法益侵害的危险,是指客观的危险性,必须基于行为的客观要素作出判断,至于行为人的内部想法如何,不过是责任的问题,而不是违法性与构成要件相关的问题。[3] 在构成要件要素上,结果无价值论并非将结果作为唯一的构成要件要素,而是承认刑法分则所规定的构成要件客观要素对于建构不法的意义,但在性质上,作为构成要件要素的行为是作为具有侵害法益危险或者造成法益侵害结果的行为来理解的。

在违法性的层面,结果无价值论采用的对违法论的理解,只有法益侵害及其危险才是违法性的构成要素。也就是说,只有客观的要素才是违法性的要素。在违法的要素上,结果无价值论否认故意、过失是主观的违法要素,从而有利于保持违法性判断的安定性。[4] 在违法性的判断上,结果无价值论认为应当采取事后判断,也就是在行为后所明确查明的所有客观事实基础上对行为是否违法进行判断。[5] 对于违法性判断的基准,结果无价值论一般采取以科学的一般人说为判断基准的客观危险说、修正的客观危险说,行为是否具有侵害法益的危险,只能够以科学的一般人为判断基准。[6]

在未遂论上,结果无价值论持一元的客观未遂论,认为未遂犯的处罚

[1] 参见张明楷:《行为无价值论与结果无价值论》,北京大学出版社2011年版,第62页。
[2] 同上书,第65页。
[3] 同上书,第66页。
[4] 同上书,第138页。
[5] 同上书,第145页。
[6] 同上书,第147页。

根据是客观的法益侵害可能性、客观的法益侵害危险性。如果没有发生这种客观的法益侵害危险，即便存在犯罪意志，也不能成为可罚的未遂行为。刑罚的目的是保护法益，既遂犯是因为行为侵害法益而可罚，未遂犯则是由于行为具有侵害法益的危险性而具有可罚性，因而未遂犯都是具体危险犯。然而，由于行为无价值论也主张客观未遂论（笔者认为是综合未遂论），结果无价值论继而认为，危险结果说能够说明结果无价值论对于未遂的本质认识。根据危险结果说，作为未遂犯可罚根据的危险是作为结果的危险，即行为所造成的现实的、客观的危险状态，结果无价值论中的“结果”，不仅包括实害结果，还包括危险结果，未遂犯是危险犯，而且是具体危险犯。[1]

由此可见，对于结果无价值论可作如下总结：(1)不法的核心内容、决定性内容是结果无价值，而非行为无价值、行为人无价值；(2)对于不法的判断，主观要素没有存在的余地，而应当是纯粹客观的内容；(3)对于不法的判断方法，也不需要社会价值评判，而是纯粹以科学、物理的法则判断；(4)危险创出行为也是存在结果的，即危险结果；(5)未遂犯是具体危险犯。笔者认为，源于结果无价值论的物的违法论，事实危险论的危险概念和危险判断可以称为“物的危险观”，即是否危险，是客观外在的事物，无论行为人怎么想，都与这一物的危险概念无关。

（二）事实危险论与结果无价值论的关系

综上所述，笔者认为事实危险论的不法理论基础是结果无价值论，其理由在于：

首先，事实危险论认为，对于行为是否属于可罚未遂判断，不需要任何行为人主观的要素，而完全可以借助客观的要素进行判断。因此，并非由行为人主观反映的危险行为方式，而脱离行为人主观的、客观存在于行为人内部心理活动之外的外部的法益状态的变化，才是为未遂可罚性奠定根据的违法性要素。这说明，事实危险论否认违法性是关于行为方式的评价，而只承认脱离行为的、由行为所引起的外在状态才是违法性判断的对象。

---

〔1〕 参见张明楷：《行为无价值论与结果无价值论》，北京大学出版社2011年版，第213页。

其次，事实危险论认为，未遂的本质是行为引起了法益侵害的危险，而非行为本身所具有的对规范的违反、对法信赖的动摇或者行为人的危险性、犯罪恶意的危险性。因而，法益侵害危险，作为未遂行为所引起的外在的结果的负价值内容，而不是行为无价值，才是未遂不法的内容。与此不同，既遂的不法则是以法益侵害的实际法益损害作为结果不法的内容。然而，法益侵害的实际损害与法益侵害的具体危险，都属于结果无价值的表现形式。这说明，事实危险论认为未遂是表现了另一种结果无价值的犯罪类型。

最后，事实危险论把未遂犯也作为具体危险犯来处理，未遂犯的危险与具体危险犯的危险概念相同，都是一种危险的事实，对于是否存在危险状态，在未遂犯与具体危险犯的场合应当做同样的判断。具体危险犯是以法益侵害危险作为其不法内容，即结果无价值的犯罪类型。在这个意义上，未遂犯也是以法益侵害危险这种结果无价值作为其不法内容的犯罪类型。

二、未遂犯 = 具体危险犯？

关于事实危险论，首要的问题是，未遂犯是危险犯吗？其次，如果未遂犯是危险犯，那么未遂犯是抽象危险犯还是具体危险犯？就此而言，结果无价值论基础上的事实危险论认为，未遂犯不仅是危险犯，而且在危险犯的类型上，未遂犯是具体危险犯。

例如，钱叶六博士指出，未遂犯中的危险究竟是作为行为属性的危险，还是作为结果的危险，理论上存在着鲜明的对立，这种对立是违法论中的行为无价值论与结果无价值论在未遂犯处罚根据上的具体反映；在行为无价值看来，违法性的实质是行为本身的反伦理性以及行为人的主观恶性，即行为本身恶是违法性的根据，而在结果无价值论看来，违法性的实质是行为对法益的实质侵害或者威胁；违法性的根据在于行为对法益侵害的危险结果，所以未遂犯与既遂犯一样，也是一种结果犯，只不过既遂犯的结果是实害结果，而未遂犯的结果是危险结果。[1] 由此可见，

---

〔1〕 参见钱叶六：《未遂犯与不能犯之区分》，载《清华法学》2011 年第 4 期。

从未遂犯的构造来看，似乎的确符合具体危险犯的特征。

在理论上，危险犯是指构成要件以仅仅存在侵害法益危险就已足的犯罪，而具体危险犯则是危险犯之中以发生法益侵害的具体危险、现实危险为要件的犯罪类型。[1] 具体危险犯实际上是以具体危险的结果设定为内容的犯罪，即在具体危险犯的成立上，需要满足一种已经发生的状态，是否发生法益损害完全依赖于偶然因素，因而具体危险是一种从中肯定损害的延伸的状态。[2] 一般来说，对于具体危险犯成立的必备结果要素的危险，都是刑法分则明文进行规定的。在规范构造上，能否将刑法分则法定的具体危险与未遂犯的具体危险进行等置，实际上是我国刑法上受到讨论的问题。对此，李海东博士认为，如果将未遂犯等同于具体危险犯，客观危险说反而是站得住脚的理论。[3] 日本刑法学者冈本胜认为，具体未遂犯的具体的危险与未遂犯成立的具体的危险是不同的概念，从形式上体系性地看的话，如果肯定未遂犯是具体危险犯，那么具体危险犯与抽象危险犯的未遂犯都无法成立，实质地看，具体危险犯的危险是针对特定构成要件所保护的具体法益提出的现实的危险，而未遂犯的具体危险，充其量只是对既遂构成要件实现的盖然性，因而是具有一定的一般化的。[4]

笔者认为，避开将未遂犯作为具体危险犯的立场的合理性不谈，立足于客观未遂论基础上的客观危险说，在体系性的逻辑上，势必只能对未遂犯进行这样的界定。未遂犯的成立，首先在实行行为的认定上需要肯定实施一定的危险的行为才能够成立实行的着手。然而，实行着手的危险对于未遂犯的处罚还是不足的，需要补充具体的危险的要素作为构成要件结果要素。因而，理论上必然需要讨论的前提性问题是，实行着手的危险的概念与未遂犯的结果要素的具体危险是什么关系？

---

〔1〕 参见[日]大塚仁：《刑法概说》(总论)，冯军译，中国人民大学出版社2003年版，第137页。

〔2〕 Vgl. Zischang, Strafrecht AT, 3. Aufl., S. 28, Rn. 55.

〔3〕 参见李海东：《社会危害性与危险性：中、德、日刑法学的一个比较》，载陈兴良主编：《刑事法评论》(第4卷)，中国政法大学出版社1999年版，第21页。

〔4〕 参见[日]西原春夫：《犯罪实行行为论》，江溯、戴波译，北京大学出版社2006年版，第108页。

三、实行着手的事实危险?

对于实行着手的实施危险,实质的客观说主张从实质上把握实行着手的客观面。实质的客观说主张从客观方面认定着手,对于危险概念,应当理解为行为属性的危险还是作为结果的危险,实质的客观说内部分为实质的行为说与结果说。

事实危险论者一般主张实质客观说中的结果说,认为发生了作为未遂犯的结果的危险性时,即侵害法益的危险性达到了具体程度时,才是实行的着手。例如,前田雅英认为实行行为是具有发生结果的一定程度上的危险性的行为,着手的危险与未遂犯的处罚根据是表里关系,最终只能通过是否发生了值得处罚的未遂犯处罚的具体客观危险来逆算实行的着手。[1] 因此,不得不承认,未遂的可罚性限定标准,与未遂的实行开始,是一体两面的关系,未遂可罚性限定的危险是未遂不法的内容的底线,如果连这种客观的事实危险都不具备,就不可能成立未遂的不法。另外,未遂的开始当然应当以实质不法的开始为起点。因而,在日本刑法学界,前田雅英的这种观点得到了结果无价值论者的支持,如西田典之、曾根威彦、山口厚等学者都主张结果说,因此危险概念与其未遂可罚性的危险概念能够互相接应,符合结果无价值论的立场。

从事实危险论对于实行着手的界定可以看出,实行着手的实质内容应当与未遂犯可罚的实质根据互相符合,二者立足于相同的基础,即作为未遂不法的实质内容。实行着手的危险意味着未遂不法的成立起点,未遂犯可罚的危险则是未遂不法的存在的标志。具体来说,一方面,在具体案件中,如果行为已经引起了一种在客观上能够判断的具体危险状态,就意味着行为已经引起了对分则构成要件保护的法益的损害,因此能够确认未遂不法的成立。未遂不法已经成立,就不可能在行为继续发展中显示为不可能实现犯罪结果的属性,因而也宣告了对不可罚不能未遂的排除。另一方面,如果行为因为没有创造对构成要件保护法益的危险,那么

---

〔1〕［日］前田雅英:《刑法总论讲义》,东京大学出版会 1994 年版,第 194 页。转引自张明楷:《未遂犯论》,成文堂、法律出版社 1997 年版,第 60 页。

行为不能作为未遂进行处罚,而应当是不可罚的不能犯。对于不可罚行为,自然也不能承认该行为开始了不法,因而该行为也不可能是对构成要件实行行为的着手。由此,从事实危险论的未遂可罚标准说出发,必须承认:第一,不能犯是没有着手的,否则就会产生"已经成立的不法怎么又会被否定"的疑问。第二,对着手的判断也只能进行实质判断而不能进行形式判断,否则会使得未遂不法在着手和不能未遂之间的界限模糊。

四、不能未遂＝不可罚未遂?

立足于事实危险论,不能未遂、不能犯的概念被实质化,所谓不能犯的概念,就是在不可罚未遂的意义上使用的。因此,这里涉及学术上所讨论的不能未遂与不能犯概念的使用问题。

前文已经分析,在德国刑法、德国刑法学上,由于立法者对于不能未遂的可罚性是在很大范围和程度上给出肯定的选择的,因而实务与学理上普遍认为不能未遂不能与不可罚行为画等号,不能未遂也是未遂的一种形式。在日本刑法上,由于学者普遍肯定不能未遂就是不能犯,不属于未遂犯,而是不可罚的行为,因而日本刑法上的不能犯概念在形式上不同于德国刑法上的不能未遂。

然而,虽然德国、日本刑法在术语使用上采用了不同的名称,德国刑法采用不能未遂的概念,并且不能未遂具有可罚性,而日本刑法采用不能犯的概念,且不能犯不具有可罚性。但是,二者在社会生活上所指的其实是同一个现象,都是在现实中由于方法或者对象的属性而不可能导致法益侵害结果的发生。就此而言,不能认为由于德国刑法的不能未遂属于"未遂"、日本刑法的不能犯不属于"未遂",就当然认为二者是完全不同的概念。实际上,在学术史上,费尔巴哈所指的不能未遂其实是与日本刑法中的不能犯概念属于同义词,不仅在指代的法现象上,还是在法概念及法效果上,二者都具有同一性。然而,德国由于近二百年来的司法实务与立法、学者逐步在共同体意义上肯定并认可了不能未遂的可罚性,面对这种刑事政策给定的现实,不得不将不能未遂的概念作为未遂来处理。

笔者认为,应当还原不能未遂、不能犯概念的实质,由于我国刑法并未规定不能未遂、不能犯的可罚性,而是一般在学理上进行讨论。由于学者对于犯罪论体系与犯罪基本概念的理解上的差异，导致不同的学者往往采取不同的概念。然而，“未遂”概念本身既是教义学概念，也是教义学知识。作为教义学概念的未遂，是体系上作为与既遂对立的犯罪构成要件符合性的不同形态而存在的，就此而言，各国刑法中存在的教义学概念中的未遂是同义词。然而，作为教义学知识的未遂，则显然具有国别性。例如，德国刑法规定的未遂是“根据行为人对于犯罪行为的想象而直接开始犯罪构成要件，没有达到既遂的行为”，因此在未遂的成立条件上不仅要求有客观要素，而且要求一定的主观要素。但是，我国刑法规定的未遂概念是“行为人已经开始实施犯罪行为而未得逞”，并未规定需要从犯罪人对于犯罪的计划或者想象等主观要素出发，对客观上是否开始了犯罪实行行为进行判断。在这个意义上，作为教义学知识的“未遂概念”，在不同国家的刑法学中是存在区别的。德国刑法的不能未遂，在德国刑法教义学知识语境中，是属于未遂的；然而，日本刑法中的不能犯，在日本刑法教义学知识语境中，是不属于未遂的。从横向比较来看，二者未遂的概念都有所不同。我们既不能简单地采用“不能未遂”概念而否定不能犯概念，完全将德国刑法教义学知识中的未遂概念照搬于我国刑法学，也不能对日本刑法学中的不能犯概念采用相同的做法，否则就有“误将他国立法者的刑事政策选择未经筛选而直接套用我国刑法解释学”的重大理论危险。

应当指出，我国刑法学者在此已经产生了不同的观点。张志钢博士曾经形象地描述了我国刑法学中关于不能未遂问题的术语选用的有趣现象：“在继受苏俄、德、日刑法理论的同时，我国刑法学中就难免会同时出现不能犯未遂、可能未遂与不能犯的称谓。不过随着问题讨论的增多，对于以上几个术语也越来越不加区分地使用。在刑法文献中经常出现的表述是不能犯，也称不能未遂，即不能犯未遂或者不能未遂犯，等等。不过，我们大体上可以从术语上判断论者所师从的理论资源，选用哪一个词汇也往往对于该问题的处理具有着强烈的暗示性。因而，术语的选用也或多或少代表着立场的表达。”〔1〕

〔1〕 参见张志钢：《论不能未遂的可罚性》，北京大学2015年博士学位论文，第6～7页。

本书认为,还原概念的教义学属性,而排除概念中的各国不同刑事政策价值要素后,不能未遂与不能犯是同一个概念,在社会生活、现实中指代的是同一个现象,即行为由于方法、对象或者身份的不适当而不能既遂所形成的未完成犯罪的行为。在此问题上,我国刑法学者主张事实危险论者一般采取不能犯的概念,且将不能犯的概念等同于不可罚行为,不能犯不是未遂犯。对于这种立场,首先应当肯定其在理论内部是自洽的、妥当的,符合其对未遂可罚根据的理解,也符合其不法的概念和构造。然而,也应当指出,在我国刑法立法者尚未对不能未遂的概念与可罚性给出刑事政策的决定以前,学理上必然存在关于不能未遂的各种不同理论,在理论的较量和对话之间,不能未遂的概念具有开放性,是从法律规制的现象角度而言,对于不能未遂的可罚性,既可以仿照德国立法者的安排采取全部承认的观点;也可以采取从中"一刀切",即一部分不能未遂可罚、一部分不能未遂不可罚的观点;也可以采取如事实危险论者那般全部否定可罚性的见解。然而,不能犯的概念是封闭性的,只要接受事实危险论的不能犯概念,就会被强制性地先肯定其刑事政策决定,然而,这不符合学说对话的一般方式,不利于针对教义学上的不能未遂现象,探讨和商定其可罚性、划定可罚性界限的学术对话。

第三节　事实危险论的结构

一、行为人的主观认识被完全排除在危险判断结构之外

在危险的判断结构上,事实危险论的立场是较为极端的立场,即所有的属于行为人内部的主观要素都不是危险判断的基础。

事实危险论认为不法的要素只能是客观的或者至多例外性地承认主观违法要素,因而构成要件是违法行为类型或者违法有责行为类型。对于前者,构成要件既然是违法行为类型,那么就是一种客观上的行为类型,是从客观视角下根据刑法(保护法益的刑罚法规)出发能够对行为是否实质上具有违法性进行的判断,因此这种判断的过程不可能也不需要借助于行为人的犯罪计划、犯罪故意、犯罪设想等主观要素来加以判断。

否则,其一,会违背违法性的客观性原理,导致违法的主观化从而使犯罪成立的基准过于提前;其二,会导致违法性判断的不明确,根据客观的标准进行观察和判断总是比根据行为人的主观要素进行的判断更为明确。对于后者,属于行为人主观方面的构成要件故意并非是不法成立判断的基础,而是推定行为人对其所实施的危害社会的行为具有责任的要素。[1] 因此,构成要件故意对于行为人客观上是否对法益制造了具体的危险,是首先需要判断的要素,只有在这一判断成立时,才能进一步判断行为人的犯罪认识、犯罪故意是否具有可责难性,而责任判断是后续的判断。

事实危险论支持者大多支持将行为人的犯罪计划、犯罪设想排除在未遂可罚性的危险判断之外。例如,中山研一认为,未遂的故意及其他主观内容不是主观的违法要素,只能根据行为及其外部情况判断是否具有法益侵害的可能性(判断资料只能是客观事实),在进行危险判断的时候,对于作为判断资料的事实也不能进行抽象化(一旦肯定事实选择上的抽象化,就不得不纳入了主观要素),危险判断的基准是在考虑事后情况的基础上判断行为时的危险程度,当所实施的行为在任何情况下都不会引起构成要件的结果时,就是绝对不能未遂,即不能犯,不具有可罚性,当行为自身符合实现结果的目的,只是在具体情况下没有发生结果时,属于相对不能未遂,成立未遂犯,具有可罚性。[2]

因此,在事实危险论看来,行为人犯罪计划是否危险并不重要,即便是能够合乎科学法则导致犯罪结果的犯罪计划,也不必然是可罚的。只有在这种犯罪计划的实施在具体情形中虽然不能够导致犯罪结果发生,但已经引起了具体的现实危险的情况下,才能作为未遂进行处罚。

二、事实危险在形式上使可罚范围过小

如果以事实危险的概念作为出发点限制未遂的可罚性范围,就只能在行为引起现实上的法益侵害危险发生时,才能肯定未遂的成立。然而,

---

〔1〕 参见张明楷:《行为无价值论与结果无价值论》,北京大学出版社 2011 年版,第 65 页。

〔2〕 [日]中山研一:《口述刑法总论》,成文堂 1977 年版,第 384 页、第 387 页。转引自张明楷:《未遂犯论》,成文堂、法律出版社 1997 年版,第 252～253 页。

在形式上这使未遂犯的可罚范围过小。

按照事实危险说的判断方法,对于危险应当根据事后查明的客观事实,根据科学的因果法则判断行为是否具有引起结果的危险。行为按照行为人的犯罪计划来说是危险的,或者按照一般人的观念来看是危险的,都不足以为可罚未遂行为奠定基础,而是应当引起了脱离行为的、对于客观犯罪对象有效的因果力。

就此而言,客观危险说的判断构造与因果性的判断构造在本质上是完全一致的,客观危险的概念实质上就是具体个案中具体行为针对法益的因果倾向性。[1]

然而,在因果性的观念上,客观危险说的立场不是条件说,因为那样会使所有为结果创造了条件的客观行为都被视为是具有危险的,从而过低地限定了危险的内容,过大地承认了未遂的范围。另外,客观危险说的立场也不是相当因果关系说,按照相当因果关系说,在行为为结果的发生创造了条件时,如果按照经验法则来看行为对于结果的诱发具有相当性时,则肯定行为具有对结果的刑法上的原因力。据此,按照相当因果关系说进行判断时,应当以因果法则作为原因力、"因果倾向性"的判断依据。因而在未遂犯的场合,行为虽然没有引起结果发生,但是按照社会经验法则和一般人判断能够肯定行为具有引起结果的危险性,就应当肯定行为引起了可罚未遂的危险。但是,客观危险说否定了一般人判断、社会经验法则的作用,而是以科学法则进行判断,行为如果在事理上能够引起结果发生,只是由于偶然而并未引起的,就应当作为未遂处罚。由此可见,事实危险论在所有为"想象的结果"提供条件关系的条件中,选择"有效条件"作为建构危险的唯一标准。如果该条件对于结果诱发来说是"有效的",那么就肯定行为引起了客观现实的危险,从而作为未遂犯处罚。如果行为对于结果诱发来说是无效的,那么就应当属于不可罚的不能未遂。

由此可见,在条件关系中,将有效条件作为结果的原因的观念(虽然

---

〔1〕 参见[日]宗冈嗣郎:《客观未遂论的基本构造》,成文堂1996年版,第299页。转引自郑军男:《不能未遂犯研究》,中国检察出版社2005年版,第280页。

一般是既遂的场合才会涉及的内容,但在未遂的概念中同样也可以对观念中的结果诱发可能性作同样的理解),是客观危险说判断危险概念的基础。然而,该说在两个问题点上存在疑问,使该说不得不作一定的缓和。首先,是在“想象的结果”的设定上,只能有两种方法,要么从行为人主观层面的犯罪设想出发,行为人计划的犯罪结果是什么,就作为判断行为与想象的结果之间是否存在因果倾向性的向导,然而,客观危险说否认行为人主观要素在未遂可罚性标准中的作用,因此纯粹客观的危险概念不能将行为人的犯罪计划作为出发点。其次,对于行为是不是“有效条件”的判断,科学法则并不总是能够清晰无误地给出判断,在科学法则、科学鉴定无法有效应对的因果类型(必须承认因果关系的学说本身就是针对层出不穷、应接不暇的各类新型因果类型,科学法则对此有时也难以说明)中,对于有效条件——客观危险的证明,有陷入存疑的可能,然而根据存疑有利于被告人的法则,那么就不得不肯定那些现今的科学法则尚不能明确说明其中逻辑关联的行为因果关系,都应当进行存疑有利于被告人的选择,从而几乎不能承认未遂的成立。因此,在形式所确定的过小的未遂犯成立范围上,客观危险说不得不对事实危险概念进行一定的缓和。

三、事实危险论通过“假定或舍弃事实”扩大成立范围

由于事实危险论所判断的危险,是对作为条件的行为对于“想象的结果”来说是否属于“有效条件”进行的判断,因而过小地限制了未遂的成立范围。因而,在学说上现在较为流行的事实危险说,都主张对客观事实进行一定的抽象。日本刑法学者山口厚、前田雅英、曾根威彦、内田文昭、名和铁郎等学者都主张对客观危险的概念进行一定的修正。在修正方案上存在这几种类型:

第一,在事实选取上做文章。这种方案认为,纯粹的事实危险概念,过小地确立了未遂犯的成立范围,因而应当通过对事实进行一定的修正作危险的客观判断。例如,山口厚教授主张假定事实盖然性说,即在特定案例中,行为在客观上没有引起结果,此时设想结果发生,那么根据科学的因果法则对于想象的结果发生需要什么样的条件,该条件就是假定事实,如果假定事实可能存在,就意味着结果在事实上可能发生,从而成立

事实危险。如果假定事实不可能存在,就意味着行为根本不可能引起结果发生,因而应当作为不能犯。[1] 所以在判断的资料上,山口厚教授不仅肯定了既存的行为事实,还使用假定事实作为危险概念的基础。从结构上来看,山口厚教授的方案实际上是以假定事实是否有效作为判断标准,如果假定事实很可能存在,那么行为就是有效条件。例如,行为人抢夺警察佩带的枪支枪击警察,但偶然由于警察并未安装子弹而未得逞。在该案中,按照山口厚教授的逻辑,应当首先确定假定事实——"警察手枪中安装子弹",由于该事实存在的可能性较大(警察一般是佩带枪支的),因而应当作为有事实的危险行为处罚。然而,这里所谓的假定事实"警察手枪中安装子弹",究竟是不是科学法则进行确定的,还是一般社会观念、经验法则来加以确定的,山口厚教授的理论无法清晰地说明。笔者认为,在大多数情况下,假定事实的选取都是按照社会经验法则进行的,而不是按照科学法则,所以在山口厚教授的理论中,对于客观事实危险概念的修正,实际上是采用了"相当性"的观念。再如,前田雅英教授认为在危险判断时,没有必要连细微的具体情况也考虑,对客观的事实有必要进行某种程度的抽象化,对于危险的判断不是以神的眼光进行判断,而是以人的眼光进行判断,所以结果的发生要以概率的形式来表现,结果的发生才成为可能,不至于所有未遂犯都成为不能犯。[2] 在"从警察手中夺过手枪后开枪射击"的案件中,即使手枪中没有子弹,也成立未遂犯,因为这种案件中未遂犯的危险性是"从警察手中夺过手枪后扣动扳机射出子弹的概率",以行为时为基准进行一定的抽象化,就会肯定该行为的危险性。比较而言,对于本案,山口厚教授是以替代事实——"警察手枪中安装了子弹"的概率来表示行为是否具有的事实危险,而前田雅英教授则是舍弃该事实,进行抽象的判断。虽然二者对于事实的处理方法不同,前者以假定事实替代现存事实——用"警察手枪安装了子弹"替代"实际上并未安装子弹",后者则是直接舍弃"警察手枪中没有安装子弹",因而在逻辑上是一致的,都是以社会相当性法则对客观现存事

---

〔1〕 参见[日]山口厚:《刑法总论》,付立庆译,中国人民大学出版社2011年版,第279页。

〔2〕 参见[日]前田雅英:《刑法总论讲义》,东京大学出版会1994年版,第208~201页。转引自张明楷:《未遂犯论》,成文堂、法律出版社1997年版,第269页。

实进行的修正。

第二,在判断基准上做文章。不同于对事实的修正,另一部分事实危险论的学者认为应当根据现存客观事实,在不对事实进行筛选和抽象的情况下,不是按照纯粹的科学法则,而是按照一般人的经验法则或者一般人的危险感作为判断基准,从而认定危险是否成立。[1] 例如,曾根威彦认为危险概念本来就含有某种价值的要素,危险性的判断自身就不得不带有价值的、评价的性质,将危险视为纯粹的科学法则的物理判断是不适当的。[2] 但是,这样的话所谓的事实危险说就不再是纯粹的事实危险说,而是在一定程度上往具体危险说方向进行的修正。危险性不再是客观事实的危险性,而是社会相当性意义上的危险性,或者一般人按照经验法则感知的危险性。笔者认为,对于判断基准进行修正的方案有放弃事实危险说的基本立场的嫌疑。

因此,无论是采取修正危险判断事实范围的方案,还是修正危险判断基准的方案,在方向上都不得不肯定事实危险说对于危险认定的范围过于狭小,从而使得未遂犯的成立范围过小。修正的事实危险说在意图上则是扩大危险概念的成立范围。

第四节　事实危险论的疑问

笔者认为,事实危险论在判断结构、判断立场上存在若干疑问:

一、未遂犯中事实危险的概念能否成立的问题

在事实危险论一开始被提出时,其理论基础是条件说,因而受到了主观未遂论的批判。根据条件说,所有的作为结果发生必备要素的条件都是刑法上的原因。因此,如果引起了结果发生,按照“若无前者即无后者”

---

〔1〕 参见[日]内田文昭:《刑法Ⅰ(总论)》,青林书院新社1997年版,第253~254页。转引自张明楷:《未遂犯论》,成文堂、法律出版社1997年版,第274页。

〔2〕 参见[日]曾根威彦:《刑法总论》,弘文堂1993年版,第239页。转引自张明楷:《未遂犯论》,成文堂、法律出版社1997年版,第272页。

的条件关系进行判断，行为与结果之间存在这种关系，就能够将行为作为条件，从而也是刑法上的值得处罚的原因来对待。然而，如果结果没有发生，也就意味着行为不是结果发生的条件，从客观的层面无法说明行为具有可罚性的性质，使理论转而走向了主观未遂理论。就此而言，在条件说、机械因果理论的背景下，的确难以在事实层面肯定危险概念的成立。例如，冯·布理论证主观未遂可罚标准的时候，其根据就是，在条件说的立场上难以肯定事实危险概念的成立。特定的作为对于作为目的的结果而言，只存在两种关系，或者引起结果的发生，或者不能引起结果的发生，即是原因或者不是原因，并不存在或多或少的因果关系，如果将未遂求之于客观的、事实的因果关系的话，由于未遂是没有发生结果，那么未遂概念本身就会消亡。实际上，在不能未遂的场合，行为可能是结果发生的条件，但是由于缺少其他行为人以外的条件，使结果不可能发生。然而，不能由结果并未发生，就认为行为是条件的推论有问题，如果对于结果 y（警察被枪杀死亡）的发生而言存在 x_1（行为人抢夺警察枪支并作为射击工具）、x_2（存在活着的人——警察）、x_3（枪支具有杀伤力）、x_4（枪支中已经安装子弹）等若干条件，由于偶然警察并未安装子弹是空枪而不可能杀死他人，就会导致 x_4 这一条件并不具备。根据冯·布理的理论，由于 x_4 不具备，y 结果不可能发生，这导致 x_3 也被否认为条件。其理论根据在于，某一结果没有发生，那么就不存在任何结果发生的必要条件。但是，这样的推论是错误的，行为虽然不是结果发生的充分条件，但是有可能在客观上充当了结果发生的必要条件，因此有可能为可罚性奠定基础。所以，应当说在那个时代，由于对因果关系理论广泛采用条件说，导致客观上的事实危险概念难以成立。在这个基础上，相当因果理论的产生为危险概念的成立提供了理论动力。根据因果关系理论，只有作为条件的行为按照一般人的生活经验法则具有引起结果的相当性时，才能是结果的刑法上的原因，因此即便对于没有实现的想象中的结果，行为的实施也可能被经验法则确定为可能的相当性的可能原因——结果的危险。

然而，事实危险的概念在相当因果关系说的基础上也难以维系其合理性。因为按照相当因果关系说，结果的概念是实在的相当性，而危险的概念则只能是盖然的相当性。因此，如果承认危险概念，也只能承认具有盖然相当性意义上的危险，对此也只能按照社会经验法则，进行一般人想象的相当性的确认判断，这个意义上的判断必然不是完全符合科学法则的，在范围上也必然不同于按照科学法则进行判断时所确立的事实危险。因此，承认相当因果关系对于未遂可罚性危险判断的意义，就必须以相当性的观念对事实进行抽象，按照一般人、社会经验法则判断行为是否是一种引起结果具有相当性的危险，这是与事实危险说的观念冲突的。

就此而言，事实危险说在未遂的危险上，必须承认一种不同于条件关系、相当因果关系的新的理论，即有效条件说。只有行为是作为引起结果发生的在科学法则意义上的有效条件时，才能肯定行为引起了结果发生的危险。但是，所谓有效条件说的学说本身，也无法脱离因果法则来进行判断。例如，对于空枪杀人案，枪支没有安装子弹的事实，并非按照科学法则可以设想的唯一需要假定存在的事实，而是经过经验法则才确定的事实，行为人使用枪支，按照社会经验法则都是通过击发弹药发射子弹击杀被害人的，而不是使用枪支锤打被害人头部使其死亡。但是，按照有效条件说，如果不将空枪作为射击武器，而是钝器击打被害人头部，那么也是可以合乎科学法则地导致结果发生的。因而，为何不是"锤打被害人致死"的事实危险性、而是"枪击被害人致死"的事实危险性，就说明了事实危险说在判断时早已预定了经验法则作为判断行为危险的基础。

因此，笔者认为，事实危险的概念不是绝对无条件的成立，但只能在相对意义上承认，即在社会经验法则的意义上承认事实危险的存在。可是这样一来，就会使事实危险说蜕变为脱离科学法则的非事实危险概念。因此，笔者认为事实危险说中的事实危险概念，在刑法意义上难以成立。

二、事实危险概念不具有规范性

事实危险概念，不仅在刑法上难以成立，即便能够相对地肯定其成立，也不得不承认这一概念不能承载任何价值功能，而只是一种不具有解释力的无用的概念，实际上仍然依赖于判断者是否希望某一"事实危险"的存在。

应当指出，对于行为是否属于可罚的未遂的危险判断，实质上是对行为的正犯性进行的判断，即行为是否属于构成要件的实行行为。而对实行行为是否存在的判断,由于构成要件的基本目的就是保护法益,因而就是判断行为是否支配、控制了法益的恶化可能性。在这个意义上,未遂可罚性客观条件的危险,必须是就法益而言的,法益侵害可能性的危险,仅仅依赖事实进行判断,但不以法益的类型、属性进行观念上的指导,是难以成立的。

即便在既遂犯的场合,所谓结果也不是事实上的某种外在世界的变化,而应当根据构成要件的规范保护目的,限定为实现法律不允许的危险,否则结果便不能在客观上视为行为人创造的作品。因此,在未遂犯的场合,同样也必须承认危险概念具有规范性,是充斥了法的价值判断的价值状况,而非事实状况。例如,在抢夺执勤警察空枪而对其射击并不能得逞的案例中,如果按照科学法则认定事实危险概念,是难以承认存在这种科学法则上的结果发生可能性的,没有安装子弹的枪支的确是绝对不可能造成死亡结果的。此时,具体危险说主张引入社会一般人判断,修正的客观危险说主张舍弃细微的事实(没有安装子弹的事实),从而来肯定危险的成立。就此而言,具体危险说是以社会一般人这种规范的价值要素作为补充的,而修正的客观危险说虽然在为何要进行舍弃细微事实这一点上不明确,但是其用意显然也是为了进行危险认定的规范化而对事实范围进行修正的。笔者认为,在该案中,事实上空枪不能杀人的状况,虽然在事实层面没有按照科学法则射杀被害人的能力,但是毋宁应当认为,在某个社会警察的枪支在警用枪支管理规范上是应当安装子弹的,在社会现实上一般的其他警察(而非个案中偶然没安装子弹的警察)也都在践行这一警用枪支管理规范,也都是在枪支中安装了子弹的。所以,规范确认的并在社会现实中存在的这一内容,就对生命法益形成了一种危险,因为这一"夺枪射杀警察"的行为,经过规范现实与社会现实的保障,已经能够对生命法益造成一种规范的危险。当然,如果在某一国家,警用枪支管理规范要求枪支不安装实弹,而只是使人暂时丧失行动能力的特殊子弹,且现实中警察按照规范都必须这样做的情况下,规范与现实的双重考虑,都会在"夺枪射杀警察"的行为中否定生命法益受到的规范危险。然而,在事实危险论的场合,这种规范目的就被忽略了,无论子弹是能够致死还是不能致死,只要没有安装子弹,都难以肯定行为具有事实的危险性。

三、事实危险论对未遂的处罚范围过小

经陈家林博士分析,事实危险说的出发点是限制刑罚权,最大限度地保障国民自由,然而却过度地限制了未遂犯的处罚范围,与国民的法感情不相一致,只有社会治安稳定、犯罪率处于较低水准的日本刑法学界才较为欢迎事实危险理论。[1]

笔者认为,事实危险论的确使对未遂犯的处罚范围过小,在结论上恐怕难以为社会一般人所接纳。在传统的事实危险概念上,许多由于方法不当、对象的意外状况而不能得逞的行为,都会被出罪。例如,以杀人的意思往被害人的血管中注射200ml空气,然而在科学法则上虽然200ml不是确定地能够引起死亡,在300ml时才必然引起被害人死亡,此时传统的事实危险说否认行为的危险性,而认为应当出罪。在修正的客观危险说看来,此时应当认为,被害人的个别身体体质等情况也会在一定程度上影响结果发生的可能性,应当认为200ml对于身体虚弱的被害人,也有事实上的结果发生可能性。或有学者认为,应当把该行为抽象为“往他人血管注射空气”,从而能够肯定行为具有危险性,应当作为未遂进行处罚。由此可见,客观危险观念,正是由于过小地限制了未遂的成立范围,所以若干学者都主张对事实进行抽象、或者舍弃部分细微事实,或者干脆不按照科学法则进行判断,而是按照社会一般人的危险感、社会经验法则进行一般人判断来确认危险的成立,从而对于未遂犯的成立范围进行一定程度的扩大方向的修正。然而,一方面为何要这样进行修正,修正后未遂犯成立的边界在哪里?该学说都不明确。

四、未遂处罚界限的模糊

由此可见,该说为了避免对于未遂犯成立范围过小的弊端,主张对事实危险的判断资料、判断标准进行修正,或者对事实进行一定的舍弃、抽象化处理,或者将判断标准改为按照一般人判断来确认危险是否存在。

但是,这种修正方法使未遂处罚界限变得模糊。

---

〔1〕 参见陈家林:《不能犯初论》,中国人民公安大学出版社2005年版,第222页。

首先,对于事实进行怎样程度的抽象?哪些事实属于细微的事实?为何要进行舍弃?这些疑问事实危险论均难以回应。例如,张明楷教授认为"通常向他人静脉注射300ml空气会致人死亡,行为人只注射了200ml空气,对于这一行为,如果抽象为'向他人静脉注射空气',那么这种行为就具有导致死亡的危险性,成立故意杀人罪未遂"。[1] 然而,将注射空气的数量要素进行舍弃的原因是什么?该说难以给出妥当的结论。即便按照前田雅英教授所说的"对于危险的判断不是按照神的眼光、而是按照人的眼光进行判断",恐怕也难以说明舍弃这些对于危险判断至关重要的决定性要素进行舍弃的基础。笔者认为,这种舍弃本身就说明了事实危险论的弊端,其过小地限制了未遂犯的成立范围,从而使一部分具有处罚必要性的行为,无法肯定其事实危险的成立,此时为了保持法感情上的妥当性,又不得不对事实危险的概念进行修正。陈家林博士指出,抽象性的程度问题,在事实危险说的学说中占有最重要的地位,然而,对于这一问题事实危险论者都没有给出明确的回答,因此这种学说会带来适用上的恣意性。[2]

另外,事实危险说试图在判断基准上进行修正,即引入一般人判断的标准,对于行为时存在的全部客观事实,如果一般人认为存在危险的,那么就肯定行为成立事实的危险。然而,一方面,这种修正的方法使所判断的危险概念不再是事实危险,而是一般人认为危险,从而沦为一种社会经验法则判断的危险。另一方面,一般人的判断,其立场脱离法的约束,往往是极为模糊的,其结论依赖于判断者的立场。判断者认为行为危险,那么通常就会论证一般人也会如此判断。由此可见,事实危险论的学说,若不修正则使较为绝对的客观危险概念无从判断,若进行修正则会使得稍微相对的危险概念变得极为模糊。

---

[1] 参见张明楷:《刑法的基本立场》,中国法制出版社2002年版,第247页。

[2] 参见陈家林:《不能犯初论》,中国人民公安大学出版社2005年版,第222页。

第六章　具体危险说及其批判

第一节　具体危险说概述

具体危险说又称为新危险说，该说是将旧客观性理论中的"客观开始构成要件的实现"与客观归责的理论进行结合，并且认为重点是有意识实现的危险，在结论上，只有具有危险的法益侵害才能成立未遂。[1] 在具体危险说的适用方法上，如对于工具不能犯来说，在如果行为人以为手枪中有子弹而故意开枪，实际上手枪中没有子弹的场合，就要根据一般人是否感到危险作出判断。[2] 在基本观点上，具体危险说认为应当如此判断危险，即以行为当时行为人特别认识到的事实以及一般人可能认识到的事实为基准，从客观的见地，作为事后预测，判断有无发生结果的危险，如果判断存在具体的危险，则成立未遂犯，如果判断不存在具体的危险，则属

---

〔1〕 Gerhard Timpe, Untauglicher Versuch und Wahndelikte? ZStW 2014(125), 755, 757；[日]大塚仁：《刑法概说(总论)》，冯军译，中国人民大学出版社2003年版，第228页。

〔2〕 参见赵秉志：《犯罪未遂形态研究》，中国人民大学出版社2008年版，第182页。

于不能犯。[1] 在日本刑法学中,具体危险说是通说,平野龙一、福田平、大塚仁、大谷实、西原春夫、香川达夫、川端博、野村稔等学者采取具体危险说的立场。在德国刑法学中,李斯特、希普尔、希尔施、金德霍伊泽尔、魏根特、齐尚(Zieschang)等学者赞同新危险性理论,强调应当连接客观归责理论来解释未遂不法中可罚性的标准。在我国刑法学上,赵秉志、周光权、郑军男、郑泽善等学者赞同具体危险说的观点,认为从一般人的立场来判断行为的客观危险性的具体危险说是妥当的,不能犯中的危险性,必须根据行为人特别认识到的事实与一般人能够认识到的事实为基础,以行为时为基准,从一般人的立场出发,如果一般人能够认为具有发生构成要件结果的现实的具体的危险,那么行为成立未遂犯,否则就应当作为不能犯处理。[2]

具体危险说的思想基础是客观的未遂理论,认为未遂的可罚基础是行为人的行为所创造的客观不法,该客观不法不取决于行为人的主观犯罪意思、犯罪计划或者犯罪故意,而取决于一种客观的一般人看来的具体危险性。这种理论的思想渊源可以回溯到旧客观理论的立场,即认为一种没有造成结果的行为是否可罚,其理由不是因为行为人的坏的想法,否则便混淆了道德责难与违法性的判断。应当以行为的客观的违法作为行为可罚性的基础,在此基础上未遂的可罚性是由于该行为的客观上的法益侵害危险性。然而,在机械因果理论、条件说盛行的时代,纯粹意义上的客观法益侵害危险性在教义学上难以进行有效的、实际的判断。对此,虽然米特迈尔试图通过区分绝对不能、相对不能,在不能未遂的情况中更加细致地进行类型化区分,从而在概念上使得那种基于条件说的危险概念更加实在,但是这种尝试在主观未遂论的批判下显得捉襟见肘。另外,后来所发展的构成要件欠缺理论试图从刑法分则的刑罚法规、罪状、构成要件等对不能未遂的概念进行形式的限定与判断,但这一理论在条件说的理论基础上也难以为不能未遂的可罚性给出妥当的、广为接受的客观限制标准。与此相比,主观未遂理论却通过对旧客观理论的具体判断方

[1] 参见张明楷:《未遂犯研究》,成文堂、法律出版社1997年版,第234页。
[2] 参见赵秉志:《犯罪未遂形态研究》,中国人民大学出版社2008年版,第193页。

法的批判,增进了主观未遂理论基本立场的进一步发展,使立法者、司法实务都广泛接受了主观未遂的理论基础与思维方法。在这一大背景下,条件说“一统江山”时代的终结,相当因果关系理论的旭日东升,都为一种新的危险理论的出现提供了重要的契机。对此,德国刑法学者亨克尔指出:“全部这个理论的基础是冯·布理的纯粹机械因果理论并且在犯罪中这一基础恰好不是坚如磐石的,其合理性必须被证明;因果理论的说明与批判在此是批判主观危险理论、建构合理的客观定义的危险概念构造的前提;对此特别是相当因果理论由于其对于客观危险概念的基础性意义而可以被不太狭隘的应用。”[1]

从结论的合理性来看,根据具体危险说的标准对未遂成立范围的判断与限定,比主观未遂论、计划危险论、印象理论更为限缩,因而避免了“过度扩大未遂犯的处罚范围”的批判,在成立的判断上又比事实危险论的立场更广泛地承认未遂犯的成立范围,因此似乎又“能够妥当地实现法益保护的目的”,这使具体危险说的理论在刑法理论上较为流行。从理论的性质上,可以说具体危险说似乎更“接地气”。例如,周光权教授指出:“在危险判断上,没有绝对的、纯粹的客观危险,危险概念中含有主观要素;区分不能犯与未遂犯,是为了提示行为本身不值一提,而不是为了检验结果发生的概率高低;不能犯的行为人同时有事实偏差和经验知识上的错误,但其对事实是否有错误并不是关键,经验知识的欠缺才是重要的,某种行为即便从外观上看有一些危险性,但是行为人在经验知识上严重欠缺的,也只能成立不能犯;对某些刑法难以容忍,并必须禁止其他人仿效的行为,认定其行为具有危险并加以处罚,以确定国民行为举止的底线规范,乃是刑法的天职,将不能犯的范围过于扩大,和中国转型社会、风险社会的现实并不相契合。”[2]

笔者认为,有必要检讨具体危险说的理论基础、判断构造,并在此基础上反思具体危险说是否是妥当、精致且实用的不能未遂可罚性限定理论。

---

〔1〕 Vgl. Henckel, Das Gefahrbegriff im Strafrecht, S. 5.

〔2〕 周光权:《区分不能犯和未遂犯的三个维度》,载《清华法学》2011 年第 4 期。

第二节 具体危险说的理论基础

一、具体危险说的基本立场是综合未遂论

具体危险说论者一般认为其未遂立场是客观未遂论。对此,陈璇教授认为,立足于主观未遂论立场上的计划危险说、印象说都存在不可调和的理论弊端,且与世界刑法发展的基本趋势不相符合,应当毫不动摇地从客观法益侵害危险中去寻找未遂犯的处罚根据,并且,法益侵害的危险的判断,应当以行为时存在的所有客观事实为资料,并站在行为当时社会一般人的立场来加以判断。[1] 就此而言,该说在判断法益侵害危险时,在事实资料上为了避免主观要素的影响,只以行为时存在的所有客观事实为资料进行判断,在一定程度上已经偏离了具体危险说的构造,接近规范危险说,即完全以客观归责可能性的观念和规范的法益侵害危险判断作为指导思想,在这个意义上似乎更加接近客观未遂论的立场。

但是具体危险论者则不同于此,而是以综合未遂论作为理论的基本立场的。例如,福田平认为,"行为是否具有实现构成要件的可能性(危险性)是行为是否符合构成要件的问题,因此作为主客观统一体的行为,是否具有构成要件的定型性,换言之是否具有实行行为的定型性,应当以行为的具体状况为基础,从社会的一般见地进行判断,而不是仅根据行为人认识到的事情来决定……根据处于行为时的一般人的判断来决定有无结果发生的危险性的具体危险说,才是正当的"。[2] 因此,在具体危险说看来,行为的结构是主客观的统一体,对于行为在社会一般人看来是否具有危险性,当然不能脱离行为人的主观要素,应当将行为人的特别认识作为判断危险的资料基础,否则便不可能得出妥当的危险判断结论。

首先,作为判断对象的行为人的行为本身是主观要素和客观要素的统一体,因此具体危险说认为未遂不法在判断对象上表现为主客观统一

[1] 参见陈璇:《客观的未遂犯处罚根据论之提倡》,载《法学研究》2011 年第 2 期。

[2] 参见[日]福田平:《刑法总论》,有斐阁 1984 年全订版,第 222 ~ 223 页。转引自张明楷:《未遂犯论》,成文堂、法律出版社 1997 年版,第 235 页。

的综合行为论。首先,行为包含客观的要素,一般人能够认识的事实,显然是具体危险判断所依赖的客观性要素事实。例如,行为人用刀刺杀被害人,但实际上被害人早已死亡,一般人都能够知道所谓的“被害人”不过是一具尸体。或者,行为人对着被子下的被害人猛刺,但一般人都能够发现被子下并没有被害人。应当根据客观的一般人能够认识到的事实作为判断危险的客观性要素。在此,行为人对此产生的错误认识属于主观事实,但为了保障具体危险说的客观性,该说并未将该错误的主观事实纳入判断危险的事实基础中。其次,具体危险说认为行为还包含主观的要素,即社会一般人不能认识到的而行为人所特别认识到的事实。例如,社会一般人可能认为在森林中前方黑色移动的物体是一头熊,而行为人特别知道该物体是早上从家出门的仇人某甲,而予以射击的,如果没有发生死亡结果,就应当肯定行为人所特别认识到的“该物体是某家”的事实,也是未遂判断的要素。由此可见,在具体危险说中,对于行为人的主观事实进行了一定的限定。首先,整个犯罪计划、犯罪故意对于具体危险判断来说并非全部都具有重要性,而只有行为人对于事实的认识,且符合客观事实上的那一部分情况,能够作为危险判断的资料。如果行为人主观上认识到某种事实,但该认识与客观现实存在矛盾,则其不能作为判断危险的资料,而应当以一般人能够认识的客观事实替代。此外,客观上存在,但行为人没有特别认识到的事实,也不被纳入危险判断中。例如,社会一般人都不知道被害人患有糖尿病,且行为人也不知道该事实,那么行为人误将白糖当作砒霜给被害人食用,虽然确实被害人如果服用了过量白糖会有生命危险,但是按照具体危险说来说,也不认为具有危险性。由此可见,具体危险说所判断的行为,是一种根据主观、客观要素共同作用后类型化了的事实,而非完全从客观现实中选择的真切的构成事实。如果行为人本欲以砒霜投毒杀害患有糖尿病的被害人,但偶然错误给被害人投放了白糖,被害人恰巧将饮品打翻而未服用的情况,一般人与行为人都不知道被害人患有糖尿病。尽管在事实上可以认为存在一种“患有糖尿病的被害人如果服用了这一饮品就会因糖分在体内的作用而存在生命危险”,但是这种危险却不能归属于行为人“认识到砒霜可以杀人并以砒霜杀人”的类型化的故意杀人行为。在结论上,具体危险说认为这种情况下根本不存在危险。

其次,具体危险说认为未遂行为不法既具有结果无价值的属性,也具有行为无价值的属性,因而不得不将行为人的主观认识要素纳入行为是否建构未遂不法的判断中。因此,具体危险说的主张者一般强调刑法是行为规范,是就有关行为对国民发布的命令与禁令,因此只要是具有类型的危险性的行为,就应该认为具有修正构成要件的符合性,一般人在行为时看法中认为的行为的危险性,才是刑法处罚未遂行为的关键要素。[1]例如,李斯特认为,未遂的本质,主观上存在于故意之中,客观上则存在于结果发生的可能性之中,在判断时,不能对行为进行任意的一般化,而应将附随的所有情况都考虑进去,因而是具体的危险性;另外,这种判断作为事后预测的判断者本人应当回到实行行为的起点,考虑一般人能够认识的情况以及行为人特别知道的情况,做根据事前判断的事后预测。[2]

实际上,具体危险说认为,未遂既是一种客观行为类型,也是一种主观行为类型。能够成立危险的未遂行为,是一种在具体事实条件中产生的危险性。对于未遂不法的成立来说,必要的内容包括主观要素、客观要素两部分内容。在主观要素中,行为人的特别认识是必备要素。

二、具体危险说采取相当因果关系说

应当指出,具体危险说或者与客观归责理论相互结合,或者直接承认是基于相当因果关系中行为引起结果的符合经验法则性(即相当性)才是危险概念的内容和实质。但无论如何,具体危险说对于危险概念的界定,都是以相当因果关系理论作为理论基础的。

据我国刑法学者陈家林考察,李斯特的具体危险说存在逻辑上的弊端,即以条件说来论证具体危险概念,行为是否给客体造成危险的问题,是以客体的存在为前提条件的,关于存在客体的问题应当在关于客体的危险性问题之前作出肯定的回答,而李斯特忽视了此点,并且偏离了具体

---

〔1〕 参见张明楷:《未遂犯论》,成文堂、法律出版社 1997 年版,第 236 页。

〔2〕 参见陈家林:《不能犯初论》,中国人民公安大学出版社 2005 年版,第 24 页。

危险说的概念,以取决于一般人、法官的主观态度的存在同一客体关系的可能性概念来替代实际存在的客体,有可能实质上偷梁换柱采取了主观未遂论,究其原因,德国学者认为是由于采用了条件说,因而不得不在解释上花费一定的工夫,如果又要肯定某些的确不符合条件说基础上危险概念的情况具有危险,因此只能实际上偏离具体危险说,采用主观未遂说。[1]

科里古斯曼以相当因果关系说重构了具体危险说。他认为,在既遂中需要行为与结果之间存在相当因果关系,即行为与结果之间存在预测可能性的关系,而未遂的场合相对地,需要的是行为与设想的结果之间必须存在推测的可能性的关系,从事后来看,未遂的场合行为没有引起结果发生往往是必然的,但在意思活动的时间点,则还能够进行区分;不能犯不发生结果在着手时间点就能够预测为必然的,而其他的未遂犯在行为时就能够按照经验法则预测为可能的。[2] 因此,该学者认为,在未遂的成立上刑法所关注的危险,是一种社会经验法则意义上的预测性的结果发生可能性,只要在行为的时点,结合客观存在的一般人能够认识的事实、行为人特别认识的事实,某种类型化的结果发生相当性如果存在,就意味着行为引起了具体危险,应当作为未遂进行处罚。

在判断基准上,具体危险说使用所谓"一般人判断"的危险作为认定危险的基准,因而不同于客观危险说所使用的"科学法则"的判断基准。究其原因,科学法则判断是准确无误的,也是就接近事实的角度而言最为客观的,但往往却是无法使用的,大多数不能未遂案件,其结果能否发生,往往并不是事关科学法则的概率性问题,而是一种社会经验性的问题。对于某种条件往往并不能演算为概率、数据和令人信服的物理公式,而只能凭借人们长期共同积累的社会生活经验来判断。例如,对于行为人想要杀害仇人甲,并且持刀窜入甲卧室而对床褥乱刺一通后离开,由于甲偶然睡在隔壁房间而没有成功达到目的。在这样的情况下,对于结果发生的相关因素,主要是甲有多大的机会或者概率会睡在行为人所刺杀的被

---

〔1〕 参见陈家林:《不能犯初论》,中国人民公安大学出版社 2005 年版,第 24 页。

〔2〕 [日]宗冈嗣郎:《客观的未遂论的基本构造》,成文堂 1990 年版,第 114 页。转引自陈家林:《不能犯初论》,中国人民公安大学出版社 2005 年版,第 25 页。

褥中呢？然而，对于甲是否睡在被褥中，客观事实上只能凭借甲个人的选择和意志，这种意志有时是偶然的，有时则是高度概然的，但就个案而言，所谓的假设总是由于结果没有发生而显得十分苍白。在这种情况下，科学法则根本没有用武之地。因此，具体危险说认为，此时应该运用一般人判断来形成和塑造危险概念，对于一般人能够认识的事实、行为人所特别认识的事实而言，如果法官进行一种规范的一般人的考虑，能够认为这样的事实对于结果发生来说具有一种客观上的具体可能性，那么就认为行为成立未遂。此时，所谓规范的一般人判断，并不以行为的真实目击者、旁观者或者社会一般民众的经验事实意义上的一般人的真实感觉为依据。因为，行为的真实目击者或者基于经验事实的社会普罗大众的感觉，一般很难获取，在有目击者的案例中似乎还可行，在没有目击者的案件中，目击者与一方存在利益关系的案件比比皆是，如果承认这种一般人判断是目击者的真实感知，那么这种一般人的判断往往是不准确的，对于法适用来说也是不均一的。另外，社会普罗大众的经验共识，也不可能作为这里一般人判断的真正标准，因为他们的经验共识由于地域性、偶然性，对于某种情况是否具有危险，总会以数据的形式体现出来，表现为一定比例的社会民众认为具有危险，而相反比例的社会民众则认为没有危险，可以想象的是还有一批民众会选择弃权，因为在行为是否具有危险这一问题存疑时，本身就是难倒了法学学者的问题，中外著名的法学学者百年来运用无数理论和论证都无法解决的难题，当然在结论上就会存在难以给出的特性，对于社会普罗大众来说则更难以抉择。在这种情况下，如果将一般人判断的危险定义为公众的经验裁判，无疑会产生两个问题：第一就是调查结果的不准确性，对于民众个体来说有时“危险”或者“不危险”的选择常常由于难以选择而只能匆忙决定，并未真实地表达其意思，从而使这种社会问卷调查所获得的经验事实中的“一般人危险感”失真。从另一方面来说，由于社会调查可以想象的是若干民众的难以选择，而最终不得不做弃权选择，导致这种依赖于社会经验事实的一般人危险感概念迫于不能得出而流产。

在这个意义上，所谓的一般人判断，并不真的是在社会上寻找一般人，而是由法官按照一般人的想象来给出危险判断的结论。那么，在危险判断中,法官如何想象?

笔者认为,法官不可能依据科学法则去想象,前文已经说明,在事实上不能未遂的案件,大多数情况下其结果发生与不发生,根本不是一个科学法则能够鉴定和检验的问题,而是一个社会经验法则、人们行为选择倾向、社会观念现实共同作用而形成的一种是否具有相当性的问题。被害人这样做,没有发生结果,但被害人那样做,就可能发生结果。法官往往根据这样复杂的相当性认定的逻辑,去判断那种可能发生结果所需要的被害人"如此去做"是很有可能的。但是,这里为具体危险说的理论错误埋下了伏笔——对于刑法来说,刑法保护的是"行为人如此做很可能",还是"行为人本来就具有如此做的自由"?具体危险说在这一问题上显然是以前者为理论基础的,在被害人往往不可能会如此做的情况下,即便被害人本身有这样的自由,也会按照所谓的社会通常观念否定结果发生的相当性。从这个意义上说,具体危险说的判断基准,归根结底仍然是以社会通行观念作为核心的,从而在一定程度上有放弃法律价值、法律目的的"危险"。

对此,本书在第六章第四节部分的质疑中,会详细展开对具体危险说的疑问的检讨。

三、具体危险说的基础是行为无价值与结果无价值二元论

应该指出,具体危险说的不法理论基础是行为无价值论与结果无价值论,因此所谓具体危险的概念既反映了行为无价值的要素,也反映了结果无价值的要素。就此而言,具体危险既依附于行为概念,又独立于行为概念而依附于结果概念。从实质上说,具体危险概念是一种观念上的抽象,而不是现实中的实际存在。再进一步说,所谓具体危险只是人们在判断构成要件实现的思维逻辑中才能存在的逻辑范畴。这一逻辑范畴的成立,既需要行为无价值观念的指导,也离不开结果无价值论的佐证。

首先,具体危险概念中包含了行为无价值的要素。对于行为的危险性判断,具体危险说认为应当在一定的事实上,进行一般人立场上的判断,也就是说,是否存在发生结果的危险性,依赖于一般人立场上的经验法则的判断。然而,经验法则既不是科学法则,也不是法规范的要求,而

是一种社会生活常识、常理或者常情,而所谓的社会生活经验法则的相当性,在概念内容上无非是对行为的脱逸通常性的程度进行的判断,如果某种行为是一种严重违反社会通常行为规范的,那么按照一般人立场进行判断时,显然由于行为的违反秩序的性质,会称为危险成立判断结论的重大相关因素,虽然可能不一定是决定性因素。然而,按照结果无价值的理论,行为本身的无价值属性根本不是不法成立的内容,行为是否脱逸社会通常性,即脱逸的程度,也就是一般人判断的行为危险性,不能作为不法判断的相关因素。在这个意义上,社会一般人立场判断的危险概念,必定是为结果无价值论论者所难以接受的东西。对此,福田平教授的论证堪称经典:"有无结果发生的可能性是构成要件符合性问题,而构成要件的定型性,一般具有社会心理的基础,即使从科学上看是不能的,但从社会通念上看常识性地被认为可能发生结果的行为,则不可否认具有构成要件的定型性。"〔1〕从这一论述中不难发现,具体危险说的论证显然是重视了行为无价值的要素。换言之,对于未遂行为危险概念的判断,不能脱离行为无价值要素进行判断。对此,我国刑法学者周光权教授明确指出,如果认为刑法具有行为规范的特点,其运作必须有助于实现积极的一般预防,那么一般人在行为时对危险的判断就是至关重要的。〔2〕由此可见,具体危险说在不法内容上包含行为无价值的要素。

其次,具体危险概念包含了结果无价值的内容。尽管未遂行为的危险判断中包含行为无价值的要素,但行为无价值的要素并非唯一要素,也就是说,具体危险概念中还包含了结果无价值的要素。不论何种具体危险说的论证,在未遂成立的标准上,都必须承认行为所具有的法益侵害性的可能性,才是危险概念的基础和内容。因此,不是仅仅由于行为违反一般人的通行社会行为规范而使行为值得作为未遂处罚,而且也由于违反一般人的通行社会行为规范的行为,在内容上借助于法益侵害结果的辅助判断,能够被认为是具有一种侵害法益的具体危险。对此,所有的具体危险说论者都承认,危险概念的基础是法益侵害,即所谓危险判断的目的

---

〔1〕 参见[日]福田平:《刑法总论》,有斐阁1984年全订版,第222~223页。转引自张明楷:《未遂犯论》,成文堂、法律出版社1997年版,第235页。

〔2〕 参见周光权:《区分不能犯和未遂犯的三个维度》,载《清华法学》2011年第4期。

本身就是确认是否存在一种作为结果无价值的法益侵害的危险。只不过，具体危险说的理论不同于只重视结果无价值的一元结果无价值论的立场，而是同时考虑行为无价值与结果无价值，行为的危险既是结果无价值的要素，也需要参考行为无价值的内容进行判断。

四、具体危险说考察未遂犯时注重一般预防效果

与客观危险说不同，具体危险说对于未遂犯的界定，有助于实现刑法的积极的一般预防效果。在这一点上，具体危险说与印象说具有一定的共同性，即对于危险的认定，考虑社会一般人的判断。

例如，周光权教授认为，"按照具体危险说来判断危险，有助于实现积极的一般预防；刑罚的目的是一般预防，刑罚规范需要用来指引一般人的举止，防止一般人来效仿类似的行为，确保公众的规范意识，法信赖感不被动摇，诱导其尊重规范；基于这个原因，对否认规范效力的行为，刑法必须进行惩罚，才能维护规范的有效性，进而保护法益，某种行为举止，如果一般人不认为危险，也不可能仿效，用刑罚来禁止就没有必要"。[1] 另外，"抽象危险说的实质是一元的行为无价值论，行为人对危险有认识，就有反规范的举止。但是规范对一般人发出，一般人没有感到危险，并未觉得规范被违反的，危险的确定、一般预防都不需要"。[2] 由此可见，具体危险说对于危险认定，是将想象中的社会一般人的反应纳入进来。如果社会一般人觉得仿效某种行为就可能实现某种目的，那么按照一般人判断就应该承认行为具有引起结果发生的可能性。此时，就必须肯定存在值得处罚的危险，从而杜绝社会一般人仿效这种行为的可能性。从积极的一般预防立场出发，具体危险说在危险认定中考虑了社会公众主观上对于法益危险的认识和判断，如果行为被认定为未遂犯，那么社会的一般人就不应当以身试法，让自己落入由于制造了未遂不法而被责任责难的境地。如果行为被认为是不能犯，那么就意味着社会一般人即便仿效这一行为，也不必引起以后刑法的重视。

---

〔1〕 周光权：《区分不能犯和未遂犯的三个维度》，载《清华法学》2011 年第 4 期。
〔2〕 同上。

然而,这种一般预防效果的内容与印象说存在重大差距,不能认为需要重视一般预防效果,就认为印象说也是妥当的学说。根据印象理论,当行为人主观上的犯罪意思的活动给社会造成了法秩序动摇的印象时,行为就应当作为未遂进行处罚。因而,印象理论是在不考虑法益侵害的基础上,仅凭社会规范对于客观表现了的主观恶性的脱逸通常性的判断来建构未遂可罚性的做法。就此而言,印象理论既不是通过结果无价值的观念来论证未遂的可罚性,也不是使用行为无价值的概念来建构未遂的可罚标准。实际上,印象理论是以犯罪意思无价值的内容,过度强调刑法的积极一般预防,在实质上已经成为一种借助于法实现的道德上的积极一般预防效果的法制工具化。在这个意义上,具体危险说在坚守行为刑法的立场基础上,附带性地考虑刑法作为行为规范所具有的积极的一般预防效果。由此可见,印象理论所追求的社会心理上的积极一般预防,会使得刑法成为道德规范的确保和贯彻,使刑法不再只是裁判规范和行为规范,也同时成为了伦理规范和道德规范。印象理论通过过度宽泛地处罚未遂,达到一种塑造道德楷模的目的。

第三节 具体危险说的判断结构

一、行为人主观认识的意义

在主观未遂理论中,行为人的犯罪计划的活动被视为未遂行为处罚的基础;在印象理论中,行为人犯罪计划的活动给社会大众带来的法秩序动摇的印象,是刑法处罚未遂行为的根据。然而,行为人的认识作为主观要素,在事实危险论的理论体系中是被排斥在未遂不法之外的,危险的判断只需在事后根据客观存在的行为事实依据科学法则来进行即可。在这个问题上,计划危险说与印象说、主观说都被批判为扩大了未遂犯的处罚范围,即在客观上完全没有危险性的行为,仅因为行为人的认识错误就作为未遂来处罚。[1]

在具体危险说的理论结构中,判断的事实基础是一般人能够认识的事实与行为人特别认识到的事实,因而包含了行为人的主观事实。[2] 但是应当注意,这里所说的行为人特别认识到的事实,显然是包括事实上存在、一般人不可能认识到、行为人特别认识到的事实。因为,既然行为人特别认识到的事实,对于一般人来说不可能认识到,那么行为人所使用的方法就只能结合这一特殊事实才会显现出危险性,如被害人的糖尿病体质与行为人的喂食白糖的行为,如果不结合被害人的特殊体质,可能这种行为就会成为重大无知的不能未遂。只有把这一事实也纳入判断的事实基础中来,才能够对行为的危险进行合理的判断。

那么,行为人主观上设想的一种客观上并不存在的事实,能否成为认定危险的事实?对于主观未遂论来说,这一事实是判断行为是否属于可罚未遂的内容。主观未遂论认为,行为人的犯罪意思的活动表现为客观的行为时,可罚;或者按照印象理论,行为人的犯罪意思活动引起了法秩序动摇的印象时,可罚;或者行为人的犯罪计划具有引起结果发生的能力时,可罚。然而,无论采取上述哪一种观点,当某种客观上并不存在、行为人却错认为其存在的、一般人不可能预料到的事实,显然对于行为人的犯罪计划来说是不可缺少的一环。尽管这种犯罪计划,在事实上由于所谓特定事实的认识错误,即误无为有,误将不存在的特别事实认为存在,那么脱离这一事实也是无法判断行为的性质的。因此,在主观未遂理论中,需要将行为人错误认识的特别事实也纳入判断事实资料中。但是,在具体危险说看来,所谓的危险判断的条件只能是真实存在的具体条件,行为人误认为存在、一般人又不可能认识到的特别事实,不能够作为危险判断的事实基础。

从事实的属性上来说,在某一案件中能够划分出这几类事实:(1)一般人能够认识到的客观存在的事实;(2)一般人无法认识到的客观存在的事实;(3)一般人不能够认识到、但行为人特别认识到的存在的事实;

---

〔1〕 参见张明楷:《未遂犯论》,成文堂、法律出版社1997年版,第229页、第233页;陈璇:《客观的未遂犯处罚根据论之提倡》,载《法学研究》2011年第2期。

〔2〕 参见张明楷:《未遂犯论》,成文堂、法律出版社1997年版,第234页。

(4)一般人不能够认识到、行为人误认为存在的特别事实。例如,抢夺警察的手枪而枪击警察的行为,一般人能够认识到的客观存在的事实就是:被害人警察、作为犯罪方法的警用手枪;一般人无法认识到的客观存在的事实是:作为犯罪方法的手枪并未安装子弹。按照具体危险说,对于一般人无法认识到的客观存在的事实,就不宜作为判断危险的事实基础,而应当排除出去,否则就无法承认危险概念的成立了。因而,在这一点上具体危险说的事实选择的方法与客观危险说中的修正的事实基础方案存在相似之处,即以修正后的客观事实,而不是全部的客观事实作为判断的基础。此外,对于一般人不能够认识到的而行为人误认为存在的特别事实,在具体危险说看来也是不必要的。因此,只有一般人能够认识到且客观存在的事实、一般人不能够认识到的、行为人特别认识到的客观存在的事实,才能够成为具体危险判断的事实基础。

在这个意义上,具体危险说的危险判断紧扣客观存在的事实,而不以行为人主观上存在的事实作为基础。尽管在表述上使用"行为人特别认识到的事实",但是在内容上却仍然是客观事实,其意义在于防止脱离这一事实而不妥当地排除了危险的成立。

二、形式上具体危险的认定与事实资料的选取

虽然具体危险说的事实判断使用的是客观存在的事实,而未运用行为人的主观事实(仅仅主观上存在,在客观上不存在对应关系的事实)。但是,应当指出,具体危险说并未将全部客观事实都纳入危险判断的基础资料中,也就是说,具体危险说在危险的形式概念上进行了危险事实基础的资料筛选,那些一般人不能够认识到的客观事实,并不作为危险判断的基础。

对"以杀人故意向尸体开枪"的行为来说,具体危险说认为这一行为的具体事实条件中,"被害人是尸体而不是活人"的事实,是否纳入危险判断的资料中,要视情况而定,如果一般人都能够认为这里的具体枪杀对象是一具尸体,而不是活人,那么就应当把这一事实纳入进来,从而否认危险的成立,将行为作为不可罚的不能未遂处理。如果社会一般人能够认为这一枪杀对象(尽管事实上客观的情况是尸体)有可能是活人,那么就要舍弃这里的"客观存在的被枪杀对象是尸体"的事实,而替换为"枪杀

活人”,因此实际上是以一般人的认识可能性为标准对事实基础进行的修正。

就此而言,在危险的形式判断上,具体危险的成立是在行为的具体条件中判断的,且由于对事实进行一定的限定,使一般人能够认识的事实成为判断危险的事实边界,那些一般人都无法认识到的事实,不被作为危险判断的基础。这使判断结论不至于过度宽泛,然而也比事实危险说所认定的危险的成立范围更大一些。因为,事实危险说是把那些一般人也不能够预测的事实也纳入危险判断,“抢夺警察枪支而射击警察”的行为,一般人都不可能预测到警察偶然没有安装子弹的事实,因而在具体危险说看来,形式上就有危险,而按照事实危险说来看,则由于也要把空枪的情况纳入判断的具体条件,所以只能认为不可能具有危险。由于在这种情况下也需要肯定结论上行为的可罚性的刑事政策需要,事实危险说不得不修改其事实基础,或者按照山口厚教授的假定事实存在可能性的理论对这一一般人不可能预测到的客观不存在的“实弹”事实(也是客观存在的空枪事实的反面)存在的可能性进行危险判断;或者按照前田雅英教授所言的舍弃细微事实将该行为抽象为“抢夺警察(装弹)的手枪而杀人”,因而也必须肯定行为的危险性,而将其作为未遂处罚。因此,事实危险说在形式上使危险的成立范围过于狭窄,只能进行一定的抽象化来扩大。相反,具体危险说由于对事实进行了限定,形式上就使危险成立的范围较为适合可罚性的法感情判断。

三、危险概念的实质限缩?

在这个基础上,具体危险说还认为应当选择一般人的立场进行危险判断,根据前文形式上肯定的事实范围,一般人的立场上都会认为具体状况有发生结果的危险性时,就应作为未遂犯处罚。[1]

例如,对于行为人使用某种一般人不可能知道其毒性、事实上不具有杀伤人效果的物品进行投毒的行为,在事实的层面,形式上应当认为,一

〔1〕 参见[日]平野龙一:《刑法总论Ⅱ》,有斐阁1975年版,第325~326页。转引自张明楷:《未遂犯论》,成文堂、法律出版社1997年版,第235页。

般人认识到的事实就是“该物品可能有毒性”，这能够将行为抽象为“使用毒物进行投毒”，从而具有危险的形式。在实质判断上，社会一般人会认为这种物品可能是毒物，而进一步认为具有危险性。由此可见，具体危险说中进行的一般人的限定，实际上是为了避免使用“科学法则”的标准进行判断，因为对于这样的案例，如果按照科学法则判断，发现一般人认为可能具有毒性的物品事实上没有毒性，就会与一般人在事实认定层面的预测结论产生冲突。

但是，如果一般人不能够认识到某一植物的毒性，行为人作为生物学系的学生，特别认识到了该植物具有毒杀他人的能力，因而将其进行投毒的话，在事实层面的形式上危险判断资料的选取，已经超越了一般人的认识的范围，并且继而使用一般人的判断来对这一行为人特别认识到的事实进行限制也不可能，因为必然会认为形式上肯定的危险在实质上也是成立的。

由此可见，如果将事实层面限定为一般人能够认识到的事实以及行为人特别认识到的事实，那么所谓一般人的立场进行的结果发生相当性的预测，不会产生限定作用，而是保障基于这一修正的事实所判断的危险概念不被不当地否定。

第四节　具体危险说的疑问

一、一般人判断不明确

具体危险说受到的另一个批判就是，其主张的一般人判断的标准不具有明确性。例如，木村龟二认为：“以行为人特别认识到的事实与一般人可能认识到的事实作为判断资料决定行为是否具有危险性，但如果行为人特别认识到的内容与一般人可能认识的内容不一致时，不明确究竟应以什么事实作为判断资料。”[1]然而，这一批判并不中肯，具体危险说

---

〔1〕参见[日]木村龟二：《刑法总论》，有斐阁1978年增补版，第354页。转引自张明楷：《未遂犯论》，成文堂、法律出版社1997年版，第240页。

所主张的危险判断事实基础，是二者叠加的，即行为人特别认识到的事实，加上一般人可能认识到的事实，如果是行为人特别认识到的事实，那么也就意味着显然是一般人不可能认识到的事实。例如，警察的手枪中偶然并未安装子弹，对于这一事实一般人不可能预测到，但有可能被行为人所特别认识到。因此，行为人特别认识到的事实，本来就是与一般人能够认识的事实存在不一致的，二者都应当作为判断危险的事实基础。对于一般人判断的相当性，也受到了不明确性的批判。例如，山口厚教授认为，实际上并不明确一般人的判断基准究竟是什么，对此平野龙一教授也不得不承认，具体危险说的缺点在于，从一般人的立场上看什么行为是危险行为，其界限并不明确。[1]

对此，周光权教授认为认定未遂犯需要从判断主体的角度，考虑公众的危险感觉，即一般人是否因该事件而感到震惊。[2] 然而，这里的公众的危险感觉，究竟如何获得？

对此，可能存在三种途径：

第一，从该事件的现场目击者中获取真实的公众危险感。公众的危险感觉，就是具体犯罪案件给周边民众是否带来了某种法益侵害可能性的感觉。

第二，从社会一般大众中进行问卷调查、访谈或者其他途径获取的真实的经验感觉来说明公众危险感。对此，具体犯罪案件的周边民众的法益侵害感觉并不重要，而是脱离具体连带关系的随即抽样的社会一般民众，对于某个抽象化的个案事实中是否能够肯定一种危险的判断。

第三，法官按照其自己的认识状况，考虑社会一般人可能会如何评判某种行为的危险感。因而，不仅周边民众的法益侵害可能性的感觉，甚至社会一般大众的真实危险感觉也不重要，而是法官认为社会民众会觉得危险。因而，周边民众觉得某个个案事实危险，社会一般大众也大多认为这一行为是危险的，都不足以决定行为的危险性，而是法官认为"一般民众会觉得危险"，行为才应当作为未遂处罚。

---

〔1〕 参见张明楷：《未遂犯论》，成文堂、法律出版社1997年版，第240页。

〔2〕 参见周光权：《区分不能犯和未遂犯的三个维度》，载《清华法学》2011年第4期。

对此，前文已经分析，无论是从现场的目击者还是从社会一般大众中进行经验感觉的调查，对于刑法上是否将行为作为未遂处罚来说，都不足以成为一种规范的根据。其原因主要是：一方面，无论何种途径想要获取这种经验真实，往往是不准确的，也是不符合法制统一原则的，往往会因调查对象的变化而使某个个案判断结果出现偶然性。另一方面，这两种途径所获取的经验真实的可能性也存在疑问，将连法学学者多年都无法攻破的、"公说公有理婆说婆有理"的疑难法学问题，交给公民并让其做危险判断，更加不现实。就此而言，似乎所谓的公众的危险感觉，只能是具体个案的司法者的按照个体对社会的认识、按照其个人处于社会中所形成的世界观和价值观来进行判断，决定某一行为是否可能会给公众感觉造成某种危险。然而，这样的判断仍然存在疑问：其一，这种判断的结论与印象理论可能就会过度趋近，从而与主观未遂论十分暧昧。按照印象理论，行为中活动的犯罪意思给社会大众带来法信赖被动摇的印象时，就应当作为未遂处罚。因此，在判断事实上，是以犯罪意思所具体表现的具体事实作为出发点的，而且，由于强调犯罪意思的活动，就会使那些实际上导致结果不能发生的客观外在原因，被排除在危险判断之外。某一行为是否带来法秩序动摇的印象，往往也是按照一般人能够认识的事实和行为人特别知晓的事实来进行判断。在判断基准上，印象理论对"是否存在法秩序动摇、法和平被破坏的印象"与具体危险说所主张的"一般人的危险感觉、公众的危险感觉"，虽然在表述上略有不同，但是在结论上很有可能是极度相似的，如果一种社会心理学意义上的法秩序动摇的印象存在，那么往往也难以否认行为给公众造成了法益侵害的危险感觉，而公众如果能够肯定存在法益侵害的危险感，往往的确也是能够肯定法秩序、法和平被破坏的印象的。从这一点来说，具体危险说是在"法益侵害说"的立场上表达了印象理论基于"规范违反说"的相同观念。另外，如果承认法官站在一般人立场上对行为的具体危险的判断基准的话，能否进一步肯定被告人能够通过做社会调查所确认的社会一般大众经验性地不认为行为危险，而进行出罪呢？既然所谓的规范推定的具体危险，可以由法官按照社会经验法则进行一般人判断，那么在理论上就难以拒绝这种"利用经验的事实来反推危险不存在"的合理性。因此，这种法官按照经验法则、一般人法感觉的判断标准，在是否妥当上产生了巨大的疑问。在这个意义上，笔者认为，应当直截了当地接受这一现实，即具体危险说在判断结论上与印象理论十分接近：二者在判断基准上，都存在若干疑问。所谓的一般人危险感、公众危险感觉，并不是对危险判断的问题的结束，而只是问题的提出，随后引起的若干判断上的困境，都尚未得到充分的讨论。

对此张志钢博士指出，"具体危险存在着沦为抽象危险说主观主义立场的嫌疑。如果以行为人特别认识到的事实作为判断材料，就会得出以行为人的认识来决定危险性的有无，从而与抽象危险说结论相同，但是抽象危险说主观主义的立场是不可接受的；具体危险说虽然其声称是新客观危险说，但是对于其客观含金量的质疑早已有之，具体危险说的阵营归属……仿佛印象理论本身遭遇的同样困境一样，有的人认为是主观未遂论，有的人认为是客观未遂论，十分尴尬"。〔1〕

二、关于具体危险说的事实基础是否合理的探讨

具体危险说在事实基础上，使用了"一般人能够认识"与"行为人特别认识"的双重事实作为判断标准，学说上争议较大的是"行为人特别认识"的性质。例如，张明楷教授认为，如果以行为人特别认识到的事实作为判断材料，就会得出以行为人的认识来决定危险性的有无，从而与抽象危险说结论相同，但是抽象危险说主观主义的立场是不可接受的。〔2〕如果行为人以为存在某种事实，具体的危险说就会与抽象危险说得出相同的结论。〔3〕

笔者认为，具体危险说在事实选择上与修正的客观危险说存在同样的问题，就是对事实进行裁减，进行一定程度上的抽象，因而是用不存在的事实替代了既存的事实。正如前文分析，所谓一般人能够认识到的事实，就是在行为时的全部事实中，应当区分为两种事实：第一种是一般人能够认识到的存在的事实，即客观上存在，且一般人能够遇见的事实。第

〔1〕张志钢：《论不能未遂的可罚性》，北京大学2015年博士学位论文，第94～101页。

〔2〕参见张明楷：《行为无价值论与结果无价值论》，北京大学出版社2012年版，第221页。

〔3〕参见［日］中山研一：《刑法的论争问题》，成文堂1991年版，第120页。转引自张明楷：《未遂犯论》，成文堂、法律出版社1997年版，第242页。

二种是一般人能够认识到的不存在的事实,即客观上并不存在,但一般人会认为存在的事实。因此,具体危险说在判断危险时,不仅以客观上存在的、一般人认识到的事实作为判断危险的基础资料,而且以客观上不存在的、虚拟的事实来作为判断危险的基础资料。所以,危险概念的实质,实际上就是对具体个案进行相当性判断,寻找出没有发生结果的关键原因,并且对于这个关键原因的不存在与存在之间,按照社会相当性、社会经验法则判断二者之间的关系,如果这个关系按照一般人来看是紧密的、可能的,那么就应当认为具有危险性。反之,则没有危险性。

例如,误以为白糖是砒霜而投毒杀人未得逞的行为,按照具体危险说,在具体个案事实的基础上,按照社会相当性来说对于想象中的他人被毒死的结果来说,着手前的"取砒霜"的方法设定出现了实行偏差,因而关键原因就是"拿白糖"与"拿砒霜"之间的差距,"拿白糖"是真实存在的事实,"拿砒霜"是假定的事实,按照具体危险说的判断,一般人认为拿白糖也很有可能是拿砒霜的时候,就认为行为存在危险,但如果按照一般人的判断认为行为人拿白糖具有必然性,而不可能拿砒霜的时候,就否定行为具有危险性。在这个案例中,一般人认为的事实对于危险判断来说具有重要意义,而真实存在的那个导致结果没发生的原因事实,不是重要的。

"一般人能够认识到的事实"在很多情况下是具有妥当性的,因而往往能够得出符合社会一般观念、符合法感情的结论。但是,这一标准存在两个问题:

第一,"一般人能够认识的事实"不够准确,往往依赖于法官、司法者的个体判断和个别化见解,导致未遂成立认定上的可变性,而未遂可罚性的标准却必须是妥当的、相当地准确的。根据前文的分析,一般人能够认识的事实,既不是目击者的感觉记录,也不是社会一般人的经验事实的调查结论,而是司法者利用个人的法律认识和社会价值判断而设想的一种危险结论。然而,这种极度依赖司法者、解释者个体性、经验性和观念性的判断标准,不符合刑法处罚标准设定的明确性。

第二,"一般人能够认识的事实"往往是以假定事实替代那个导致结果没有发生的真实原因,然而,导致结果没发生的真实原因往往是程度存在显著差异的,由于具体危险说直接替代这种真实防果原因,导致危险判断忽略个案中的真实事实。例如,对于"抢夺警察枪支而射击警察,由于枪支中未安装子弹而未得逞的行为",具体危险说只考虑"由于偶然没有安装子弹而不能引起杀人结果",从社会一般人的判断出发,一般人都认为警察的枪支中安装了子弹,那么结论就是"偶然没有安装子弹"的事实,无论立足于何种背景事实都应当被替换为一般人想象出来的"警察枪支必带有子弹"的假定事实。在笔者看来,应当对危险概念进行规范的定义,也就意味着,应当以行为时存在的全部案件事实为判断资料,即便是导致结果没有发生的原因,也应当将这一原因放在具体个案全部事实条件中,结合构成要件的类型、法益保护目的进行分析。笔者认为,对于"抢夺警察枪支而射击警察,由于枪支中未安装子弹而未得逞的行为",应当区分情况处理,如果警察枪支管理法规、法则中明确规定警察随身枪支都应安装子弹,且警察这一职业队伍中的个体成员也都在遵守这一规则、规范而真实地安装了子弹,由于涉案被害警察个体原因忘记安装子弹的,那么规范上确认的"警察应当在随身携带的枪支中安装子弹"的要求与现实中其他警察也都按照该规范安装了子弹的现实状况,都说明了该行为中"手枪中安装了子弹"的虚拟事实是高度概然的,且有规范和事实的双重保障,因此应当确认该行为具有危险性,成立可罚的犯罪未遂。不是被害警察的枪支在一般人眼里很可能安装子弹而具有危险,也不是被害警察本人由于忘记装子弹是偶然的而"事实上被害警察装子弹的概率很高"而具有危险,而是行为人抢夺经过规范与现实双重保障的"警察"的枪支中安装了子弹的概率很高,才规范地说明了该行为的危险性。如果按照规范警用枪支只能作为警示装备而不能安装子弹,或者现实中警察都没有按照规范要求安装子弹的,都应当否认行为具有危险性。因此,应当根据行为方法所处的具体个案事实,结合构成要件的类型与法益保护目的,对行为时的全部事实作为基础进行分析。就此而言,具体危险说筛选事实、用一般人观念事实替代客观事实的做法,在笔者看来存在疑问。

三、关于具体危险说的事前判断是否合理的探讨

在理论上,有一种观点认为,具体危险说主张以行为当时一般人的判

断为判断基准决定是否存在危险性，是事前判断，完全不考虑事后判明的情况，因而不科学。[1] 由于刑事诉讼法设立了鉴定人制度，而鉴定都是在事后进行的，而刑事诉讼过程中实际上的确将事后判明的情况作为判断危险的根据，如果法官使用具体危险说的立场判断危险，则会使这种事后的鉴定没有意义，因此具体危险说有悖于实践。

笔者认为，立足于规范危险说的立场，行为是否对构成要件的实现来说具有危险性，应当在事后进行规范的判断，而不能在事前进行相当因果可能性的危险判断。也就是说，笔者认为事前判断的视角必然带来的问题就是，对全部客观事实进行人为的分割、抽象化处理或者舍弃、替代，从而会忽略具体个案中没有导致结果发生的防果事实的个体性、差异性、程度性，在刑法规范构成要件所保护的法益视角下，这些存在差异的不同防果事实的性质便无法清晰地进行规范分析。在这个意义上，应当肯定事后判断的合理性，即只有综合考虑包含了防止结果发生的那个事实部分的事后查明的全案事实，才能够在构成要件符合性、保护法益的属性的指引下，分析危险是否存在。

---

〔1〕 参见［日］内藤谦：《不能犯》，载《法学教室》第108号。转引自张明楷：《未遂犯论》，成文堂、法律出版社1997年版，第245页。

第七章 危险的刑法内涵与概念再造

第一节 既然“不能”，为何危险？

一、概述

在语言学上，“不能”与“可能”是相斥的概念，如果将某一结果是否能够发生按照数学概率进行量化，不能即是指概率为0，可能则是指代0到1之间的若干可能性。那么，不能未遂，按照其语义学分析的字面意思就是未遂行为对于结果来说在特定的条件关系之中招致的系数为0。就此而言，不能未遂的概念本身是与结果发生可能性无法相容的，不能未遂的字面含义无法包容结果发生的任何可能性。然而，在德语语言中，不能未遂是der untaugliche Versuch，其字面含义是不适当未遂、不适合未遂。“适合”是就犯罪意志所指向的行为实现而言，其在行为相关的条件关系中在思想上虽然能够合适地实现，也即对于主要的实行行为来说对于特定的犯罪类型的方式而言能够实现。[1] 冯·巴尔(v. Bar)认为，如果要区分适当未遂和不适当未遂，应当根据经验来判断真实进行的确证的行为，如果人们主张，

---

〔1〕 Vgl. Merkel, Die Lehre von Verbrechen und Strafe, 1912, S. 153.

在行为所发生的特定条件关系中结果不难通过变化而发生，那么就存在适当未遂，如果这种变化可能性全然不存在，或者距离较远，在考虑因果关系的归属上必须被看作极其愚蠢的，就是所谓不能未遂。[1] 因此，在德语中，所谓不适当未遂，也就是作为结果发生的条件之中，行为不具有作为结果发生原因的适当性，故而德语中“不能未遂”的概念与结果是否发生则没有必然关联，只是强调行为不具有引起结果的资格、能力或者适当性。就此而言，不能犯的概念在字面意思上意味着不值得可罚、不具有危险的行为。因此在日本刑法上所采用的不能犯概念，往往意味着行为不具有任何危险性，其在法政策上被认为不值得刑罚处罚。

在费尔巴哈的不能未遂概念中，能够作为未遂的行为，必须根据自身外部的特性对于意欲的犯罪建立因果关联，因此才是危险的从而具有可罚性。[2] 然而，在因果理论上这样为未遂划定可罚的边界，受到了极其强烈的批判，因为如果进一步运用费尔巴哈理论进行推演，所有的未遂都不会在行为人追求的犯罪类型中引起因果关联。由此可见，费尔巴哈的不能未遂理论，虽然在观念上具有一定的超前性，然而作为其配套理论的因果理论在当时相当落后，条件说广为人们所接受，在客观上对未遂行为提出危险性的要件在刑法理论中难以为条件说所接纳。在此基础上，米特迈尔在后来提出了很有代表性的绝对不适当方法、相对不适当方法区分说，之后许多学者提出绝对与相对的不适当行为对象的区分理论。以这种区分为基础，只有绝对的不适当的（不能未遂）行为与对象不能未遂，就其行为的性质而言，自始是不能引起犯罪结果发生的，所以不具有可罚性。[3] 然而，这一区分在司法实务中的适用上产生了巨大的困难，是否存在绝对还是相对不适当未遂，根本缺乏适当的方法来确定。[4] 由此可见，在费尔巴哈、米特迈尔提出并试图界定不能未遂的可罚性时，不能未遂就是无危险的，而不是有危险的未遂。在这个意义上，此时的不能未遂

---

〔1〕 Vgl. v. Bar, Gesetz und Schuld im Strafrecht, Bd II, Die Schuld nach dem Strafgesetz, 1907, S. 532.

〔2〕 Vgl. Albrecht, Der untaugliche Versuch, 1973, S. 7.

〔3〕 Vgl. Albrecht, Der untaugliche Versuch, 1973, S. 8.

〔4〕 Vgl. Albrecht, Der untaugliche Versuch, 1973, S. 10.

与危险概念是互相排斥的。但是,根据当时的条件理论,该危险概念是无法界定的。

然而,经过德国刑法司法实务和立法者选择主观未遂理论,对那些被费尔巴哈称作没有危险的不能未遂,也通过司法判例和立法确定其可罚性。在这一背景下,危险概念的纯粹客观性,在条件说的因果理论中根本不能成立。因此只能对危险进行一定的主观化处理。只有在相当因果关系的观念之下,才能在客观的意义上谈论危险概念。此时,不能未遂的概念发生了分歧,虽然名为不能未遂,但仍要肯定其存在危险。此时,德国学者提出构成要件欠缺理论,认为危险概念无法妥当地为可罚与不可罚的未遂行为设定界限,应当根据构成要件的形式判断来区分,如果仅仅是缺乏结果的行为,就是未遂犯因而可罚,如果缺乏其他的构成要件,则不是未遂犯而是不可罚的欠缺构成要件的行为。例如,在身份犯的场合,没有身份的行为人实施了具有身份者才能够成立的犯罪,这在刑法上又称为特别犯。由于刑法规定身份犯,只有具有相应身份的人才能够真实地符合构成要件,从而对法益造成侵害。根据构成要件欠缺理论,这种行为并不是不能未遂,而只是由于欠缺构成要件,不可能对法益造成损害,因此是不可罚的行为。然而,构成要件欠缺的理论,由于后来无人主张,只能被认为实质上对不能未遂概念进行了形式上的限定。

二、"不能"与"危险"的分离:不能犯必然等于不处罚吗?

就德国刑法的语境而言,由于立法者、司法实务一概视不能未遂具有可罚性(连重大无知的不能未遂也应当受刑罚处罚),不能未遂与不可罚行为之间不具有对等关系。而就日本刑法学的语境而言,虽然立法并未规定不能未遂的概念和处罚,但学理上一概认为不能未遂是无危险的未遂,是不可罚的行为,从而主张不能未遂与不可罚行为之间的对等性。那么,从术语使用的角度,如何看待不能未遂、不能犯与我国刑法中的不能犯未遂?

笔者认为,无论是德国刑法中的不能未遂、日本刑法中的不能犯还是我国刑法中的不能犯未遂,都是具有具体语境的个别的教义学知识,而不能作为脱离语境的普适的教义学方法。德国刑法立法者对于不能未遂的可罚性给出的如此广泛的承认，与日本刑法严格限制未遂处罚范围而形成的不可罚不能犯的概念，都不应当成为制约我国刑法中未遂可罚性基础、未遂可罚性范围限定的“无法拒绝的包袱”。因此，应当在割弃了刑事政策价值内容（可罚性要素）的意义上理解不能未遂概念，所谓不能未遂，就是指行为由于某种事实或者法律上的原因而不可能充足构成要件的实现。至于不能未遂是否危险、不能未遂是否具有可罚性，则是需要学理上通过研究我国刑法的刑事政策价值选择、我国刑法的体系解释等进一步确定。

因此，笔者主张一种刑事政策上的不能未遂概念，在不能未遂的概念成立上应当仅作形式判断，而不能作实质上的判断。危险的概念与危险的判断才是在不能未遂概念确定之后划定刑事可罚性标准的内容，而不是不能未遂的概念中的内容。否则，就有可能在不能未遂的概念设定中，不当地加入德国刑法或者日本刑法立法政策中的内容，而忽略我国刑法的立法政策目的。

实际上，由于我国刑法对于不能未遂的可罚性，传统理论上是给予较为扩大的承认的，在立法政策上与德国刑法更为接近，而与日本刑法严格限制未遂犯成立范围的学理上的通说立场相去较远。然而，这并不意味着，我国刑法必须承认不能未遂一概可罚，也不能认为不能未遂都是有危险的。因而，笔者首先界定不能未遂的概念，在此基础上，通过教义学研究探讨不能未遂可罚性的限制的边界。

三、重回不能未遂的概念——如何看待构成要件欠缺理论？

构成要件欠缺的理论认为，构成要件欠缺的行为是对立于可罚未遂的〔1〕，构成要件欠缺是指由于某个必备构成要件要素的缺乏而使行为人的行为不可能建立任何因果关系，与此不同，未遂则是对于通过行为所表现的故意所指向的法定构成要件的实现来说行为不可能同时产生构成要件的结果。〔2〕然而，构成要件欠缺理论只能将不能未遂中这部分行为类

〔1〕 Vgl. Albrecht, Der untaugliche Versuch, 1973, S. 15.

〔2〕 Vgl. zu Dohna, Der Mangel am Tatbestand, Güterbock-FS, S. 49.

型排除在犯罪未遂之外:第一,迷信犯。迷信犯不仅仅是缺乏构成要件结果,而是同时也欠缺构成要件的必要手段。第二,身份不能,身份不能的未遂,缺乏对于建立因果性来说重要的法定的身份性构成要件,因此也不可能是未遂行为。对于手段不能和客体不能来说,如以杀人故意枪击木头或者尸体,缺乏构成要件要素的"人",只能是构成要件缺乏而不是未遂;如某人让其仇人食用了剧毒,然而通过医生的救治完全排除了毒药,因而成立未遂。德国刑法学者认为,在此很清楚的是,构成要件欠缺理论的出发点是,对于在其基本要素上无论如何不能引起结果的行为,在这个意义上是不危险的,因而应当从可罚性中排除。[1]

笔者认为,构成要件欠缺理论在理论基础和实际功用上都存在疑问。在理论基础上,为何结果与其他构成要件要素得到不同的评价?刑法分则规定的构成要件要素,对于犯罪的构成要件符合性来说都是必要要素,然而该说在构成要件要素内部区分为两种不同的类型,一种是针对过去的构成要件要素,如身份、对象,另一种则是针对将来的,如结果;针对过去的构成要件要素不存在则是构成要件欠缺,而不是不能犯,针对将来的构成要件要素不存在则是未遂。[2] 然而,这样的区分并没有规范上的妥当根据。在实际功用上,这一理论对于可罚未遂与不可罚行为的区分过度形式化,因而按照该理论相关行为是否成立未遂还是构成要件欠缺,强烈地依赖于刑法法规分则规定的构成要件去做个别的判断。[3] 在笔者看来,构成要件欠缺的理论在一定程度上是为了避免危险概念的过于空洞化,而试图根据规范构成要件概念重新建构不能未遂、未遂的区分学说。然而,这种努力却是失败的。对此,张志钢博士认为,构成要件欠缺理论只具有理论史的意义。

但是,构成要件欠缺理论在一定程度上影响了身份不能未遂的定性。根据该理论,未遂属于一种错误的特别情形。[4] 现在的德国刑法理论一

---

〔1〕 Vgl. Albrecht, Der untaugliche Versuch, 1973, S. 16.

〔2〕 Vgl. Rittler, Strafrecht, S. 256. Albrecht, Der untaugliche Versuch, 1973, S. 18.

〔3〕 Vgl. Albrecht, Der untaugliche Versuch, 1973, S. 18.

〔4〕 Vgl. zu Dohna, Der Mangel am Tatbestand, Güterbock-FS, S. 38.

概认为,身份不能未遂属于幻觉犯,行为人根本不是规范效力的对象。[1] 笔者认为,构成要件欠缺的理论,将未遂犯与不能未遂的可罚性界限,紧扣在构成要件符合性的层面进行判断,在结论上虽然不可取,在方法论上采用当时的因果理论和构成要件观念从而也为现代刑法所抛弃,因此整体上无法为刑法理论所接受。然而,其思维的基本方向是合理的,即应当采取构成要件符合性意义上的理解来判断不能未遂与未遂犯的可罚性界限。在这个意义上,构成要件是以法益保护为基本指向的,而危险则是以法益侵害为基本内容的,因此危险概念的建构仍然在构成要件的法益侵害之上。由此,构成要件欠缺理论由于采取了过分形式化的理解,而可以理解为一种规范的危险概念,而传统危险理论则属于事实的危险概念。在这个意义上,如何理解法益侵害危险的规范性与事实性?

第二节　危险概念的观察视角——规范与事实的考察

对于危险概念的过度形式化,表现为构成要件欠缺理论,即仅以形式的构成要件理论来判断危险,在结论上无法得出妥当的判断方法。然而,对于危险概念的过度实质化,则会在理论上求诸一种客观的事实的危险概念。然而,危险概念究竟事实概念还是规范概念?

一、危险概念中的事实要素

在危险判断理论中,一般都须借助一定的事实要素来加以判断。就事实要素而言,存在"行为时一般人能够认识的事实""行为人特别认识的事实""全部客观事实""假定的事实""舍弃细微事实后的大概事实"等不同的概念。

首先应当注意,在客观危险说的理论中,未遂犯是具体危险犯,只有行为引起了法益侵害或者构成要件实现的具体的、客观的危险状态时,行为才能作为未遂犯处罚,否则就是不可罚的不能犯。因而,就这一学说而

---

〔1〕 Vgl. Herzberg, MK, § 20, Rn. 61.

言，危险概念原则上只包含事实要素。

(一)事实的类型

首先可以区分为主观事实与客观事实。在不能未遂的个案中，具体事实首先可分为主观事实与客观事实，这一区分的意义在于，是否要承认危险判断中也具有主观事实的内容。

第一，主观事实。

主观事实是指，行为人的犯罪计划、犯罪意图、犯罪故意或者犯罪意思。因此，主观事实就是在行为人心理活动中对于犯罪客观构成要件的客观事实的认识。因而，在不能未遂的场合，所谓主观事实中又存在两种不同的类型，行为人必须认识到了一定的客观上真实存在的事实，也即行为人的主观事实与客观事实存在重叠，客观上具有一致性的事实部分。例如，行为人虽然使用了不能到达犯罪结果的错误的犯罪方法，但是对于犯罪对象的被害人或者其他客观对象具有了正确的认识。或者行为人虽然针对了错误的犯罪对象，但是对于行为方法与行为性质的客观事实属性具有正确的认识。此外，由于不能未遂又被称为反面的构成要件错误，因此必须出现了错误的认识，即客观上并不存在的事实，行为人认为存在。[1] 对于这一部分事实，正是结果没有发生的根本原因。例如，对于结果发生来说必要的、在行为人主观上存在的“适当的方法中的必备要素”“适当的犯罪对象”或者“适当的犯罪身份”等，虽然在客观上并不存在对应的事实，但却是行为人主观上所具有的事实。

对于主观事实，不同的未遂理论和危险判断学说采取的态度显然不同。在客观危险说那里，由于危险判断是纯粹客观的，不需要任何行为人主观事实，因此主观事实在客观危险说的判断结构中不存在任何意义。而在具体危险说中，虽然在形式上肯定一般人能够认识到的事实之外的行为人特别认识到的事实，也作为判断危险的资料，但是实际上该行为人特别认识到的事实，只能是行为人特别认识到的、一般人不能认识到的客

---

〔1〕 例如，行为人使用空枪枪杀他人而未得逞的行为中，所使用的犯罪方法——对于杀死被害人必要的、行为人所设想的、“手枪中安装子弹”这一客观事实并不存在，但行为人主观上认为其存在。当然，反过来说，手枪中没有安装子弹这一客观存在的事实，并没有被行为人认识到，也是可行的，只是视角上的不同。

观又确实存在的事实。因此,这个意义上的主观事实,其实仍然是客观存在的事实。在计划危险说中,行为人的犯罪计划是判断危险的基础。也就是说,行为人将“使用什么方法针对何种犯罪对象进行犯罪的实行行为以实现何种犯罪结果”所设想的内容作为判断危险的资料,因此,在这个判断过程中,显然有一部分主观事实是无法在客观事实中找到对应物的,因而就是孤立的主观事实。例如,行为人计划用砒霜杀人,但是实际上使用了白糖,由于行为人主观事实中的犯罪方法是砒霜,因此要使用这个主观事实来作为行为是否具有危险的判断资料,从而能够将“误把白糖当砒霜杀人的行为”作为未遂来看待。对于印象理论、主观说,主观事实是未遂可罚性的本质,正是因为主观犯罪意思的活动,给社会大众造成了法秩序信赖动摇的印象,或者是犯罪意思的活动本身具有值得处罚的性质,才为行为作为未遂这种犯罪类型进行处罚奠定了基础。

第二,客观事实。

所谓客观事实并不是与主观事实完全对立的,存在于行为时外在客观世界的脱离行为人的事实,而是总与主观事实具有关联性。一方面,一部分客观事实是被行为人所认识到,成为真正的主客观相一致的事实,对此,由于行为人并未产生错误,因此一般来说都能够作为判断危险的资料。例如,具体危险说、客观危险说和主观说、印象说、计划危险说等,无论是以主观事实还是客观事实,都必须将这部分“既是客观的,又为行为人所认识到的事实”纳入危险判断。另一方面,行为人的行为方法与手段,本身作为客观事实,似乎结合行为人的主观事实又可能具有不同的规范评价。例如,同样是将白糖给他人食用的行为,如果行为人是以“用砒霜投毒”的意思而错误地取走了白糖进行“投毒”的场合,似乎比“真的是以为白糖可以杀人而给他人食用白糖”的行为,更应当得到客观行为危险性评价。然而,在笔者看来,构成要件实现的危险是否存在,应当结合构成要件进行判断,而不应该根据行为人的主观意思进行判断,因而无论行为人的犯罪计划如何,都应当从客观的角度,对“从白糖、砒霜中选择一罐可毒杀他人的白色粉末”的危险性进行评判。应当认为,虽然二者在主观犯罪计划上没有不同,但是“想用白糖来毒杀”和“想用砒霜来毒杀”,在客观上必定具有不同的内容,想用白糖来毒杀,在客观上根本不具有取得一种毒性猛烈白色粉末的可能性,也根本不具有危害他人生命法益的可能性,更无实现杀害他人的可能性。然而,“想用砒霜来毒杀”的犯罪计划,必定需要进行一定的预备行为,只是在实行开始之前的短暂时间,行为人几乎是二选一地从白糖、砒霜中选择了一个错误的不具有毒性的白色粉末,因此客观上就能肯定具有规范的危险性,而不能从行为人的犯罪计划或者社会一般人感觉的危险来判断,否则也有可能将“以为白糖可以杀人而给他人食用白糖”的行为当作有危险的行为进行处罚。不是行为人计划上的“给他人食用砒霜的可能性”,而是客观上的“给他人食用砒霜的可能性”,在刑法看来才是对于杀人罪的构成要件实现来说具有危险性的。

由此可见,对于客观事实也可能分为不同的类型。在理论上,在不同的学说中出现的分类方法有两种,第一种是将客观事实分为现实的事实与假定的事实;第二种是将客观事实分为一般人不能认识的事实、一般人能够认识的事实和行为人特别认识到的事实。

客观事实可分为现实事实与假定事实。所谓现实的事实与假定的事实的区分,只有在客观未遂论的理论中才会出现,对于主观说、印象说与计划危险说中,由于行为是否危险,是从主观上的犯罪计划来判断的,因而不管具有何种客观事实,都不会作为影响行为危险性判断的相关因素。因而,在这些学说看来,根本没有假定某种事实的必要。只有在客观未遂论的立场中,才会出现假定事实的说法。例如,李斯特持具体危险说,并且认为未遂的本质在于意思活动的危险性,在判断时,不应当将行为进行一般化,而应当结合附随的具体行为情况考虑具体的危险性;另外,危险性判断应当立足于实行行为,一般人能够认识到的情况以及行为人特别知道的情况都纳入考虑范围。[1] 由此可见,如果要对危险进行事前判断,则必然要对客观具体的事实进行限定,一般人能够认识到的事实与行为人特别认识到的事实,既包括那些客观上存在而具有一般人的认识可能性或者由行为人已经认识的现实性的事实部分,也包括那些虽然客观

〔1〕 参见[日]西山富夫:《Liszt 与具体危险说》,载《名城法学》第 18 卷第 2 号。转引自陈家林:《不能犯初论》,中国人民公安大学出版社 2005 年版,第 24 页。

上不存在,但由于一般人能够认识到而假定其存在的部分事实。再如,山口厚教授采取修正的客观危险说,并且认为未遂犯是具体的危险犯,其处罚根据在于行为造成法益侵害的具体危险,而非抽象的危险,对于危险判断,应当从事后出发考虑大体存在何种事实(假定事实),根据科学的因果法则就会引起结果发生,假定的事实存在的可能性就是危险程度的标志。[1] 由此可见,从山口厚教授的修正的客观危险概念来看,危险的认定在一定意义上就是对假定事实的存在可能性的判断。笔者认为,假定的事实的观念,实际上是利用与相当因果关系相同的方法论思路,按照社会经验法则对于某种客观上由于不存在导致结果没发生的事态,进行的抽象化判断,因此,能够具有社会生活经验法则上的正当性,往往能够得到社会经验法则的肯定。但是,对于事实进行假定,就意味着脱离了客观存在的事实,而是直接就不存在的事实的存在可能性进行的联想,因此可能脱离行为的具体客观真实环境,过大地判断了未遂的成立范围。所以,笔者反对对事实进行假定,应当将客观存在的真实的事实作为判断危险的唯一根据,而不能利用按照社会观念、社会经验法则等进行假定的事实。

客观事实还可以区分为一般人不能认识到的事实、一般人能够认识的事实和行为人特别认识的事实。在不同的未遂学说中,具体危险说重视这一区分。在具体危险说中,广泛承认的事实基础是以一般人能够认识到的事实以及行为人特别认识到的事实为客观事实基础。因此,行为时客观存在的若干事实中,首先存在一些行为人没有认识到的、一般人也不能预见到的事实,在既遂犯的场合,即便由于存在一般人不能预见的事实而引起了构成要件的结果,也应当根据不可预见的意外事件排除客观归责。在未遂的场合,根据具体危险说应当将一般人不能预见的事实(当然行为人也没有特别认识到)排除在危险判断之外。所谓一般人能够认识到的事实,即是在某个具体案件中,符合客观经验法则的事实。行为人特别认识到的事实,是指客观上存在,对于因果流程的可能发展具有重要

[1] 参见[日]山口厚:《危险犯的研究》,东京大学出版会1982年版,第150页。转引自张明楷:《未遂犯论》,成文堂、法律出版社1997年版,第264页。

相关作用的，且被行为人主观上所认识到的事实。笔者认为，这种对客观事实的任意修改，会使部分客观存在的导致结果没有发生的事实，被排除在危险判断之外，因而有可能扩大危险的成立范围。

（二）危险与事实之间的关联性

第一种理论认为事实是危险成立的唯一要素。这种理论认为，所谓危险判断说到底就是对事实状态的判断。例如，我国台湾地区学者许恒达提出对危险判断的一种新的理论，即在客观存在的事实中，从事后的角度进行考察，如果行为具有导致结果发生的危险性就是未遂，在危险性的判断上，应当从所有已知的事实中找出无法满足既遂构成要件的结果发生的因素，在此基础上再判断此关键因素是否属于行为人无法控制的随机事件，如果行为人不能控制该事件，那么就是防果变项，此时再判断这一防果变项是否能够损害法益。[1] 这一表述较为拗口，但就其实质实际上是将所有事后查明的客观事实分为两个组成部分：第一部分是致使结果发生的变量，第二部分则是不能导致结果发生的变量，在这个区分中，如果阻碍结果发生的具体原因属于行为人无法控制的变量，那么就具有危险性。因此，这种理论是再客观分析致果变量与防果变量之间的关系后得出危险的概念的。因此，就该理论来说，事实的状态就说明了危险的一切内容，只需要按照科学法则来判断这种事实状态是否能够具有结果引起的盖然性，就可以判断危险。但是，在笔者看来，按照科学法则往往是无法判断的，因为该说所说的“防果变量”往往根本不是关于科学法则的问题，而是以何种视角来看，才能认为具有危险的问题。对于这一视角，具体危险说认为应当以社会相当性的判断进行介入判断，否则仅仅以客观事实，难以说明危险概念。

第二种理论认为事实是危险成立的客观要素，在此之外还需要存在规范的评价要素，因此，仅仅从事实层面无法说明、无法判断危险是否成立，也无法为未遂可罚性划定合理的边界。这种理论的基本理解是，可罚的未遂的危险，不是一种客观事实层面的法益侵害的危险，而是一种构成要件实现的可能性意义上的危险，对于这种危险的判断，一定的事实只是

[1] 参见许恒达：《论不能未遂——旧客观说的古酒新酿》，载《清华法学》2011 年第 4 期。

进行构成要件符合性判断的构成事实依据，然而这种状况下既不是完全充足了构成要件，也不是没有该当客观构成要件，而是处于一种对某个构成要件要素的待定状态，虽然结果没有发生这一点是确定的，但是结果发生的可能性则是按照构成要件进行规范性判断的对象，所以不仅包含事实性要素，还包括规范性要素。例如，具体危险说认为，对于某个不能未遂行为，应当以一般人能够认识的事实以及行为人特别认识到的事实为基础，在此基础上以一般人的判断进行限定，一般人认为存在危险时，才能将行为作为未遂进行处罚。在客观危险说中，则否认这种规范的评价要素，而是认为根据科学法则，就客观存在的事实就可以判断行为是否引起了一种作为结果的法益侵害的危险状态。因此，在判断危险时，不需要任何规范性的要素，而是只需要按照科学法则进行事实性的认定就可以确定行为是否危险。

笔者认为，刑法上作为未遂可罚性判断的危险，既不是一种导致法益侵害的事实状态，也不是一种刑法构成要件的规范要素，而是对构成事实行为正犯性的实质要素。就像在实行行为着手中判断实行行为的开始一样，形式的判断总是不能解决所有个案中的特别情况，而是也需要进行实质判断。在不能未遂的场合，也要对具体个案事实进行判断，某一行为究竟应当作为构成要件的行为进行认定，还是作为没有该当构成要件的社会通常行为，或者仅仅由道德、其他法加以制约的行为。因此，就像对未遂的起点——着手进行的判断一样，不能未遂的危险判断也因构成要件类型的不同而具有不同的内容，需要结合具体构成要件展开判断。所以，某一行为究竟应否作为刑法分则规定的杀人行为来看待，是对个案中行为事实进行规范判断的内容。对这一构成要件行为该当性的判断，是对某种事实展开的规范判断。因此，判断的对象是客观构成行为事实，而判断的基准则是刑法构成要件。所谓未遂成立的危险，并不是构成要件中既有的规范性要素，也不是构成事实中与此既有的规范性要素该当的事实性状态。如果运用客体语言(Objektsprach)与事理语言(Metasprach)的二元区分[1]框架来分析的话，所谓未遂中的危险概念不同于刑法分则的

---

〔1〕 Vgl. Puppe, NK, Vor § 13, Rn. 5.

具体危险犯的危险概念之处在于,未遂中的危险概念是事理语言,在客观世界中并没有对应的实体,而只是人们思维中对规范的构成要件要素与客观世界中的某种事实进行对照判断,并决定二者是否相互合致的思维过程。就此而言,罗克辛教授认为未遂的危险概念是指构成要件实现的危险,而非法益侵害的危险。"这里所说的危险,必须是接近构成要件的,还不一定是接近法益的。"[1]也就是说,在未遂领域中所提到的用于限定不能未遂可罚性范围的危险概念,主要是以构成要件作为判断基准,而非以法益为判断基准。

二、危险概念中的规范性要素

在刑法理论上,危险概念中的规范性要素在各未遂理论中受到普遍承认。例如,曾根威彦虽然主张客观危险说,但也认为应当对客观危险说中的危险进行一定的修正,未遂犯中的危险判断,是以侵害法益的事实可能性为基础的价值评价……另一方面,既然危险概念本来就含有某种价值的要素,危险性的判断自然就不得不带有价值的评价的性质,在此意义上,将危险判断视为纯粹基于科学法则的物理判断是不适当的。[2] 在这个意义上,曾根威彦教授主张废弃依赖纯粹机械物理关系的科学法则判断基准,而是认为应当以规范的、一般人的经验判断作为危险判断的基准。

具体危险说与修正的客观危险说具有一个共同点,在判断基准上都考虑规范的要素,即一般人的经验法则、一般人的判断或者社会相当性的判断。按照这种理论,在行为时的客观事实的基础上,具体危险说认为应当以一般人能够认识的事实和行为人特别认识到的事实作为基础,进行一般人的规范判断;修正的客观危险说认为应当以行为时存在的客观的事实进行一般人的经验判断。例如,甲为了取得保险金而谋杀乙,以药物注射为名向乙的双腕静脉共注射了30~40cc的空气,从事司法鉴定的是

〔1〕 参见[德]克劳斯·罗克辛:《德国刑法学总论》(第2卷),王世洲等译,法律出版社2013年版,第255页。

〔2〕 参见[日]曾根威彦:《刑法总论》,弘文堂1993年版,第239页。转引自张明楷:《未遂犯论》,成文堂、法律出版社1997年版,第272页。

日本医学界两位享有盛名的法医，古畑博士的鉴定结论是：70cc以下不会致人死亡，中馆博士的鉴定结论是：30cc左右必定致人死亡。[1] 对此，按照客观危险说，根据行为人给被害人静脉血管中注射了一定量的空气的事实，应当根据科学法则来进行判断是否存在危险，然而，即便是作为享有盛名的法医进行专家鉴定，似乎也无法为行为人的行为是否具有符合法则地引起犯罪结果的危险给出确切的结论。按照古畑博士的鉴定，70cc以下不会致人死亡，那么行为人所注射的并未达到这一标准的量的空气，按照科学法则判断不可能存在客观上引起结果的危险，但是按照中馆博士的鉴定结论的话，对于被害人已经注射了超过致死量的标准的空气，因而具有具体的客观危险。因此，如果将危险作为构成要件中的特定要素，这一构成事实是否存在，在刑事诉讼证明的意义上就是存疑的，而按照对犯罪事实的证明存疑有利于被告人的原理，此时应当对被告人作有利的推定，即认为不存在危险。但是这样的结论显然是存在问题的。“并非医生意义上的一般人在观念上具有即使向血管内注射空气也能够导致他人死亡的认识，而且被告人也具有相同观念的认识，因此向人体静脉内注射空气无论其量有多少都是足以致人死亡的极其危险的行为，应该说这是社会通行的观念。”[2] 因此，修正的客观危险说与具体危险说都认为，在此时不应当根据机械的科学法则，而应当以刑法上规范的社会相当性法则来判断，根据一般人的想象、经验法则的抽象可能性、社会的通行观念等，应当认为这种给静脉注射空气的行为具有危险性，因而作为未遂处罚是合理的、妥当的。

那么，一般人判断的内容是什么？

具体危险说论者认为一般人判断的规范要素的基础是“刑法作为行为规范的性质”，“刑罚规范既是客观的评价规范，又是针对行为人的命令规范……作为结果状态的客观评价只有与行为人的行为相关联时才具有意义……因此刑法规范首先又是以国民或者社会上的一般人为对象的行

---

〔1〕 李海东：《社会危害性与危险性——中、德、日刑法的一个比较》，载陈兴良主编：《刑事法评论》（第4卷），中国政法大学出版社1999年版，第32页。

〔2〕 参见［日］野村稔：《未遂犯研究》，成文堂1984年版，第417～418页。转引自郑军男：《不能未遂犯研究》，中国检察出版社2005年版，第295～296页。

为规范,其调整的是社会上的一般人在其日常生活中的行动,刑法具有行为规范的功能意味着为国民事前避免法秩序受侵害提供了行为标准。另一方面,由于刑罚规范是以一般人作为调整对象的行为规范,因而对于现实行为的规范评价需要从实质的角度出发,即以一般人的通行观念为标准"。[1] 因此,一般人判断的理论基础,被认为是刑法具有的作为社会一般人行为准则的性质。但是,据此一般人判断、一般人见地等规范的要素的内容仍不明确,给人一种不具有明确性的感觉。

笔者认为,从事实学的层面来界定这里的一般人观念的路径难以走通。从事实学的层面,如果要对一般人判断的危险进行认定,可能存在两种路径。第一,就是以犯罪事实的目击者作为判断危险的一般人;第二,就是让法官按照社会调查的形式从社会上随机抽取个人,并按照如陪审团运作模式的方法对行为是否引起危险进行事实上的认定和裁断。然而,这两种方法都存在致命的缺陷,犯罪事实的目击者有可能存在,因此似乎危险的一般人判断按照目击者的判断来证明是可能的,但是如果没有目击者那么危险判断就陷入不可能。因此目击证人的一般人危险判断的方法不合理。如果按照社会上随机抽取的一般人判断,那么一方面会出现如果随意更换一般人,或者采取不同的调查问卷的提问方式,在结论上就会出现不同的以概率形式反映的危险结论,即认为存在危险的被调查者的比率会因调查的方式等不断变化,这使法适用的结果不稳定。此外,如果一般人给出的结论是各自参半,即一半人认为危险,一半人认为不危险,那么又无法对危险的规范说明给出结论。在这个意义上,从事实学层面来获取危险判断的一般人方法,不是妥当的可行路径。

因此,只能从规范学的路径来界定一般人判断与一般人经验。在这个意义上,所谓一般人经验,即是法官、法律解释者按照其想象的刑法构成要件所预设的类型化行为,来判断某种事实上行为人的不能未遂行为是否具有了这种构成要件行为的类型性。例如,关于往被害人静脉血管中注射一定量空气的行为,法律解释者认为一般人慑于刑法规定的不得杀人的禁令,都不会去实施这一行为,否则就可能该当故意杀人罪的构成

---

[1] 参见郑军男:《不能未遂犯研究》,中国检察出版社 2005 年版,第 300 页。

要件。因此,一般人都会把这一行为当作杀人行为来看待。按照规范的一般人判断的危险就是成立的。

笔者认为,一般人判断的规范要素,在理论的合理性上存在重大疑问,因此,对于具体案件适用中如何论证危险,该理论无法提供值得信服的理由。因此,该理论往往只能以"社会观念上某种(不能导致结果的)行为具有危险性""一般人会认为这种行为方式存在危险性""社会一般人仿效该行为会存在危险性"等不同的说法来论证行为的具体危险成立,并且在理论上还可以强调这种一般人判断具有一种积极的一般预防的刑事政策效果。[1] 但是,这种说明容易成为以"行为人人身危险性""行为人再度实施某种行为的社会危险性"等超脱构成要件、脱离具体行为实施认定危险的疑问。在理论上,"社会一般人仿效该行为会存在危险性"的说法,在结论上与行为人人身危险性能够有什么区别,值得刑法理论反思。

三、主观危险与客观危险

在未遂可罚的限定中所涉及的危险概念,存在主观危险与客观危险的不同。笔者认为,在未遂的危险场合,主要存在两种不同层面的主观化的问题。[2]

(一)判断危险事实的主观化

危险的判断,可能会因为在判断资料上采用了主观事实而变得主观化。

根据前文分析,在危险的判断事实中存在两种事实,即主观事实和客观事实。所谓客观事实,是指行为人实行着手时存在的事实。主观事实,则是行为人在犯罪实行时设想的关于犯罪实行的事实,包括犯罪方法的设想、犯罪对象的设想与其他犯罪客观构成要件要素的设想。如果全部犯罪主观事实与客观事实互相合致,那么行为人就成立故意,且应当成立

[1] 参见周光权:《区分不能犯和未遂犯的三个维度》,载《清华法学》2011 年第 4 期。

[2] 对于刑法上纷乱的主观说与客观说的体系性梳理,参见张志钢:《论不能未遂的可罚性》,北京大学 2015 年博士学位论文,第 23 页。

既遂,即犯罪故意中的犯罪结果要素也实现了,全部犯罪构成要件都告实现。然而,行为人对于犯罪设想中的部分要素,在客观上并不存在,导致结果没有发生,这是不能未遂产生的原因。因此,在不能未遂的客观事实与主观事实的关系上,必定有一部分是互相合致的,且除了结果之外,还有其他客观事实是没有与主观事实互相合致的。

因此,主观事实中与客观事实相互合致的部分,其实仍然属于客观事实,对此应当作为客观事实而作为危险判断的事实基础。然而,主观事实中仍然还有一部分事实,是仅仅存在于行为人的犯罪设想之中,而具体的犯罪实行的客观事实中并不存在。例如,行为人设想的投毒工具——砒霜,事实上只是白糖;行为人设想的使用警察的手枪对其开枪射击,但是客观上的事实是该枪并没有安装子弹,是在当时不能枪击他人致死的空枪;行为人设想的存在钱包的被害人的口袋中存在钱包,但实际上该口袋中空无一物等。在这些情况中,由于这部分事实在客观上并不存在,因此才是真正的主观事实。真正的主观事实,不同于那些由行为人认识到的、在客观上也能找到合致的对象的事实,反映了行为人主观上的恶性,也说明了行为人对于法所保护的法益的敌视态度。

对于这种主观事实能否作为判断未遂的构成要件实现的危险的基础,理论上存在争议。主观说认为未遂的本质是敌视法律的意思的活动,因此不仅这种主观事实,而且行为人的没有实现的意志要素的主观内容也是未遂可罚性的重要根据。在印象理论的体系中,对于法秩序动摇的印象,其判断的立足点仍然是行为人活动的犯罪意思是否带来这种社会心理学的规范效果,因此,行为人的错误认识的主观事实对于这种法秩序动摇的一般人心理上的印象是不可或缺的内容。对于计划危险论来说,行为人犯罪计划的抽象危险性才是行为作为未遂处罚的实质根据,因此犯罪计划是否危险,需要以错误的事实作为必要组成部分,因为即便在客观上不可能导致结果的发生,但是这种行为人错误认识的主观事实,是作为该犯罪计划的组成部分存在的,否则离开这部分由行为人错误认识的主观事实,就无法说明行为人决定实施该犯罪计划的理由,也无法说明该犯罪计划的性质。就此而言,计划危险论对于危险的判断,将行为人的真正的主观事实也作为判断内容。所谓危险,就是行为人完整的主观犯罪计划对于法益的抽象危险性。

与此不同,具体危险说与客观危险说不采取行为人的错误的主观事实,而仅以客观事实作为判断危险的资料。具体危险说认为,应当以一般人能够认识到的事实与行为人特别认识到的事实作为判断危险的基础。对于行为人错误认识到的、客观上不存在的主观事实,首先,其不属于一般人能够预见的事实。因为行为人的错误主观事实,属于行为人内部的主观心理要素,是一般人不能够预见的对象。其次,行为人错误认识的主观事实,也不属于行为人特别认识到的事实。因为,这里所说的行为人特别认识到的事实,是指一般人不能够认识到的,但是由行为人特别认识到的个案事实,因此在客观案件事实中也能够找到其客观的对应物。因此,在具体危险说看来,行为人错误认识到的、客观上不存在对应物的主观事实,不能够作为判断危险的基础。对于客观危险说来说,则更为清晰。客观危险说认为对于事实不仅不能够使用主观事实,而只能运用客观事实,而且也不能够按照一般人的标准、按照社会经验法则对事实进行抽象。尽管在对客观危险说的修正过程中,部分学者放弃了这种对客观事实全部接受的做法,而是采取对细微事实进行抽象、对假定事实进行判断等做法实现对事实的抽象化。但是,对于是否将行为人错误认识的主观事实作为危险判断的基础,具体危险说确实持否定结论。

在笔者看来,主观事实具有如下性质:

第一,主观事实与客观事实相冲突。这里的主观事实是指纯正的主观事实,因此并不包括那部分与客观事实互相合致的,即客观上存在而为行为人所认识到的事实,对此仍然属于客观事实。因此,这里的事实是与客观事实相冲突的事实,因而在此应当采取何种事实,成为各理论判断不同危险概念的"分水岭"。

对于主观说、印象说与计划危险说而言,在未遂的成立的判断上,是以主观事实作为基础的,因此,行为人主观上怎么设想,对于刑法来说是重要的,至于客观上怎么样,则在所不问。因此,对于主观说来说,无论是重大无知未遂还是普通未遂,都具有相同的性质,即都是一种危险的犯罪意思,不管这种犯罪意思在客观上具有什么表现。

而对于客观危险说,则是斩钉截铁地选择客观存在的事实作为判断危险的基础,主观事实没有刑法上判断危险的重要性。但是,这种观点被批判为导致所有的未遂都是无危险的,因为如果考虑到全部案件真实的事实状况,就不得不承认结果的不发生是必然的,因此危险判断也难以成立。就此,客观危险说放弃了这一立场,转而对事实进行舍弃和抽象化、或者采取假定事实。所以,在客观事实与主观事实冲突的情形中,修正的客观危险说是以一种"中间事实"作为判断危险的替代性事实,以补充这一主观事实与客观事实出现冲突,采用主观事实有可能滑向主观刑法理论,采取客观事实则被批判为消解了危险概念的状况。例如,对于行为人抢夺警察手枪而对其射击,由于手枪中并未安装子弹而未能得逞,此时主观与客观冲突的事实就是"手枪中安装了子弹",这一情况只是主观事实,而客观事实与此相反——"手枪中没有安装子弹"。在此,对于修正的客观危险说来说,山口厚认为应当以假定事实"手枪中安装了子弹"的存在可能性、前田雅英认为应当舍弃细微事实——"手枪中没有安装子弹"。因此,无论如何,实际上都是用一种能够得到社会相当性法则佐证的主观事实来判断危险,而不是以客观上实际存在的与行为人主观上不同的事实来判断。再如,行为人如果抢夺的是商店橱窗里作为模型的塑料枪支而试图杀人的,在此行为人虽然主观上事实是"该枪支是具有杀伤力的枪支",但事实上客观存在的则是"该枪支是不能杀人的塑料玩具",在此,按照经验法则需要假定的事实是,一般人都认为这一枪支是塑料枪,应当在此选择客观事实作为判断资料,因此否定危险的成立。就此而言,修正的客观危险说走到了客观危险说的对立面,在客观事实与主观事实存在冲突时,认为应当根据社会相当性来区分,有时候应当选取主观事实作为判断资料,有时候应当选取客观事实作为判断资料,选取主观事实时,则与计划危险说的判断结论相同,选择客观事实时,则与未经修正的客观危险说的结论相同。因此,笔者认为修正的客观危险说实际上是"附条件的计划危险说"或者"附条件的客观危险说",即认为当行为人的客观实行状况在社会经验法则上,对客观事实与主观事实进行比较,看二者哪一个在人们的社会生活经验下与构成要件更为符合,进而决定行为是否存在危险。

在具体危险说中,由于只以一般人能够认识到的事实和行为人特别认识到的事实为基础进行危险判断,因此对于行为人错误认识到的事实,实际上也是以一般人能够认识到的事实的标准,进行抽象化处理的。在结论上,与上述修正的客观危险说一致。

在笔者看来,对于未遂的处罚根据应当采取综合未遂论,即未遂是一种故意实施的实质上符合构成要件、没有造成结果的行为。因此,故意的主观要素对于未遂的不法类型性具有决定作用,如果行为人没有故意,在过失的犯罪心理下不可能成立未遂。但是,采取综合未遂论不意味着对于危险应当进行综合的理解。未遂的危险,是对构成要件行为与构成事实行为进行符合性判断的实质内容,属于客观构成要件的要素。并且,对于行为是否该当构成要件的判断,不能采取威尔泽尔所主张的目的行为论。在此意义上的未遂的危险判断,应当以行为时的全部客观事实为判断基础。行为人的主观事实,应当是判断构成要件故意与是否成立责任、责任轻重的要素,但不是未遂的客观构成要件行为符合性的要素。

第二,主观事实能够说明行为人主观心理内容符合犯罪故意。根据我国《刑法》第 14 条规定,明知自己的行为会造成危害社会的结果,并且希望或者放任这种结果发生,由此构成犯罪的是故意犯罪。因此,对于犯罪故意的认定,不能脱离这一部分主观事实。尽管在客观上并不存在与此完全对应的客观事实,但是并不能因此而排除故意。根据故意理论,对于客观存在的构成要件要素没有认识,那么就排除故意的成立。但是,在不能未遂的场合,主观事实是没有认识到与构成要件要素相反的事实,对此笔者认为不能根据故意理论排除构成要件故意。而应当根据行为人的主观心理事实,肯定故意的成立。

这也从正面说明,主观事实的实际性质应当是犯罪故意认定的要素,而不是行为是否该当构成要件行为的要素。对于一个行为是不是杀人,只能根据客观事实进行判断,主观事实只能对于行为人杀人故意的成立具有作用。在这个意义上,主观事实虽然在未遂的犯罪成立体系(构成要件故意、责任)中具有重要意义,但并不是判断客观构成要件行为符合性的资料。

(二)判断危险基准的主观化

如果判断危险的基准是按照主观的标准,那么也可能实现危险判断的主观化。

所谓危险判断基准的主观化是指,在客观事实基础上,使用主观的标准进行判断。在理论上存在不同的判断基准,在严格的程度上分别是:行为人标准说、一般人标准说、规范标准说、科学标准说。

行为人标准说显然属于主观化的判断基准。主观说对于危险判断采取行为人标准说,即行为人的犯罪意思的活动,以行为人的标准,具有危险性。因此,这种判断基准受到了刑法理论的批判。

一般人标准说是多数学说的主张。例如,计划危险说认为,应当以行为人的犯罪计划为判断资料,按照一般人的方法判断是否存在危险。[1]印象说认为,行为是否作为未遂进行处罚,应当根据一般人标准,判断犯罪意思的活动是否引起了法秩序动摇的印象,重要的不是在构成要件中事实观察者的印象,而是一个认识所有外在与内在要素的平均水平观察者看来,这个行为人的行为是否适合引起一个动摇法律的印象。[2] 具体危险说认为,未遂的危险性应当进行事前判断,且一个具有洞察力的第三方判断者,看出行为人的目的并拥有可能的专门知识,一定算计到了这个结果的发生可能性时,就是危险的。[3] 因此,一般人标准说提倡一种在概念上与一般预防联络的"一般人"的概念。

规范标准说认为,应当根据构成要件的法益保护目的,根据构成要件的行为类型,从实质上、形式上来判断行为是否属于该当构成要件的行为。

科学标准说则认为应当采取不依赖于具体个案行为人的、不依赖于法官、法律解释者的一种符合纯粹客观世界科学法则的判断基准对是否存在危险进行判断。这种判断基准在计划危险说、客观危险说中都有学者主张,但学说上主要还是客观危险说的立场。例如,宗冈嗣郎认为,对危险性的判断不是以一般人的危险感为基准,而是以科学的因果法则为

---

〔1〕 当然,也有学者虽然采取计划危险说,但是认为应当采取科学法则作为判断危险的基准。参见张明楷:《未遂犯论》,成文堂、法律出版社 1997 年版,第 231 页。

〔2〕 参见[德]克劳斯·罗克辛:《德国刑法学总论》(第 2 卷),王世洲等译,法律出版社 2013 年版,第 264 页。

〔3〕 同上书,第 256 页。

基准。[1]

上述规范基准说与科学基准说，或者以构成要件的规范类型，或者以科学法则作为危险判断的基准，显然属于客观的判断基准，因此不存在主观化的疑问。存在疑问的是"一般人判断"是否属于主观的判断基准？对此，我国台湾地区刑法学者许玉秀认为，"所谓的一般经验法则，也即法规范用于确定合法与不法界限所根据的法则，站在评价行为是否不法，规范是否应予责难的立场，不可能不根据确定规范界限时所依据的一般认知经验作判断"。[2] 因此，所谓的一般人判断，在许玉秀教授看来，是判断违法性必然要使用的基准，因此是一种规范的客观判断基准。笔者认为，一般人判断是客观的判断基准，但是对于行为是否该当构成要件来说，仅仅使用社会经验的规范要素来补充，有时会遗漏对于构成要件符合性、对于刑法的辅助性法益保护的目的来说重要的要素或者方面。因此，应当从一般人经验、一般经验法则等社会观念的客观规范评价基准上升到规范的危险判断基准，即对于刑法的辅助性法益保护和构成要件类型判断重要的要素，都放在法益保护的目的视角下考察。

四、如何理解危险的程度性

德国刑法学者亨克尔认为，如果人们将危险理解为一种状态，那么这一概念就不具有层升的能力，危险状态只能是"有"或者"没有"，而不能是"更多的"或者"更少的"，而充其量只能是被变化的危险，但是状态的变化意味着整个案件的变化。……同样危险作为可能性判断的意思，作为抽象的因果性也同样表现出如此的性质，因为"可能性"也只能是有或者没有，而不能是更多的或者更少的，作为对绝对概念的否定(必然性与不可能性)，危险概念本身也是绝对的。然而，在此我们主张该概念的层升能力，即一种概念的相对性，危险是一种可能性判断的凝结，这一判断可能按照其具体条件的情况定义为"更多的"或者"更少的"或者"确定的"，在这个意义上，人们可以承认一种可能性的程度，一种危险的程度的

〔1〕 参见[日]宗冈嗣郎：《我国未遂论上的客观主义的再构成》，载《刑法杂志》第25卷。转引自张明楷：《未遂犯论》，成文堂、法律出版社1997年版，第254页。

〔2〕 参见许玉秀：《当代刑法思潮》，中国民主法制出版社2005年版，第437页。

概念。[1] 就此而言,面对主观危险说对于旧客观说提出的"危险概念客观性"的质疑,亨克尔基于相当因果关系理论论证了危险概念与危险判断的客观性,并且,危险概念的程度性虽然与该概念在刑法中的属性存在一些矛盾,但作为可罚性未遂的理论基础,仍然应当作为层升的程度性的概念来认识。实际上,在当时的著作和帝国法院的判决中也广泛使用着一种"高度盖然性"(wahrscheinlichkeit)的概念,立林塔尔(Lilienthal)、罗森菲尔德(Rosenfeld)、冯·布理、罗兰德(Rohland)、齐本哈尔(Siebenhaar)、亥尔施内(Hälschner)、吕梅林(Rümelin)、贝林(Beling)、李斯特、弗兰克(Frank)等若干主观未遂论、客观未遂论的学者,都对危险概念使用了一种限定了较高水平的可能性的概念,[2]可见危险作为程度性概念,是当时的主观说、旧客观说与抽象危险说一概明确或者默认的。

然而,仔细地分析能够发现,主观未遂论与客观未遂论、综合未遂论,由于主张不同意义上的危险概念,因此所谓危险的程度性也分别具有不同的概念内涵。

主观未遂论的立场上存在主观说、印象说与计划危险说。首先,主观说所说的危险,是一种"恶意"的危险与"恶人"的危险进行综合的结果,据此,值得作为未遂进行处罚的行为,是由于其犯罪的意思与再度犯罪的尝试可能性而值得刑法作出否定的评价。因此,主观说认为只能从主观面来界定危险性,行为人的犯罪意思与下一次犯罪后成功的高度可能性,才是未遂可罚的关键。例如,卢登认为:"这一关于客观危险性所做的区分(指米特迈尔等旧客观说区分绝对不能与相对不能的观点)是没有意义的。一种不现实的或者不充足的方法也并不比方法不能未遂客观上更没有危险性,因为通过适当的,但仅仅是不充足的或者不现实的方法是能够实现既遂的。所谓的危险性只能通过主观面才能认识,在主观面,应当担心的是,行为人所使用的这种方法可能会在下一次现实的或者充足的方式中使用。对于方法不能未遂也存在同样的担心。当行为人某次具有实现犯罪既遂的意思,因此他会在使用了方法不能后获取的经验基础上,下

[1] Henckel, Das Gefahrbegriff im Strafrecht, 1930, S. 18.
[2] Vgl. Henckel, Das Gefahrbegriff im Strafrecht, 1930, S. 19.

一次使用一种适当的方法。"[1]由此可见，基于主观未遂论可能会认为，危险是指犯罪意思尝试的危险，虽然这一次尝试失败，但现实生活中人们总是在试错后才发现正确地贯彻个人意志的实践方法，因而从人类生活社会经验发现和积累的这种社会学观察的角度，主观说发现了未遂可罚性的危险性概念的不同解释视角。在这个意义上，主观说所说的危险，并不是一种存在或者不存在的主观犯罪意思，而是一种通过践行和人类行为实践获取社会经验的过程使恶行成功的高度可能性。因此，迷信犯的犯罪意思也并不能说是全然不存在，那么迷信犯既然具有犯罪意思，也进行了犯罪意思的活动，为何主观说仍然认为迷信犯不具有可罚性呢？在笔者看来，迷信犯不可罚的根据在于，迷信犯的犯罪意思只是具有较低的犯罪意思的危险，正由于不具有高度的犯罪意思的危险，才使主观说否定了迷信犯的可罚性。这是因为，迷信犯的行为是对于人类实践行为来说全无意义的行为，因此这种对已被人类社会长期的共同生活确定为无效并看起来可笑的社会实践的方法，在行为人的犯罪意思表达中，并不能高度地展现一种通过再次实施完成恶行的能力。然而，通过一种公认的错误方法进行的试错并非毫无意义，而是具有犯罪意思的危险性的，只不过由于行为人实践方法的重大偏离，这种危险是遥远的。具有责任能力的行为人竟然不具有一种通常的社会实践与社会行为的基本方法，这对于犯罪意思的活动来说，显著地降低了可能性。

与此不同，印象说虽然也以主观未遂理论为出发点，但对于未遂犯的可罚性限制于一种社会心理学效果的标准，即犯罪对社会一般人造成的印象。[2]因而，重大无知的不能未遂的减轻处罚可能性与迷信犯的不可罚性的原因是，只有那些对社会大众所信赖的法秩序的适用造成了冲击，使法和平产生了损失的印象的未遂，才应当是可罚的。[3]因此，法秩序动摇的印象也具有程度性，在这个意义上界定的危险概念也必然是一种层升的规范概念。在通常的未遂、重大无知未遂、迷信未遂中，法秩序动摇与法和平损害的社会大众的规范印象是递减的，而且，迷信犯几乎不可

---

〔1〕 Luden, Handbuch des deutschen gemeinen und particularen Strafrechts, 1847, SS. 400, 401ff.

〔2〕 Schönke/Schröder/Eser, StGB Kommentar, Vorbem §22, Rn. 22.

〔3〕 Vgl. Gropp, Strafrecht Allgemeiner Teil, 3. Aufl., 2005, S. 316, Rn. 48.

能给社会个体造成事实上的法和平损害的印象，所以在规范的社会大众法秩序动摇印象的意义上，就应当认为是毫无刑法关注的必要。格鲁普认为，这种意义上的未遂可罚性基础（即具有程度性的法秩序动摇印象），不仅和刑事法制上未遂、重大物质未遂可罚性的不同设定相符合，而且也更为适合刑法的任务，即尽早地通过对攻击对象的保护实现对法益的关注。[1] 因此，在印象说看来，刑法的任务虽然是保护法益，但仍然应当考虑社会大众的规范遵守，如果某种现实的法益侵害没有发生，但足以影响和恶化社会一半公众遵守规范的信赖和心理学认知，则仍然是对于法益的间接的高度侵害。但是，这种程度设定的方式，是否仿佛也同时给我们造成了一种“法益概念精神化”的印象？虽然我们可以将法秩序动摇的印象，与法益侵害的间接性进行一种程度性的关联，但是我们同样也可以在理论上认为这种以社会大众规范遵守为基础的社会心理学标准，也并非不可能是与一种意在积极一般预防意义上的、脱离具体行为的处罚目的设定。虽然印象说脱离了以行为人危险、意思危险的高度盖然性的观念，但是否转而以“犯罪意思活动”与“一般人危险”进行关联，实现对危险概念的“偷梁换柱”，走向刑法规范适用主义的规范危险概念呢？笔者认为，印象说的这种做法仍然存在很大的理论风险。只不过，这也同时说明，法秩序动摇的印象，也承认危险概念的程度性。

计划危险说与此不同，虽然不是以“犯罪意思”+“一般人危险”的逻辑来论证危险的程度性，而是以“犯罪计划”+“计划的合目的性”来论证未遂的可罚标准，但仍然没有肯定一种绝对的危险概念。计划危险说所谓的危险概念，是指行为人设想的犯罪计划所具有的实现法益侵害结果的能力具有危险性。例如，虽然抢夺了警察没有安装子弹的空枪而无法枪杀警察，但“夺警察之枪实施枪击杀人”之犯罪计划却有很高的实现杀人结果的危险；虽然误将白糖当作砒霜投毒实施杀人而不能得逞，但“用砒霜实施投毒杀人”的犯罪计划具有高度的实现杀人结果的危险；虽然行为人进入他人空无一物的房间盗窃而未得逞，但是“入室实施盗窃”的犯罪计划却具有很高的实现转移他人财物占有的可能性等。对此，计划危

[1] Gropp, Strafrecht Allgemeiner Teil, 3. Aufl., 2005, S. 316, Rn. 49.

险说通常以一般人看来的犯罪计划的高度危险性，来限定危险成立的程度。然而，虽然持计划危险说，却也有人主张以科学法则作为犯罪计划是否能够实现的标准，因而实际上是对危险成立程度进行的更高程度的限定。

客观危险说认为，危险是一种结果可能发生的状态，是需要进行认定的客观事实，对此按照科学法则，就客观案件事实即可判断。就此，似乎客观危险概念不是一种层升的概念，而是或者存在，或者不存在的判断。但实际上不少客观危险说的主张者在判断时仍然是以程度思维来理解危险概念的。例如，中山研一认为，在因剂量不足而不能既遂的案件中，如果行为人以杀人故意将没有达到致死量的毒药给他人饮用，则属于相对不能，成立未遂犯；但如果毒药的量极少，则有可能属于绝对不能。[1] 大谷实教授也认为没有达到致死量的毒药杀人案件，由于毒药本身适合作为杀人的手段，因此如果行为导致他人身体健康状态的变化，则属于相对不能，成立未遂犯；但如果毒药的量极少，对他人身体健康状态没有产生任何变化时，则属于绝对不能，成立不能犯。[2] 实际上，在客体不能的场合，如受枪杀的被害人偶然在隔壁房间、盗窃的被害人的财物偶然在身上其他口袋，在这些情况下，往往是根据对象与行为人的未遂行为时间上、空间上隔离的远近来判断是否能够认可一种支持将行为作为未遂处罚的危险的成立，因此也很难说客观危险说主张的危险概念具有绝对性。

具体危险说与修正的客观危险说，对于危险的判断事实都采取一定的抽象化处理，并且，在判断上具体危险说采取一般人判断的基准，而修正的客观危险说则采取科学法则判断的基准，二者都是在危险的判断上主张一种相对的危险概念。换言之，具体危险说所说的法益侵害结果发生的具体危险，是在具体案件事实中一般人所认为的法益侵害结果发生可能性，因此如果采取这种规范的一般人对危险判断的方法，危险概念就必然不可能是绝对二分概念，而只能是具有相对的程度性的概念。因为，

---

〔1〕 参见［日］中山研一：《刑法总论》，成文堂1982年版，第426页。转引自张明楷：《未遂犯论》，成文堂、法律出版社1997年版，第254页。

〔2〕 参见［日］大谷实：《不能犯（再论）》，载《同志社法学》第30卷。转引自张明楷：《未遂犯论》，成文堂、法律出版社1997年版，第255页。

在概念上既然是社会一般人的判断,就不可能是如物理法则那样有彻底清晰的非黑即白性的区别,而只能是表现为一种较高盖然性与较低盖然性的区别。人们不可能在语言使用上用"一般人认为某事可能发生"表达"某事必定可能发生",而只能认为是某事发生的可能性具有较高的程度,至于这种程度如何证明,则需要通过对事实的分析,对结果没有发生的原因所具有的高度偶然性的说明来阐明,却无法通过物理法则和数学公式进行证明。在这个意义上,具体危险说的危险概念尽管具有较大的不明确性,但也从反面说明了危险概念是具有相对性的程度性概念。如果主张危险概念不是程度性概念的观点,则有可能导致无法对危险进行判断。与此不同,修正的客观危险说在判断基准上采取科学法则说,在判断事实上采取对事实进行一定程度的抽象和假定。例如,山口厚教授认为"以为尸体是活人而故意开枪的案件,由于现实上不存在具体的客体,故不可能对法益造成侵害,成立不能犯,但是行为人从窗外向室内床上开枪,被害人刚好在开枪之前起床时,则要考虑被害人有无可能睡在床上被行为人击中(假定事实),如果能得出肯定结论,则成立未遂犯"。[1] 在这里,被害人有无可能睡在床上被行为人击中的假定事实的判断,显然不可能是"或者是或者不是"的绝对性判断,而只能是较高可能性或者较低可能性的判断。因此,修正的客观危险说所主张的危险概念,也是程度性概念。

应当指出,对于结果没有发生与结果可能发生的判断,是诸多相关因素共同作用的结果,其中,既有促使结果发生的因素,也有阻碍结果发生的因素。例如,在行为人抢夺警察偶然没有安装子弹的手枪欲枪杀警察而不能得逞的案件中,对于结果是否发生的相关因素至少有:*a*. 抢夺并朝着警察扣动扳机的行为;*b*. 使用抢夺的警察的手枪作为犯罪工具;*c*. 枪支中偶然没有安装子弹。因此,*a* 与 *b* 是促成结果发生的因素,而 *c* 则是阻碍结果发生的因素。在这个案例中,主张行为不可罚的学说(例如,宗冈嗣郎主张的客观危险说)认为应当综合考虑 *a*、*b*、*c* 三个因素,而不能进行

---

〔1〕 [日]山口厚:《危险犯的研究》,东京大学出版会 1982 年版,第 170 ~ 171 页。转引自张明楷:《未遂犯论》,成文堂、法律出版社 1997 年版,第 267 页。

事实抽象,并且按照科学法则显然不能发生结果。而主张行为可罚的学说,无论是从行为人的主观犯罪计划(与事实 a、b 正好符合),还是从客观上对事实进行修正(选择 a 与 b 作为判断危险的事实,舍弃 c 或者用假定事实替代 c),都是强化促成结果的事实而弱化阻碍结果的事实,从而肯定结果发生的程度较高。笔者认为,首先应当对事实类型化为相互独立的互补影响的事实,并且这些事实都是作为结果是否发生的相关事实,对于危险是否达到较高的程度,需要综合判断。例如,对于上述手枪案,必须类型化为如下事实:m = 抢夺枪支;n = 扣动扳机;p = 手枪能够击发子弹并射出弹头;q = 手枪中安装了子弹;r = 子弹具有被击发后的杀伤力;s = 子弹没有卡弹;t = 子弹没有射偏;g = 其他事实。如果将危险概念表述为 y,那么可以使用如下公式表达:

$$y = m \cdot n \cdot p \cdot q \cdot r \cdot s \cdot t \cdot g$$

如果有一个因素为零,就表示危险程度系数为零。但是,在客观上某一个事实是否存在虽然从事后来看是绝对的,但在危险判断时,根本不可能说某一事实的发生系数完全是0,而只能说某种事实发生概率相对较低,或者概率相对较高。例如,人们如果从事后来看,就必须说所谓 q 代表的“手枪中安装了子弹”的事实的发生概率是0,但是这种计算方法会导致所有的未遂从事后来看,某个相关因素的存在可能性是0,从而导致危险发生的概率也是0,这使所有未遂都是不可能发生结果的不可罚的行为。因此,人们必须或者从事前角度判断来承认“还是有可能安装了子弹的吧”“一般人都会认为是安装了子弹了吧”这样的观念,从而来肯定结果发生的可能性。人们或者选择修正客观危险说的观点,承认“假如说子弹安装在了该涉案手枪中的想象的可能性还是符合社会相当性吧”这样的观念。无论如何,客观危险说所说的纯粹的事实危险性的主张,将危险概念绝对化的做法使危险公式在任何情况下都成为“因某个相关因素系数为0而整个公式成为0”的无用表达,从而在理论上必须承认结果发生的可能性。

此外,如果人们打开“脑洞”进行无限扩大的空想,也不得不承认“抢夺到这名警察而不是其他出警警察手枪的概率”也要作为计算危险公式中必要的相关因素,此时,还要算一算“同时出警的警察有多少名”“有可能在较短时间内进入行为人行动范围的警察有多少”,还要排除那些“显然身强力壮而行为人不可能夺走其枪支的警察”,否则也难以断言危险必定存在还是不存在。毕竟,这些相关因素都在一定程度上影响“夺空枪而枪杀警察”这一异常案件事实的形成。然而,无论是在判决中还是在理论中,都无法真正的毫无遗漏地为这种危险的判断“捏造”一个危险判断公式,而只能够通过缜密的调查,在案件事实基础上通过说理来以“相对较为确定”的方式论证危险的存在,从而为行为可罚性奠定基础。这样的话,危险判断说到底有可能是一个“欺世盗名的”、空洞无用的概念,只是为刑罚处罚进行“欲加之罪何患无辞”的空洞说明罢了。但是,这并不是刑法学研究的目的或者任务,人们不能因为某种事实不可能达到物理法则、生物学法则那样的绝对决定关系或者至少是极高度的(如父子之间 DNA 相似指数可能达到 99.99999%,甚至后面有无数的 9 但不可能达到 1),就直接认为,由于刑法上不存在这种程度的确定性,因此就不需要进行危险判断。人们必须尽可能地通过大量案件的分析,说明、进一步限定或者建构一种理论,并另一方面通过对刑法法规的解释,从中找到一个分界点,将能够涵摄在构成要件下进行处罚的行为与无罪的行为进行相对的区分。

综上可见,危险是一个程度性的、相对性的概念,对于危险的判断,绝对不能与相对不能的区分,在疑难案件、边界区域的情况下也显然是无用的。因为,对于边界案件来说,绝对不能与相对不能的区分标准,只是更清晰、更形象地概括了问题,而并没有为问题提出解决方案、提出区分标准。将危险概念绝对化的做法,一方面不可行,必然走向其对立面;另一方面也实际上对危险概念进行了相对化。

五、危险与具体罪名、法益类型之间是否存在关联性?

关于危险的判断,人们可能还会提出一个问题,即危险是不是一个与罪名、与法益无关的概念?或者反过来提问,危险是不是一个与法益的类型化与构成要件的类型化存在相关性的概念?

在过去的理论研究中,显然能够发现存在这样的现象:多强调对一般标准的演绎,少对于不同特性的类型化归纳。也就是说,学说上对于危险的研究往往重视对于危险概念的基本理论和危险判断的一般方法的演绎性研究。对于危险判断按照事实进行类型化并且归纳其危险判断，学说上最早被提出并被后来的学说继续遵守、不断深化的类型化就是“方法不能未遂”“对象不能未遂”和“身份不能未遂”的三分法，并且对于这三种不同类型的不能未遂，是否能够按照一个理论统一进行判断，还是要对不同的类型分别进行判断，理论上存在争议。但主流理论认为，对于方法不能未遂和对象不能未遂，应当采取统一的判断方法，而对于身份不能未遂，一般理论都认为，身份不能未遂由于缺乏必要的身份，不可能对于法益造成任何损害，因而将其作为不可罚的行为处理。由此可见，学说上对于危险判断，从事实学、规范学的角度进行类型化并且分类型判断危险的尝试是少之又少。

从对于危险判断的最为重要的相关因素出发，首先应当区分且不得不这样区分的标准就是构成要件和法益。杀人罪的构成要件不同于盗窃罪、放火罪的构成要件，而法益也彼此不同。实际上，可能有助于使危险判断清晰化的区分标准仍然存在多种：在事实层面根据其不能发生结果的原因可以区分为事实不能、法律不能，前者如杀人罪的被害人其实是尸体导致杀人罪不可能既遂，后者如强奸罪的被害人是男人的场合，由于我国刑法规定了强奸罪的对象只能是妇女，强奸罪的行为不可能达到既遂。虽然事实上强奸行为可能针对男性被害人，但由于我国法律的规定而导致其未遂。在规范层面可能区分为作为的不能未遂、不作为的不能未遂；杀人罪的不能未遂、盗窃罪的不能未遂、放火罪的不能未遂等；死罪的不能未遂；重罪的不能未遂与轻罪的不能未遂。

实际上，在上述不同的类型化标准中，所谓重罪的不能未遂与轻罪的不能未遂，在德国刑法中是存在立法例的，在法定刑最低为一年以上自由刑的所谓重罪（das Verbrechen）的场合，未遂是全部具有可罚性的。而在法定性最低低于一年自由刑或者仅为罚金刑的所谓轻罪（das Vergehen）的场合，只有刑法分则专门对相应犯罪规定“本罪未遂可罚”的场合，才能处罚其未遂。与此不同，我国刑法不仅在未遂的可罚性上没有对此进行区分，而且在刑罚上还存在一些以死刑为法定刑的所谓死罪。那么，对于普通轻罪、重罪和死罪，既然危险的概念是程度性的，如果理论上假定其未遂的危险认定标准,那么就有可能实质上在重罪的场合过小地认定了未遂的成立范围,而在轻罪的场合则过大地认定了未遂的成立范围。这是因为,刑法对于生命、安全、身体健康和财产、秩序等的保护力度是不同的,对于生命法益一般会比财产法益给予更加强化的保护,而根据不同国家对公私法益重视程度不同,有的国家的刑法或许会更为重视公法益的保护,而轻视私法益的保护。因此,由于法益的要保护性程度显著有别,加上危险认定本身就是具有程度性的判断,如果在危险判断中忽略法益的特殊性,有可能在形式上统一适用的危险认定标准,会造成根据刑法对法益辅助性保护的目的形成的未遂实质处罚范围和刑法实际保护标准不统一。

在这个意义上,应当说德国刑法以法定刑的标准对"何种法益具有更加值得保护的性质"在未遂认定的场合给出了一个形式的标准。所谓重罪,就是其构成要件对法益侵害的类型性更具有可罚性的犯罪类型,因此对于此种犯罪类型,其未遂的可罚性程度就高于那些轻罪的犯罪类型。在这个意义上,即便是采取了印象说作为未遂可罚性标准的通说的德国刑法理论,其处罚范围未必一定比我国刑法采取客观未遂论的立场进行的判断更大。

因此,更具有可操作性、更便于实务部门进行判断的方法是,通过刑法立法或者学理上根据不同的法益和构成要件类型,将一些显著较轻的犯罪的未遂排除在犯罪圈之外,从而实质上进一步限制未遂处罚行为的门槛。在这个意义上,尽管危险概念是程度性的,但是由于未遂可罚性的基本门槛已经根据犯罪类型进行了节制,从而有可能不至于使未遂的可罚性因为危险概念的可变性而过度扩大。同时,在危险判断的概念中,应当增加"法益与构成要件类型"的相关因素作为变量,在危险判断时,根据危险判断的一般结构,对于较为重大的法益在危险认定的程度要求中就适当扩大危险成立的范围,对于其他普通法益,在危险认定的程度要求中严格限制危险成立的范围。这种方案,可能更为符合具体个罪的构成要件与法益的危险判断的特殊性。毕竟,所谓危险,一方面被界定为法益侵害的可能性,另一方面也被解读为构成要件实现的可能性,既然在这个意义上危险是以法益、构成要件作为概念基底的,脱离法益与构成要件来从形式上判断危险概念，似乎存在概念不周延的问题。

第三节　未遂中危险的体系性地位

与主观未遂理论重视未遂行为的犯罪意思的重要性不同，客观未遂理论以危险作为未遂行为的可罚性根据，由于主观未遂论除德国刑法鲜有学者主张之外，已少有支持者。[1] 在这个意义上，在现代刑法理论中，一般能够认为危险是未遂可罚性的标志。换言之，如果肯定危险，则行为成立可罚的未遂行为，如果不能肯定危险，则不处罚。然而，危险概念在未遂犯的犯罪成立要件体系中，应当具有怎样的体系性安排？对此，不同学说之间存在重大差异。

一、行为刑法的危险与行为人刑法的危险

首先，根据刑法处罚是以单个外部行为为出发点，还是以行为人的犯罪意思和犯罪性格为出发点为标准，可以将学说的立场区分为行为刑法的体系安排与行为人刑法的体系安排。就此，行为刑法的体系安排，认为危险只能与单一外部行为建立关联性，而不能与脱离单一外部行为的行为人的犯罪倾向、犯罪性格等关联。与此不同，行为人刑法的体系安排认为，未遂行为之所以具有可罚性，不是因为单一行为具有危险性，而是因为行为人在未遂行为中所表现出的犯罪性格和犯罪倾向，产生了进一步实施就可以侵害法益的危险，行为人之所以值得处罚，就是因为行为人表现出了通过再犯罪实现犯罪目的、造成法益侵害恶果的危险。例如，卢登认为：在方法不能与不充足的方法之间，在上述的意义上进行区分是可能的，对此没有争议。但是，这一关于客观危险性所做的区分是没有意义的。一种不现实的或者不充足的方法也并不比方法不能未遂客观上更没有危险性，因为就像只有通过适当的、但仅仅是不充足的或者不现实的方

---

[1] 例如，在德国刑法评注中，只有 Lackner/Kühl 主编的评注在未遂可罚性根据中主张主观未遂论。

法是能够实现既遂的。所谓的危险性只能通过主观面才能认识,在主观面,应当担心的是,行为人所使用的这种方法可能会在下一次现实的或者充足的方式中使用。对于方法不能未遂也存在同样的担心。当行为人某次具有实现犯罪既遂的意思,他会在使用了方法不能后获取的经验基础上,下一次使用一种适当的方法。[1]

卢登在这一立场基础上,批判客观未遂论,主张主观未遂论,认为即便是采取了不能产生犯罪结果的方法,也具有可罚性。而这种可罚性的主张,不能通过行为的客观危险性来说明,而只能借助行为人的犯罪意思、犯罪性格来说明。

在刑法理论上,主观未遂论、行为人理论与计划危险说属于行为人刑法的未遂可罚性理论。在刑法理论上,行为人刑法不是对刑罚与单个外部行为的反应,而是与行为人的人格性相联系,且刑罚由行为人对于社会的危害及其程度来决定。[2] 与此相关,主观未遂论认为未遂行为的可罚性根据是对于法秩序来说具有危险性的法敌对意思,这种犯罪意思已经通过开始构成要件的实现来活动了。[3] 在这个意义上,既然某种犯罪意思的外部活动是所谓未遂行为的可罚性基础,那么在这种情况下,刑罚的发动就是与犯罪意思的活动相关联的。对于犯罪意思的活动的性质,一方面,主观未遂论强调重要的是认定一种犯罪意思的存在,因此刑罚针对的对象就是这种能够客观上确证的危险的犯罪意思。另一方面,主观未遂论还认为这种犯罪意思必须通过"直接开始构成要件的实现"来确证,因此是通过客观要件限定犯罪意思的主观内容的解释方法。但是,这种客观要素的限定,并不能认为是对行为刑法的单一行为的关联性要求,而只是对于犯罪意思的一种客观上的确证、证明,否则就会出现任意处罚预备行为、肆意扩大未遂可罚范围的弊端。

在主观未遂论的内部,李斯特曾经提出一种变异的主观未遂理论,即关于未遂可罚性的行为人理论,该理论认为,应当重视一种特别预防的要

---

〔1〕 Luden, Handbuch des deutschen gemeinen und paticularen Strafrechts, 1847, SS. 400, 401.

〔2〕 参见[德]克劳斯·罗克辛:《德国刑法学总论》(第1卷),王世洲译,法律出版社2005年版,第106页。

〔3〕 Vgl. Kindhäuser, Strafrecht Allgemeiner Teil, § 30, Rn. 7.

求,据此未遂的可罚根据应当在主观的危险性中——应当看作行为人的恶的意志。[1] 行为人危险理论在警察法视角下,强调对重大行为人危险性的危险预防,将未遂的可罚性置于行为人的危险性上。[2] 对此,德国学者已经指出,该说虽然着眼于危险防御的框架内寻求解决方案,但对于行为人的处罚没有以一元的行为刑法作为基础,因此对于行为人理论应当拒绝。[3] 笔者认为,行为人危险说对于未遂可罚性的解读,虽然形式上与主流的主观未遂论的表达存在千差万别,但实质上二者乃是一丘之貉,所谓主流的主观未遂论的立场,在实质上是与行为人危险说对未遂采取同样理解的行为人刑法的见解。对于犯罪意思的重视,在论证上不得不强调其在客观上的再度实施所带来的危险性,从而为主观未遂论正名。

计划危险说主张对主观未遂论中的犯罪意思进行进一步的限定。例如,科勒尔、芬格认为:当行为人计划了一种行为,这种行为按照其计划发展不可能既遂的话,也不应当处罚。[4] 因此,计划危险说是以一种限定了的犯罪意思作为未遂行为可罚性的基础。也就是危险的犯罪计划才是刑法关注的对象。张志钢博士认为,未遂犯作为计划犯的一种,凸显了这种犯罪类型所具有的超过内在倾向,也即超过外部不法行为事实的、指向犯罪既遂的行为人的计划,在这个意义上所有的计划犯包括未遂犯,都属于主观不法类型,其核心特征就是行为人的行为计划,即行为人指向法益侵害的犯罪意志。[5] 按照这种理解,与刑罚进行关联的就不是外部不法的行为事实,而是超过了外部不法行为事实的行为人计划,因此也不是在与单一外部行为的意义上建构刑事可罚性,从而脱离了行为刑法的约束。进一步推导的话,该说的结论就是:未遂犯与既遂犯分属不同的刑法区域,未遂犯属于行为人刑法,而既遂犯(包括危险犯)属于行为刑法。然

---

〔1〕 v. Liszt ZStW 25(1905),SS. 24,27; Bockelmann,JZ 1954,468,473.

〔2〕 Grupp,Das Verhältnis von Unrechtsbegründung und Unrechtsaufhebung bei der versuchten Tat,S. 99.

〔3〕 Grupp,Das Verhältnis von Unrechtsbegründung und Unrechtsaufhebung bei der versuchten Tat,S. 99.

〔4〕 August Köhler,Deutsches Strafrecht Allgemeiner Teil,1917,SS. 462,463.

〔5〕 张志钢:《论不能未遂的可罚性》,北京大学 2015 年博士学位论文,第 161 页。

而,这种立场使核心刑法被区分为两个截然不同的区域,在未遂犯的领域适用的是行为人刑法,刑罚发动以行为人的危险、危险的犯罪性格等为关联点,在此没有行为刑法适用的余地,以行为刑法为基础的结果不法与客观归责理论自然没有应用的余地。然而,这使未遂犯成为现代刑法体系中“多余的一块”,同样预备犯、中止犯等也不得不同时成为这“多余的一块”,对此,既不需要按照客观行为构成要件判断,也不需要满足行为刑法的其他要件的制约,而独以犯罪意思的认定或者犯罪性格的判定决定刑事可罚性。

但是,行为人刑法的诸多方案都不可行。一方面,以行为人刑法为基础来建构未遂行为的可罚性的话,可能会造成以构成要件为基础的罪刑法定原则的崩溃。作为保障性构成要件,那些作为犯罪成立必备要件的客观要素是犯罪成立的客观上的必要限制,现代刑法也是以单一行为构成要件作为刑事可罚的起点的。虽然对于预备犯一般可罚性的规定,有可能使得刑事可罚性脱离构成要件的制约,但是毋宁说理论上应当在实质上限定预备犯的概念,运用刑法制度制约预备犯的形式上适用范围,并且提倡在立法上的重构来一劳永逸地解决这一“立法顽疾”,才是刑法理论应当努力完成的任务。[1] 如果以行为人刑法作为预备犯、未遂可罚性限定的基础,从而使之从行为刑法的领域中脱离出来,不仅不能解决这一立法困境,而只能构成对主体的行为刑法的更大的冲击和侵蚀,最终导致行为刑法与行为人刑法在现代刑法制度与现代刑法理论中长期混战,导致刑法适用的不稳定性。另一方面,以行为人刑法为基础来建构未遂可罚性的想法也不具有实际适用性,即这一设想也不实用。无论是主观未遂论还是计划危险说,其理论的本质并非为司法实践提出一种具有可操作性的、符合现代刑法价值与刑法基本原则的判断规则体系与判断理论,而是对于现有的(可能在一定程度上过度放松了刑事可罚性范围的)立法进行的理论上的论证。因此,这种理论除了对于刑罚权的运作进行说明之外,难以为刑事司法提供一种具有判断可行性的区分标准。因此,行为

---

〔1〕 参见梁根林:《预备犯普遍处罚原则的困境与突围——〈刑法〉第22条的解读与重构》,载《中国法学》2011年第2期。

人刑法的解决方案,实际上是掩盖了未遂可罚性的限定问题,而不是解决了未遂可罚性的限定问题。

另外,在刑事可罚性的领域,未遂的可罚性也是以刑法分则的构成要件作为连接点的,如果承认既遂的可罚是以行为刑法作为基础的,也不得不承认未遂的可罚性同样具有与既遂可罚性的重大关联性,只能承认未遂行为的可罚是以行为刑法为基础的。因此,未遂的可罚性限定问题,仍然只能在行为刑法的立场上解决。

二、行为不法的危险与结果不法的危险

在行为刑法的基础上,对于不法的不同理解,导致对危险概念体系性地位的第二次分野。

一种立场认为,危险是未遂犯的结果要素,对于未遂犯的可罚性进行限定,应当将其"危险结果"作为解释论的核心问题,只有符合了未遂犯的构成要件结果符合性——危险状态创出的行为,才能够成立未遂犯。而与未遂犯不同的不能犯,是不该当这种构成要件危险结果的行为,因而不具有违法性。[1] 根据这种理论,所谓危险概念是与刑法分则在具体危险犯的罪状中规定的某种危险概念相同的,因此未遂犯是具体危险犯。[2] 未遂犯的危险,其实质是结果不法的危险,而非行为不法的危险。就此而言,危险概念属于结果无价值项下的一种危险无价值形态,未遂犯是因为具有危险无价值而具有结果无价值的行为类型。

与此不同,另外一种立场认为危险是未遂犯的行为要素,即危险的判断是对未遂行为的行为无价值的判断,而不是对结果无价值的判断。就此而言,未遂犯是抽象危险犯,而非具体危险犯,只要未遂行为具有一种行为的危险性即可,而不要求一种结果的危险。由于对行为无价值的判断往往又与社会一般人的社会心理要素、社会伦理秩序评价具有一定的关联性,因此这种理论一般认为对于危险的判断,应当结合一般人的危险感觉,即对于限定未遂可罚性的危险要以社会上普通的一般人为基础进

---

〔1〕 参见钱叶六:《未遂犯与不能犯之区分》,载《清华法学》2011 年第 4 期。

〔2〕 参见张明楷:《行为无价值论与结果无价值论》,北京大学出版社 2013 年版,第 225 页。

行判断。[1]

在判断方法上，主张危险归属于结果无价值的理论一般认为应当对危险进行事后判断，因此主张客观危险说或者修正的客观危险说，在不法论上持结果无价值论。而主张危险归属于行为无价值论的理论一般认为应当对危险进行行为时的判断，因此主张具体危险说，在不法论上持行为无价值与结果无价值二元论。

例如，周光权教授主张行为无价值与结果无价值二元论，并在此基础上认为，区分不能犯与未遂犯，是为了提示行为本身不值一提，而不是为了检验结果发生的概率高低，在危险判断上，没有绝对的纯粹的客观危险，危险概念中含有主观要素。[2] 笔者认为，虽然危险概念中是否含有主观要素的这一问题仍然值得研究，但是将未遂犯的可罚性的危险，界定为行为无价值的危险似乎更加合理，且与客观归责理论能够完美结合。在这个意义上的未遂行为，是指制造了法律不允许危险但未实现法律不允许危险的行为。这一危险概念，是行为无价值的要素，而非结果无价值的要素。其原因在于，如果对未遂犯根据法理提出其构成要件中的结果要素——危险的要素要求，在理论上出现的难题是如何处理这一法理上的危险结果与刑法分则规定的实证法的危险结果之间的关系。显然，二者由于具有不同的产生来源，因此显然具有一定的差异性。如果认为二者属于同一个危险，一方面，会得出这样的结论：具体危险犯的既遂的危险与未遂的危险相同，那么刑法规定具体危险犯的用意何在？这会导致具体危险犯的构成要件空洞化。另一方面，抽象危险犯由于其危险只是抽象的行为危险，而不能达到具体危险犯的具体危险的程度，因此抽象危险犯不可能成立未遂。这也和刑法实践与刑法法理存在冲突。

因此，在构成要件中包含行为不法与结果不法两项内容，而未遂的危险则属于构成要件中行为不法的内容。这说明，未遂的危险判断，属于对构成要件行为符合性的判断，而非对构成要件结果符合性的判断。

---

〔1〕 参见张明楷：《未遂犯论》，成文堂、法律出版社 1997 年版，第 237 页。

〔2〕 参见周光权：《区分不能犯与未遂犯的三个维度》，载《清华法学》2011 年第 4 期。

三、小结

笔者的立场是：未遂犯的危险的判断，由于刑法分则罪状中描述的结果没有发生，因此并不是构成要件结果符合性的判断，而是构成要件行为符合性的判断。某一不能未遂的行为，如果不具有按照法益类型为基础的实现某种构成要件的危险，该事实中的行为就不是该当了构成要件的行为，而是在实质上没有实现任何构成要件该当性的行为。

由于构成要件符合性的判断，是法官在事后的立场上，根据刑事诉讼证明程序所确证的客观与主观事实，对构成事实行为是否该当了刑法规范规定的构成要件进行的判断，而未遂犯的危险又属于构成要件行为的实质审查要素，因此应当将未遂犯的危险判断理解为事后的判断。对于未遂的危险判断的事实，也只能以事后查明的事实来进行判断，在此中，存在客观的事实和主观的事实，其中主观事实包含一种“错误的设想”（Fehlvorstellung）[1]的内容，即行为人设想了某种客观上不存在的事实。例如，行为人设想了某种犯罪方法的适合性、行为人设想了某个实际上不存在的犯罪对象的存在或者行为人设想了自己实际上不具有的某种身份等。因此，在行为人的主观事实中，既包括与客观上能够对应的事实，也包括在客观世界没有对应物的错误设想事实。因此，在构成要件符合性判断中，这种既有与客观能够对应的、又有不能与客观对应的综合事实状态是否成立故意，是主观构成要件该当性——故意是否成立的判断，而不是对客观构成要件行为该当性的判断。因此，笔者认为，对于未遂的危险的判断，只能以客观事实为依据，进行规范的判断。所谓未遂中的危险，其体系性的内容是，按照某种法益的性质，某个行为在特定的事实状态下是否具有引起构成要件实现的规范的可能性。

就此而言，笔者认为，未遂的危险判断的体系性地位是客观构成要件行为符合性的判断，对于构成要件行为符合性的判断，应当采纳规范的客观判断的观点进行。所谓外行的平行评价，虽然在规范构成要件要素的

---

〔1〕 Kindhäuser, Strafrecht Allgemeiner Teil, § 26, S. 207, Rn. 12.

故意认识是否成立的判断中具有重要性,[1]但在未遂的危险判断上,由于其内容并不是对故意是否成立的判断,而是对客观构成要件要素的行为该当是否成立的判断,因此应当采取规范的评价,按照刑法保护法益的程度和目的,而非外行的平行评价的方法进行一般人的判断。对于刑法处罚未遂的行为来说,重要的不是外行的平行评价看来行为具有危险因此具有可罚性,而是在规范的保护目的之下,对于构成要件制造了法律不允许的危险。因此,笔者认为,所谓一般人判断的基准,实际上是将对"构成要件故意"的判断方法扩展到客观构成要件符合性的判断中来,因而是不妥当的做法。

第四节 危险概念的再造

通过前文的分析可见,如果在我国刑法理论上对不能未遂可罚性进行限定,还需要对危险概念进行概念上的重塑。

一、危险是事前预测还是事后评估?

对于危险概念提出的第一个规范意义上的问题是,危险到底是一种刑法评价意义上的事前预测还是事后评估?

有一种理论倾向将危险作为一种事前预测,在判断方法上对危险概念采取事前判断的视角(ex ante)。采取事前判断,即是从规范评价的意义上,"屏蔽"那些事实层面与行为人主观设想的内容中不存在的、客观上发生的事实。例如,行为人欲夺警察之枪射击对其抓捕的警察,然而由于枪支偶然未安装子弹而不能既遂。在这种理论看来,应当从行为人拔枪射击的时刻,即事前的视角来看拔枪射击他人行为的性质。在这种视角下,由于从事后发现的"枪支中偶然未安装子弹的事实"超出了行为人的主观认识,形成了一种反面的构成要件错误。因此,事前视角的观察,总

[1] 参见[德]耶赛克、魏根特:《德国刑法教科书》,徐久生译,中国法制出版社2001年版,第330页。

是对危险概念的内容进行规范的修正，排除了那些客观存在、导致事实上不能既遂的事实。

与此不同，另外一种理论即认为，危险是一种类似于结果的状态，因而对于危险概念的规范判断应该采取事后的视角(ex post)进行判断。在这个意义上，危险的概念成为一种事后评估。从这种视角来看，是否存在危险，是指行为是否引起了一种符合构成要件结果的危险，而这种危险只能在事后的视角经过具体的判断获取。因此，这种事后评估意义上的危险，类似于人类思维中对客观事实的寻找。然而，这种理论面临着“事后来看所有的未遂都是不能未遂，都是没有危险的行为”的批判，面对这种批判，站在事后评估的视角，只能够通过对事实进行一定的规范限定，按照一般人的见解来划定事实的范围，或者按照科学法则来限定事实的范围。但是，笔者认为上述两种学说的因果关系思维是明显不同的。事后评估说往往根据相当因果关系说的因果思维来理解事后评估意义上的危险。而事前判断说对事后评估说所做的这种批评，则是站在条件说的意义上来展开的。对此，事后评估说应当直截了当地宣告其因果关系问题上的基本立场，以回应事前判断说的批判。然而，事后评估说的诸多理论却并未如此回应，而是对其判断的事实进行规范的事后修正，以迎合事前判断说的批评，在一定程度上也迷失了事后评估说的合理路径。

笔者认为，不能未遂是否具有可罚性的判断，处理的是刑法上的反面构成要件错误。构成要件错误，是行为人主观上没有认识到某一客观上存在的构成要件要素。而反面的构成要件要素，则是行为人主观上设想了某一或者某些客观上不存在的构成要件要素。因此，不能未遂是否具有可罚性，其本质是判断客观构成要件符合性问题，如果客观构成要件实现了，也就是客观构成要件各要素都齐备了，则成立既遂犯的构成要件符合性。在此之外，根据刑法总则的规定，未遂的行为也应当进行处罚。因此，在客观构成要件中，除结果、因果关系没有该当之外，其他客观构成要件要素都已经齐备了，则该当未遂犯的构成要件。从这个意义上来说，那些不应当处罚的不能未遂的行为，就是实质上欠缺了某一除结果、因果关系之外的客观构成要件要素的行为。而那些实质上仅仅欠缺结果和因果关系的不能未遂行为，还应当进行处罚。从该意义上，笔者对不能未遂采取实质的构成要件欠缺的理解。在这个意义上,构成要件实现与否的判断,当然是事后的规范评估,而非事前的预测。因此,笔者认为,未遂可罚性的危险,是从事后的角度规范地评估不能未遂的行为事实与规范的构成要件实现之间的距离。

二、危险是构成要件实现的危险还是法益侵害的危险?

从规范的角度,对危险还能够进行另外视角的解读。我国现有刑法主流学说认为未遂犯的危险是法益侵害的危险,因而危险是否存在,是以法益为判断的概念基数的,如果存在法益侵害的可能性,则认为存在法益侵害的危险,因此成立危险,属于实质的可罚的未遂犯。与此不同,德国刑法学上主张未遂的危险判断的基点不应当是法益侵害,而应当是客观构成要件的实现。"……危险,必须是接近行为构成的,还不一定是接近法益的。"[1]因为,如果主张危险的基点是法益侵害,那么预备行为显然也是接近法益的,因而在行为还远远地处于预备阶段时,这些行为就被认为是未遂了。

从这个意义上说,构成要件的实现属于形式—实质的判断(客观归责性),而法益侵害的判断,则是实质一元判断。从思维形式上来说,我国主张危险是法益侵害的危险的观点,主张的是一元实质判断的结构。笔者认为,法益侵害的危险概念,不仅有可能将预备的行为也纳入未遂可罚条款的包摄范围之下,同时还会存在另一个弊端,即对未遂可罚性的判断陷入主观化。因为法益概念本身就是一个在理解上可能出现因解释者之经验、知识、观念与感觉发生变化的概念,法益概念的精神化趋向也从未淡出学者警惕的目光。从这个意义上来说,笔者在本书中采用"形式—实质判断"的递进思维,对于不能未遂的行为,首先从因果关系条件说上判断行为是否创造了一种构成要件实现的条件,如果连可能的条件都未创设,就不必再进行实质的法益侵害的限定,而直接排除出可罚的未遂行为范围。在此基础上,再根据法益类型、构成要件行为类型、行为事实的所在

---

〔1〕 参见[德]克劳斯·罗克辛:《德国刑法学总论》(第2卷),王世洲等译,法律出版社2013年版,第255页。

场域,通过行为所在的"规范世界"来理解行为是否具有构成要件行为的性质。举例来说,假设甲是一位涉毒人员,曾经以购买者、吸毒者的身份多次接触毒品的销售环节,某日乙给甲一包白色粉末,让其卖给丙。乙在卖给丙后即被抓获,经鉴定该白色粉末中不含毒品,只是面粉。在这一案件中,如果根据法益侵害危险的判断思维,直接看实质上行为人是否具有侵害毒品管理秩序的可能性,则会肯定行为具有法益侵害危险性。对此,采用构成要件实现的判断标准的话,则需要看一个贩卖毒品的行为是否存在。显然,在行为人的主观上,贩卖毒品的行为是存在的。然而,这一将"白色粉末"面粉当作毒品来交易的行为,在行为场域中——行为人具有涉毒性、行为人具有接收到毒品的接近性,行为可以解释为贩毒行为。然而,如果乙从未吸毒,也并无接触真毒品的接近性,那么乙将假毒品卖给他人的行为,就不具有这种构成要件实现接近性,因而没有危险。在这个意义上,笔者主张构成要件实现意义上的危险概念,反对法益侵害危险的概念。

三、事实上的程度性与规范上的非程度性

在事实的层面,不同的案件可能会因客观情况与行为人主观设想之差距的程度,而展现出构成要件实现的高低不同的可能性。因此,我们认为在事实的层面的危险具有程度性。也就是说,在具体个案中,如果将两个案件进行比较,我们能够在事实的层面比较其发生可能性的大小。

然而,刑法规范意义上判断不能未遂可罚性的危险,则不能认为具有程度性,而只能作为非程度性的概念加以把握。因此,在规范的意义上,不能未遂的危险判断的结论只有成立与不成立的区别,而没有程度高低的区别。在规范的意义上,如果危险成立,就足以将行为解释为该当未遂犯构成要件的行为。而事实危险的程度,则会影响量刑。在这个意义上,笔者认为不能未遂的问题,实质上就是来判断客观构成要件行为符合性,也就是说,将不能未遂的行为,是否解释为刑法分则规定的构成要件行为。例如,能否将运送面粉的行为解释为运送毒品行为?能否将毁坏尸体的行为解释为杀人行为?从事实的层面,因具体情况的变化显然人们会得出不同的危险评价,但在规范的层面,只需要关注是否在行为的具体

场域下行为成立危险就足够了。

第五节 小结

综上所述,笔者认为不能未遂中的危险概念属于对客观构成要件符合性的判断,也就是判断行为是否该当(未遂犯)客观构成要件。由于只有既遂犯的客观构成要件中才会涉及因果关系和客观归责的判断,在未遂犯中不必判断因果关系和客观归责性。然而,人们虽然不对两个现象之间的因果关系和功能的客观归属进行判断,但是这并不代表人们不以因果、客观归责的思维来理解行为的性质。因此,不能未遂的构成要件实现的判断,也势必是基于因果观念展开的一种规范的判断。在这个意义上,笔者认为可以将危险理解为“规范的法益支配可能性”。在不能未遂行为的多种不同类型中,未遂犯是对某一法益的恶化建立了规范的支配可能性的行为。也就是说,行为人在规范的视角下,已经能够对法益的恶化建立一种重要的影响地位。与此不同,迷信犯不可能建立对法益支配的可能性;重大无知的未遂,如拿白糖当砒霜投毒,则不可能建立这种法益支配的可能性。对于客体不能未遂则需要根据行为场域来判断,例如,对刀刺尸体的行为,由于在行为场域中如果从时间上从生命到尸体之间的距离较短,则认为具有法益支配可能性,从而成立危险,行为应当作为可罚的不能未遂处罚。如果尸体与生命的时间距离较长,则不可能建立法益支配可能性,行为应当作为不可罚的不能未遂处理。从这个意义上来说,不能未遂中的危险概念是一个以构成要件实现为其判断基点,以法益支配可能性作为其判断内容,以事后的规范评估为性质的规范判断概念。因此,需要在规范的层面来界定危险的判断结构。

第八章　规范危险概念与危险判断方法

第一节　规范危险的概念基础

前文已经指出，计划危险概念由于采用行为人的主观内容作为危险认定的事实标准，从而在判断结论上限于主观未遂论，过度扩大未遂行为的可罚范围。具体危险说虽然也主张行为人的主观内容作为危险认定的基础，但又以一般人的标准进行限缩，从而在一定程度上限制了未遂可罚性的范围，然而一般人的标准的理论基础并不明确，在判断上也容易由于判断者个人的好恶而变得随意。客观危险概念试图提出客观化、稳定可操作的判断标准，然而其理论如果不进行一定的抽象化、按照经验法则进行修正，则将未遂可罚性限制得过小，如果进行一定的规范化，那么对其边界的限定理由很不明确，因此客观危险概念也不可取。

笔者认为，需要对危险概念进行再造。由于未遂可罚性的判断，其体系性归属在于客观构成要件不法是否成立的判断。因而，应当运用客观归责理论判断行为是否成立了客观行为不法。在这个意义上，未遂的危险应当是客观归责中的制造法律不允许的危险。对于该危险,应当以行为是否对法益侵害可能性具有支配为标准进行判断。如果行为已经对法益侵害的可能性建立了支配,那么就意味着法益侵害是否发生已经进入了行为人客观行为支配的领域,也就意味着行为人通过客观的行为建构了行为无价值。在这个意义上,"法益侵害可能性的支配"规范性地说明了未遂行为的构成要件危险内容。法益侵害可能性的支配的成立,首先,是就行为人的犯罪故意而言的,也就是行为人犯罪故意所设想的犯罪类型,该犯罪所侵害的法益的可能性,是判断的基础。其次,法益侵害可能性的成立,需要依据个别法益进行特别考察,对生命法益的侵害可能性与对财产法益的侵害可能性,其范围显然有所不同。最后,法益侵害可能性中的可能性要求行为建立了现实支配,对于支配的判断类似于对财物的占有是否成立的判断结构,既包含事实性的要素,也包含观念性的要素。

一、规范危险的概念

规范危险的概念,就是在事实上存在的法益侵害可能性的若干形式中,按照规范的标准进行判断,满足该标准的情形就成立刑法上为未遂奠定可罚性的危险,如果不满足该规范标准的事实上的危险,就不能作为可罚的未遂的基础。笔者认为,在判断结构上可以采取"法益侵害可能性的支配"的概念作为限定事实上的法益侵害可能性若干事实形态的规范标准。对于法益侵害可能性的支配是否成立的判断,具有如下结构:

(一)犯罪计划的作用在于指明待判断的客观构成要件

行为人的犯罪计划、行为人的认识在判断中具有什么作用?能否以行为人的犯罪计划或者犯罪认识作为基础事实对危险进行判断?按照原有危险判断理论,除客观危险说之外,行为人的犯罪计划和主观认识都在一定程度上作为判断的资料。例如,在计划危险说中,行为人的犯罪计划整体都作为判断的事实依据,行为人的犯罪计划有没有实行性,是计划危险说的判断目的。在具体危险说中,犯罪计划不是作为危险判断的事实基础,因此具体危险说对于行为人的主观认识进行了一定的客观上的限制,具有积极意义。然而,具体危险说在判断时,如果一般人没有认识,为行为人所认识的事实也是作为危险的事实基础的。在这个意义上,具体危险说又是对于主观事实进行有限开放的。然而，只要以行为人的主观认识作为全部或者部分的判断事实基础，就会受到批判，即行为是否危险应当根据客观的视角就可以作出评判，依据主观上的事实所建立的危险概念，不应当称为刑法上作为未遂可罚性标准的危险。笔者认为，计划危险说、具体危险说对行为人主观事实的定性，无法正确揭示行为人主观事实对于危险判断的意义。在法益侵害可能性支配的判断中，行为人的故意，即行为人的主观构成要件是判断的参照物或者指标，因而并不是判断的事实基础。法益侵害可能性的支配是否成立，应当以具体的犯罪类型、具体犯罪所侵害的法益类型作为参照进行判断。例如，同样是行为人扣动扳机枪击被害人，子弹从身旁飞过，如果行为人是以伤害的犯罪故意实施该行为，那么所要判断的危险就应当以故意伤害的构成要件类型为指导、以身体完整性的法益作为危险判断的指标；相反，如果行为人是以故意杀人的主观构成要件状态实施的上述行为，那么就应当在危险判断时以故意杀人罪的构成要件类型作为参照指标，如果行为对于生命法益来说具有危险性，就意味着行为成立故意杀人罪的未遂。因此，从该分析可见，行为人的主观事实必然是客观构成要件符合性判断的必备要素，即使在故意犯的既遂中也需要做这种判断，而不能完全不顾行为人的主观事实而判断行为是否具有危险。例如，同样是行为人殴打被害人，被害人死亡的行为事实，如果行为人是以伤害的故意实施的殴打行为，那么应当判断故意伤害罪的客观构成要件是否充足，如果充足了故意伤害罪的构成要件，那么对于死亡结果来说，还要判断行为人是否具有杀人的间接故意，如果只是存在过失就应当成立故意伤害的结果加重犯。相反，如果行为人是以杀人的故意实施上述行为，那么客观构成要件符合性的判断只需要按照故意杀人罪进行，而无须经历上述烦琐的过程。这说明客观构成要件符合性总是以主观构成要件符合性作为参照指标的。对此，在未遂的客观构成要件符合性判断中也不例外。与此同时，主观构成要件符合性的判断也是要以客观构成要件为参照系进行判断的。例如，对于行为人是否存在杀人的故意，要以客观构成要件作为审查的标准进行，如果行为人只是以迷信的心理求助于巫术、咒语等手段导致被害人死亡，行为人的主观心理事实对于故意杀人罪的客观构成要件来说，根本不具有适格的、合适的故意心理,而只是一种道德法则才会评判的邪恶心理。由此可见,在构成要件符合性的判断中,在判断客观构成要件符合性时需要以主观构成要件为参照系进行判断,在判断主观构成要件符合性时实际上也是需要以客观构成要件作为参照系进行判断的。

那么在计划危险说中,主观事实的地位是什么呢?根据计划危险理论,在划定处罚未遂的边界时,如果行为计划具有一般的结果倾向,则以未遂处罚,如果不具有这种一般性的倾向,则不成立未遂。[1] 从这一命题中不难发现,该说所判断的对象只不过是以客观构成要件作为参照系来判断作为事实的行为人的犯罪计划是否具有刑法上犯罪故意的主观构成要件合致性。如果犯罪计划根本不可能招致行为人所要追求的犯罪结果,那么只能够证明行为人的主观构成要件没有该当,也即能够否定行为人成立犯罪故意。对于这一判断的性质,计划危险说认为其是对客观上危险进行的判断,是属于综合不法成立与否的判断。但是,笔者认为这一判断实际上是在综合不法中,对主观不法是否成立的判断。然而,综合不法的成立不仅需要行为具有主观不法,在行为满足了主观不法之后还要进一步判断客观不法是否成立。该说仅以主观不法是否成立来决定综合不法是有失偏颇的。张志钢博士认为,计划理论一方面凸显以行为人的计划作为判断的基础,另一方面引入客观的一般人或者一般社会大众的眼光的客观评价标准,判断按照行为人的计划是否具有实现既遂结果的一般性倾向,这说明计划理论是主观的判断基础,客观的判断标准。[2] 在笔者看来,计划危险论是以一般人的客观构成要件观念指导,对主观构成要件是否合致进行了判断,尽管其声称的标准是客观的,也只不过是客观化的主观构成要件合致性的判断,因此不能替代客观构成要件上是否存在危险的判断。就此而言,计划危险说的命题在立意上出现了方向性错误。

在具体危险说中,行为人的计划具有什么作用呢?根据具体危险说,在判断的事实基础选取时,应当以一般人认识的事实和行为人特别认识

[1] 参见张志钢:《论不能未遂的可罚性》,北京大学 2015 年博士学位论文,第 166 页。
[2] 同上文,第 167 页。

的事实作为判断的基础资料。[1] 因此，在具体危险说中成为判断事实基础的只有一般人能够认识的抽象事实和行为人所认识到的具体事实。例如，在被害人是糖尿病人的情形中，行为人以杀人的故意想要给被害人喂食白糖让其病发死亡，由于错把食盐当作白糖，被害人食用后并未发生死亡结果。在这类案件中，由于行为人具有特别认识，而一般人不可能知道被害人是糖尿病人，那么就应当以行为人所特别具有的认识——被害人是糖尿病人这一事实也纳入危险判断的事实基础中。然而，这只是使用了客观上应当作为主观不法判断参照系的客观构成要件中的特别条件，如果没有认识到这一条件，就不可能成立犯罪故意。因此，具体危险说虽然以行为人的特别认识为基础，但实际上只是还原了主观构成要件判断所参照的完整客观构成要件，而并未将主观事实纳入判断中。如果行为人不具有对特别事实的认识，一般人也不可能对此产生认识，那么行为人则不可能产生故意。例如，一般人无法看出被害人是糖尿病或者其他特殊体质，行为人也没有该认识，此时行为人以给被害人喂食砒霜的故意，但实际上喂食了白糖的案件中，由于行为人没有认识，一般人也不能认识，此时按照具体危险说则只能以一般人能够认识的事实作为判断基础，在结论上不能肯定行为的危险，只是不能犯。因此，具体危险说所主张的一般人能够认识和行为人所特别认识的事实，实际上是脱离行为人的主观事实对危险进行判断的。就此而言，具体危险说所判断的对象是客观构成要件符合性，对主观事实在危险判断中的作用具体危险说是否定的。然而，对于客观构成要件符合性的判断来说，完全否定主观事实是不可能进行判断的。仅仅从客观上的侵害行为，根本不可能区分行为是故意杀人的未遂、故意伤害的未遂。

在这个意义上，笔者认为对于行为是否建立了法益侵害可能性的支配，对于客观构成要件合致性的判断重要的是行为人的整体犯罪计划和全部主观认识中，类型化的事实即犯罪故意为客观行为是否具有法益侵害可能性的支配表明了判断的依据。例如，如果行为人是以杀人的故意实施行为，那么就应当以故意杀人罪的构成要件为指导、以生命法益的侵

---

〔1〕 参见张明楷：《未遂犯论》，成文堂、法律出版社 1997 年版，第 234 页。

害可能性作为核心,判断行为是否对死亡可能性建立了支配关联。首先,在迷信犯的场合,如行为人以杀人的目的实施装神弄鬼的迷信行为,没有发生任何结果。在这种情况下,在客观构成要件合致性上,应当以行为人的主观构成要件(虽然笔者认为由于对客观因果性认识错误,主观构成要件是不成立犯罪故意的)——故意杀人作为指导,判断行为人是否为他人死亡可能性建立了支配,由于行为不具有与他人的生命法益变动的任何关联性,因此完全不具有支配能力因而否定危险的成立。其次,在重大无知的未遂的场合,如行为人以为硫黄可致死而投毒,但行为人并未死亡。在这种案件中,按照行为人的犯罪故意(毕竟应当承认人们利用未知事物从事社会行为的可能性,应当承认故意的成立),就应当以行为人故意所指向的故意杀人罪的客观构成要件作为指导,判断行为人是否为他人死亡可能性建立了支配。由于硫黄不具有杀人的功能,因而应当否定行为建立了法益侵害可能性的支配。最后,在普通的手段不能未遂的场合,如行为人为杀人而投毒,但仅由于剂量不足并未致人死亡(该剂量通常不具有杀人效果)。在该案例中,行为人的主观认识是故意杀人,应当以故意杀人作为指标判断行为是否建立了支配。如果剂量的增加或者减少是很偶然的、剂量增加到致死程度也不会由于气味、食用量等现实因素而不可能被被害人食用,那么就应当肯定行为人对他人死亡可能性建立了支配。如果行为人的剂量增加不具有偶然性,行为人增加剂量通常被害人会因食物异味而发现,或者因味道过度难以服用而拒绝食用,那么就应当否定行为人对他人死亡可能性建立了支配关联。由此可见,行为人的主观认识不应当作为判断危险的事实基础,而应判断客观构成要件符合性——行为事实是不是刑法分则规定的客观构成要件行为的出发点,犯罪故意指向了危险所引来的法益、构成要件类型。因此,不能完全否定在危险判断时脱离主观事实。客观危险说认为只凭客观事实就可以判断危险,而忽略了行为人主观事实对于客观构成要件判断的指导意义。

(二)事实危险:形式上能够肯定法益侵害可能性

法益侵害可能性如何判断?在危险判断的场合,法益侵害可能性首先与法益的类型、性质有关。在更加值得保护的、对人们来说更为重要的法益的场合,与其他法益就具有差异性。在未遂犯的场合,由于结果并未发生,因此危险判断成为行为是否具有可罚性的重要指标。因此,根据行为人的犯罪故意的指引,刑法分则特定的构成要件被作为客观构成要件符合性判断的依据。在进行判断时,结果被否定了。在此基础上,是否具有危险的判断,也是对于是否具有构成要件行为的判断。如果没有杀人的危险,那么就不能当作杀人行为而属于不可罚的行为。例如,迷信犯的"杀人"行为,在法的评价里根本不是杀人行为。对于扒窃来说,被害人身上携带的财物法益,是法益侵害可能性的判断对象,如果行为人在被盗窃的口袋中并未放置财物,却在其他口袋中放置了财物,则该财物也能够属于未遂盗窃行为所侵害的法益。如果被害人全身都未携带财物,那么就此被害人作为唯一下手目标的行为而言,法益根本不存在,因而法益侵害可能性不能成立。但是,只要行为人在其他口袋中装有财物,那么形式上的法益侵害可能性就成立了。再如,行为人为了枪杀仇人而向其床上枪击,但恰巧被害人在此前已经心脏病发而死亡。在该案例中,按照行为人主观认识所指导的客观构成要件是故意杀人罪的客观构成要件,其法益则是被害人的生命,但在本案中被害人已经死亡,不存在生命法益,因此不能成立故意杀人。但是,如果被害人只是偶然不在家,床上只有枕头而行为人误认为是被害人而枪击的情形下,由于法益存在,那么就应当形式上肯定法益侵害可能性,至于是否对法益侵害可能性成立了支配,则是另外的问题。例如,被害人只是外出散步、吃饭、工作等,在行为人行为的特定时间、地点条件下被害人睡在床上能够为社会经验法则所肯定,那么就要肯定行为人对这种形式上的法益侵害可能性建立了支配。但是,被害人长期出国、被害人生病长期住院等特别情形下,应当否定被害人法益侵害可能性的支配。然而,这都不能否定由行为人犯罪故意所指导的故意杀人罪的被害人死亡的法益侵害可能性形式上是存在的。笔者认为,在法益侵害可能性中,应当进行形式的判断,而不能进行实质的限制,其原因是对于此种可能性由于危险是程度性概念,因此不可能在事实层面划定一个规范的标准。只能对形式上的各种可能性,在制造法律不允许的观点下,判断行为是否支配了形式上的法益侵害可能性。

对此,具体危险说和客观危险说是以相当因果判断中的社会因果法则作为标准对形式上的法益侵害可能性进行限定的，试图从中区分规范上重要的较大可能性和刑法上不重要的较小可能性。例如，具体危险说认为应当从一般人的立场上看该具体状况是否具有发生结果的危险性。[1] 对此，德国学者亨克尔指出，当我们主张说“这个武器是危险的”这句话时，在这一说法中“危险”的词语是不能为替代词“可能性判断”所替代的，还必须要在这种情景(实弹的、打开保险并带有其他一切伴随环境)下认为，通过一个可能性判断能够与一个无价值的结果建立联系。[2] 由此可见，在具体危险说的判断中，情景的一般性，即行为所具有的符合经验法则性，得到强调。因而，在具体危险说看来，法益侵害可能性的判断结合经验法则只能得出两种结论：要么存在危险要么不存在危险，而不能是多一点危险、少一点危险，也不能是高度危险、低度危险。[3] 实际上，客观上的高度危险与低度危险，在相当因果关系的判断之后，就形成了或者肯定或者否定的规范危险结论。在客观危险说中，该说的主张者一般都主张以科学法则、专家鉴定的判断来看是否存在危险，因此该学说认为，按照行为人主观犯罪设想所指向的犯罪构成要件类型的法益为指标，需要判断客观上形式上的法益侵害可能性是否满足了科学法则并且能够通过科学的专家鉴定来辨别的高度盖然性，如果满足就承认存在刑法上的规范危险，如果不满足就否定刑法上危险的成立。如果按照科学法则进行判断，那么由于结果并未发生的原因往往都是社会生活的偶然现象，而且并不是按照科学法则去运行的，或者说大多数情况下，按照科学法则根本对相关现象的盖然性无法预测，此时按照这种判断只能否定危险的成立。例如，如果是行为人往被害人的血管中注射了空气的场合，按照科学法则似乎能够判断在注射特定量空气的情况下结果发生的盖然性。然而，一方面，在日本司法实务中同为医学院专家的两位不同鉴定人，却给出了不同的结论，一者认为可能会致死，另一者认为还未达到致死的量，这说明科学鉴定本身就无法给出特定的规范结论，从而只能按照

---

〔1〕 参见［日］平野龙一：《刑法总论Ⅱ》，有斐阁1975年版，第325～326页。转引自张明楷：《未遂犯论》，成文堂、法律出版社1997年版，第235页。

〔2〕 Vgl. Henkel, Das Gefahrbegriff im Strafrecht, 1930, S. 16.

〔3〕 Vgl. Henkel, Das Gefahrbegriff im Strafrecht, 1930, S. 18.

疑罪从无的原理对危险是否成立这一问题,给出否定的回答。另一方面,即便这种科学鉴定能够成立,对于大量社会生活现象的形式上的法益侵害可能性,也是无法通过科学鉴定,按照科学法则去预测的。例如,行为人以杀人故意枪击被害人,但是子弹擦身而过并未击中被害人,由于人的能力、人的视线、被害人的移动、枪支的准度等若干因素的共同作用,实际上这一危险程度是无法用数字来进行衡量的,即便安排专家进行判断最终也只能沦为专家的感情判断。在这个意义上,科学的客观说对于这种形式上的法益侵害可能性的限定,或者过于狭隘,如果要适度扩大又最终会沦为法感情判断,因此并不能得出一种真正妥当的未遂犯处罚限制标准。对此,客观危险说进行了自我改造。例如,西田典之教授提出了假定事实盖然性说,认为应当从事后的视角观察,观念上考察假定大概存在什么样的事实情况下法益侵害结果就会发生,如果假定的事实具有存在上的较大盖然性,就认为存在客观的危险,行为相应地应当作为未遂来进行处罚,如果假定事实具有极大偶然性,那么就不能认为成立了值得处罚的危险的未遂,而是不能犯。但是,可以发现,西田典之教授所谓的假定事实的选取本身,并不是纯粹客观的。假定事实实际上采用的是替代因果关系的思维,在判断上为结果发生设想一个替代因果关系,用该替代原因的刑法重要性来决定行为人的原因对于结果发生的可能性。但是,必须认为,西田典之教授所谓的假定事实只能运用社会经验法则进行选取。

与此不同,笔者认为对于法益侵害可能性,只要按照行为人的犯罪故意所指向的客观构成要件,形式上存在法益侵害可能性即可说明存在事实上不同程度的危险。但作为刑法上值得处罚的危险,应当进行规范的限制。按照社会经验法则和一般人的见解虽然在多数情况下结论是符合法规范的保护目的的,但并不是法规范选择的标准。毋宁说,社会经验法则在法规范限制形式上危险的过程中是极为重要的参考因素,但并非全部相关因素。例如,行为人运用社会经验中无法判断的方法实施犯罪,行为人对其效果也并不真实知晓,而该方法不可能导致结果发生的行为,按照社会经验法则实际上根本无法判断该方法是不是具有引起结果的相当性,在结论上则势必得出能够建立因果支配。但是,这对于法益侵害可能性来说,没有一如经验法则判断那样对危险进行规范的限定,从而在这种情况下又沦为主观未遂论或者印象说的判断。

(三)规范限定:对于法益侵害可能性建立支配

那么,对法益侵害是否建立支配可能性应如何判断?

根据行为人的适格的犯罪故意所指向的构成要件类型及其法益,该客观构成要件所保护的法益侵害可能性在形式上成立,进一步需要以规范的标准对其进行实质的限定。只有值得刑法重视的形式可能性才能够纳入刑事可罚性的范围,肯定其行为成立未遂而进行处罚;如果该形式上的法益侵害可能性并不是刑法上所重视的对象,那么就应当肯定行为属于规范的不能未遂,因此在刑法看来并不值得处罚。这里涉及如何区分刑法上重要的法益侵害可能性与刑法上不重要的法益侵害可能性。

笔者前文已经分析,计划危险的概念实际上只是对主观不法构成要件的检验,而并未对客观构成要件提出实质审查的要求,在主观构成要件和客观构成要件不一致时,是以主观构成要件不法补充客观不法。在这个意义上,计划危险说并未提出对法益侵害可能性的规范限定主张。与此不同,具体危险说提出以事后的一般人判断来限定形式上的法益侵害可能性成立规范危险的范围。例如,具体危险说的支持者希普尔指出,判断的决定应当以此为基础,即危险判断应当以一个客观的知晓相应事实的判断者在行为时就行为人的位置进行判断,在司法实务中也就是法官本人,法官将自己置身于该场合,并且要对于法官配以必要的事实知识进行判断。[1] 根据这一说法,具体危险的判断标准是以掌握客观构成事实的一般人的立场进行判断,该一般人实际上就是在每个案件中掌握案件事实并就案件的事实认定和法律适用做判断的法官。那么判断的标准是什么呢?希普尔继而认为,可能性理论上能够从100%降到0,因而对于实际上人们共同生活来说重要的可以说只能认为是那种重大的可能性才值得刑法考虑,这一重大可能性当然不能用符合数据的方式来表达。[2] 据此,如果法官在了解了案件事实后认为,形式上法益侵害可能性对于刑

〔1〕 v. Hippel, Deutsches Strafrecht, Bd II, S. 427.

〔2〕 v. Hippel, Deutsches Strafrecht, Bd II, S. 428.

法可罚性来说是重大的，就会肯定存在刑法上可罚的危险，从而认定未遂的成立；如果法官认为该形式上的法益侵害可能性不值得刑法评价，就会得出不能未遂成立的结论。希普尔提出，这一说法可以用下述文学表达加以生动地说明，如果人们想要按照人类的标准尽可能观察全部结果，那么就要置身于行为观察者的处境并且自问，人们想要对这个行为人说："别去做！"或者"你这个蠢货！"〔1〕在这个意义上，具体危险说并未提供对于刑法上限制此种形式上的法益侵害可能性的规范标准，而仍然是任由法官根据法感情，在行为时的行为人立场上评价行为，因此属于以道德标准替代刑法标准。一方面，这种标准在正直的法感情作用下，往往能够得出合乎刑法价值评判的结论，但这种法感情判断并不可靠。另一方面，对于恣意的法官来说，这一标准也不能提供一个客观上的规范限定，从而有丧失法适用的安全性的可能。在这个意义上说，具体危险说的判断与相当因果关系中的相当性判断具有同样的问题。相当因果关系是在结果发生时对于行为与结果之间存在条件关系基础上的相当性的判断，而具体危险说则是在结果未发生时对于行为是否创造了一种立足于条件关系基础上的法益侵害结果发生相当性进行的判断。对此，罗克辛教授指出，适当理论（相当因果关系理论）是一种归责理论，适当理论试图回答："哪一些原因情节在法律上是有意义的和能够向实施该行为的人归责的？"对于适当理论来说，因果性判断分为两个相互支持的思想步骤：第一，它应当确定一种符合法律的条件关系；第二，应当审查这个关系是否对于行为构成有意义……适当性原则仅仅是一种（尽管是很重要的）一般归责理论内部的结构要素……适当理论对于数量很大的其他状况。例如禁止追溯理论的案例群、假定因果过程等案件都肯定刑法归责，然而却不符合客观归责的原理。〔2〕例如，行为人以社会经验未知的物质进行投毒，但实际上并不具有伤害人体效用，因此并未发生结果的情形，法益侵害可能性在此形式上是存在的，然而根据社会相当性判断由于一般人无法知晓其作用而只能肯定一种重大危险的存在。但是，根据刑法构成要件的保护目的

---

〔1〕 v. Hippel, Deutsches Strafrecht, Bd II, S. 428.

〔2〕 参见［德］克劳斯·罗克辛：《德国刑法学总论》（第1卷），王世洲译，法律出版社2005年版，第244页。

来看,法益在这个案件中并没有以制造法律不允许的危险的方式被实质加以侵害,因此应当规范地排除其危险的成立。然而,根据具体危险说的相当性思维,却肯定其可罚性,从而在规范的危险中不当地扩大了部分案例中的可罚性范围。

鉴于此,客观危险说试图排除具体危险说运用社会经验法则所带来的法适用上的不安全性。根据客观危险说,在综合了某种案件事实之后,应当根据科学法则去诊断结果发生的可能性。例如,山口厚教授认为,在判断有无具体的危险时,"首先应立足于事后的立场,如果没有发生法益侵害结果的话,就以此作为前提。其次,代之以现实存在的事实,考虑大体存在什么事实的话,法益侵害根据科学的因果法则就会发生。因而问题就在于这种现实并不存在的假定事实被认为具有何种程度的存在可能性。即应通过考虑根据科学的因果法则使法益侵害结果发生的事实被认为具有何种程度的存在可能性来判断具体危险"。[1] 由此可见,山口厚教授对于形式上的法益侵害可能性的限制是以科学法则作为核心概念的。根据该理论,行为形式上存在的法益侵害可能性,只有按照科学法则能够具有具体的危险的程度,实际上也就是高度危险的程度,才能够肯定具有可罚的客观危险的未遂行为。例如,对于行为人夺走警察的手枪并对其开枪,由于警察枪支中并未安装任何子弹而无法射击。在该案例中,按照客观危险说,重要的是警察被杀死的形式可能性,按照科学法则——警察的枪支一般都会安装子弹——来判断的话能够认为具有高度的结果发生可能性,因而对行为肯定既遂。然而,这样的判断究竟是科学法则还是生活经验法则,笔者认为所谓科学法则多数都是运用社会经验法则,按照人们一般情形下行为的一般规律、方式、习惯、风俗等去判断,而并非严格意义上的科学法则进行的限制。在真正需要科学法则去判断时,往往对于结果发生的盖然性,根本就是无法确定的。例如,在日本曾经发生这样的案例,行为人为骗得保险而对被害人血管注入空气,并未发生死亡结果,然而对于所注入的空气量按照科学法则是否具有引起法益侵害结果

---

〔1〕[日]山口厚:《危险犯的研究》,东京大学出版会1982年版,第164页、第165页。转引自张明楷:《未遂犯论》,成文堂、法律出版社1997年版,第265页。

的高度可能性，同为专家的两位鉴定人医生却给出了截然相反的判断，一个认为该量完全具有引起死亡结果的能力，而另一个则认为该量尚未达到致死量。最终，法官考虑到被害人是身体虚弱的女童，虽然在该量也往往是难以断定肯定存在危险，但就该被害人而言其身体较为虚弱应该说该量的危险程度是显著提高了的，就此而判定被告人成立犯罪。笔者认为，这显然说明科学法则在通常的案件中根本是被经验法则所替换了的，在真正的疑难案件中却只能给出恍惚、迷离的答案，最终法官也需要按照经验法则的补充为案件的决定提供解释动力。就此而言，客观说的科学法则的立场根本是虚无的立场，是对刑法上规范的危险提供的不切实际的客观标准。

笔者认为，如果结合客观归责理论中"构成要件行为是在构成要件保护目的之下为法益制造法律不允许危险的行为"的命题，就应当合乎逻辑地认为，在行为所具有的形式上法益侵害可能性的前提下，对于规范危险的限定标准就应当是结合法益判断行为人是否支配了法益侵害可能性，如果行为人通过行为已经支配了法益侵害可能性，那么对于法益侵害是否发生而言，则是受行为人所掌控的，只要行为人掌控了对于具体法益侵害的发生可能性，在刑法上重要的危险就是成立的。因此，尽管在有的案件中事实层面所判断的低度可能性，但在规范看来只要形成了对法益侵害可能性的支配，也可能成立值得处罚的未遂，不能一概作为不能犯处理。例如，"t 开枪击中树木，o 在树旁 20 米处，t 若意图杀 o，则此乃典型的失败未遂"。[1] 在该案例中，按照社会经验法则来看该"射击在客观上无论如何是不可能对 o 产生危险的"。[2] 然而，在法益侵害可能性的支配的观念下，行为人是否开第二枪对于危险认定来说根本不是考察的对象，而应当就这一枪而言，生命法益属于最高法益，具有完全意义上的要保护性，从行为人的枪支杀人、被害人在枪支有效射程范围内等对于法益侵害来说重要的事实出发，应当肯定行为对被害人死亡的可能性形成了支配地位。在这个案例中，行为人通过现实的枪击行为，接管了被害人是

〔1〕 参见林钰雄：《新刑法总则》，中国人民大学出版社 2009 年版，第 288 页。
〔2〕 同上。

否死亡的形式上的可能性。对此,不要求这一形式上的可能性达到事实上的较高程度。然而,如果射击偏差 20 米是由于行为人严重视力偏差,就应当就生命法益进行判断,行为人根本不具有运用枪支对生命法益侵害可能性形成支配的能力,无论其如何按照视力偏差进行射击行为,根本不可能建立对法益侵害可能性的支配,应当排除其成立未遂的可能。

笔者认为对于事实危险进行规范限定的因素包括:

第一,以行为侵犯的法益性质为基本导向。

首先,刑法对于不同的法益所保护的力度和范围是明显不同的。对于更加重要的生命法益,刑法提供全面的、彻底的保护。对于身体法益、财产法益、秩序法益,刑法只提供部分的保护。在这个意义上,由于法益概念是立法者和司法适用者在制定和解释各种具体条文时都必须引用的评价准则,因而在具体构成要件符合性判断中,行为是否为法益创设了规范上重要的危险,也应当按照法益观念进行判断。[1] 在这个意义上,笔者认为在故意杀人罪的场合,对于行为所引起的他人死亡的形式可能性,规范应当提供更为周全的保护,只要行为与将他人的生命缩短的可能建立了真实的联系,就应当肯定形成了这种法益侵害可能性的支配。例如,甲试图射杀处于 60 米之外的乙,但甲的枪支射程只能达到 50 米,显然不能以强制射程不够,即便甲开枪也不可能打死乙而否定甲的行为危险。周光权教授认为在此应当判断"虽然枪支射程不够,但如果甲拿着枪支往前走 10 米射杀乙的可能性是否存在,如果存在则甲的行为危险,如果由于前面的诸如高墙、河流等障碍物甲不可能跨越,按照事后危险说要否定危险"。[2] 但是,在本案中,尽管由于存在障碍而行为人很难走近被害人而使其进入枪支射程,但毋宁说被害人的生命行动自由也是生命法益的附属内容,在案件中被害人并非石头一块,而是能够运动的。被害人走入枪支射程的可能性,也应当是被害人生命法益所应当值得刑法保护的对象。在这个意义上,对于生命的周全保护意味着在此案中应当肯定行为建立了法益侵害可能性的支配。然而,如果枪支本身是毁坏的枪支,那么

[1] 参见[德]克劳斯·罗克辛:《德国刑法学总论》(第 1 卷),王世洲译,法律出版社 2005 年版,第 17 页。

[2] 参见周光权:《区分不能犯和未遂犯的三个维度》,载《清华法学》2011 年第 4 期。

就应当肯定,使用毁坏的枪支不可能成功发射子弹,因此没有建立对被害人死亡可能性的支配。但如果是行为人使用空枪,即能够发射但没有子弹的枪支,则是与事实因素相关的判断了。

第二,以行为支配的事实因素为判断基础。

对于法益侵害可能性的支配,重要的是,需要结合法益的性质,运用事实因素进行综合评价。例如,甲基于强奸的意思于凌晨两点在某偏僻路段守候,如果该路段在晚上十二点以后只有甲的妻子下夜班通行,甲对此也知道,周光权教授认为应当将甲当作有某种特殊癖好的病人而非犯罪人看待,应认定甲为不能犯,但是如果这一路段经常有人通行,即便甲事后发现被害人是自己的妻子,也应成立未遂犯。为了得出这一结论,周光权教授认为重要的事实因素包括:特定的人是否被侵害不是考虑因素;行为所引起的模仿效果可能对甲妻子或者其他妇女性自主权的侵害等。[1] 然而,笔者认为,在该案例中,如果是在偏僻路段,只有甲妻子才会路经此地,根据该事实因素,其他妇女进入行为人所预备的地理、时间支配范围的可能性极小而不值得刑法关注,在这种情况下,妻子以外的其他妇女的性自主权的法益侵害可能性,尚未进入甲行为的管辖范围,因而应当否定成立法益侵害可能性的支配。然而,如果是通常路段,那么虽然事实上偶然地针对甲妻子实施了强奸,事实上的法益侵害可能性是极低的,但是在刑法规范看来,甲已经通过行为管辖将特定时间、空间领域中的性决定权建立了一种支配关联,因此应当肯定成立未遂行为。

第三,以社会观念要素进行适当修正。

在考察行为人是否对法益侵害可能性产生了规范支配时,是否允许将社会观念要素也纳入考量范围?对此,周光权教授认为对某种行为是否危险的判断需要考虑一般人的感觉。例如,甲为毒死乙,在被害人熟睡时打开天然气,导致室内天然气弥漫,甲自行离开,乙中途醒来上厕所将天然气阀门关闭,事后鉴定证明,目前天然气主要成分是甲烷,完全不具有致死能力,不会导致他人中毒死亡。但是,一般人能够从甲的行为中感

[1] 参见周光权:《区分不能犯和未遂犯的三个维度》,载《清华法学》2011 年第 4 期。

受到危险性,法院也不可能据此认为甲无罪。[1] 但是这种结论笔者难以接受。在本案中,甲的行为并未在事实要素上建立对法益侵害可能性的支配,此时不可能运用观念要素进行补充,肯定一般人感知的危险感觉对于支配判断的重要性。否则,在规范危险的标准上又不得不落入印象理论的窠臼。在案件中,对于故意杀人罪的构成要件来说,法益侵害可能性表现为乙死亡的可能性,在这里形式上是能够肯定存在乙死亡可能性的。然而,对于刑法评价来说,由于方法不适当,不能认为甲对乙的生命死亡可能性建立了真实的管辖。

二、方法论基础

在刑法理论上,对于未遂的可罚性的判断存在两种不同的观点,一种倾向认为未遂犯是具体危险犯,因而对于未遂的可罚性的成立至关重要的危险要素,不是单纯的对构成要件行为的实行性的实质审查,而是对属于结果无价值的构成要件结果要素该当的判断。另一种倾向认为,未遂犯是类似于抽象危险犯的类型,对于未遂的可罚性的判断,是对实行行为的类型性危险的判断,也是对行为的无价值判断,因此未遂的可罚性的实质是对构成要件行为的实行性的判断。

前者的理论基础是结果无价值论。张明楷教授认为,造成了危险结果的行为当然是具有法益侵害危险的行为,既然将危险结果作为未遂犯的处罚根据,就没有必要将行为的危险作为处罚根据。[2] 钱叶六博士认为,未遂犯中的危险并非是行为本身属性的危险,而是一种作为结果的危险,即行为已经造成法益侵害的现实、具体的危险状态。[3] 山口厚教授认为,“形成未遂犯的处罚根据的既遂的、客观的危险,属于未遂犯本身的独自的结果,要想成立未遂犯,必要的就是要发生这种危险”。[4]

基于这种观点能够得出如下推论:第一,应当将客观构成要件中的危险区分为两类不同的危险,第一种是作为构成要件行为所应当包含的危

---

〔1〕 参见周光权:《区分不能犯和未遂犯的三个维度》,载《清华法学》2011 年第 4 期。

〔2〕 参见张明楷:《刑法学》,法律出版社 2011 年版,第 316 页。

〔3〕 参见钱叶六:《未遂犯与不能犯之区分》,载《清华法学》2011 年第 4 期。

〔4〕 参见[日]山口厚:《刑法总论》,付立庆译,中国人民大学出版社 2011 年版,第 272 页。

险,第二种是作为构成要件结果的法益侵害的危险,在这二者中,只有后者才是建构构成要件的结果不法的要素,而前者是预备行为、未遂行为、既遂行为共有的危险要素,不足以支撑行为作为未遂进行处罚。第二,未遂的可罚性的判断,实际上是对作为客观上可以归责于行为的结果危险要素的判断,因此着手的危险也是这种结果危险的发生。仅仅具有行为危险性,还不足以使刑法上认为行为人实施了着手行为,而只有这种行为已经引起了作为结果的客观危险的开始,才能够认为存在支撑不法成立的着手。在这个意义上,对于未遂的可罚性判断的实质,既是对实行行为类型性的判断(着手的判断),也是对未遂行为该当构成要件结果要素的判断。

因此,该说继而认为,如果将未遂犯的危险理解为行为本身的危险的话,由于预备行为也是具有一定的法益侵害危险性的行为,因此就无法对预备犯和未遂犯进行区分。[1] 并且,这种理解会导致在既遂的危险尚未现实化之前的阶段就肯定未遂犯的成立,存在妥当性疑问。[2]

然而,该说存在疑问。第一,将未遂可罚性的危险理解为结果要素的话,会混淆构成要件行为该当性与结果该当性,使二者成为一个要素,因而与既遂犯的构成要件判断存在冲突。对于既遂犯的构成要件该当性的判断,首先要对是否实施了制造法律不允许的危险的构成要件行为进行审查,在此,对于结果的考察并不构成影响。因此,不能因为行为在客观上引起了死亡结果的发生,就断定行为人实施了杀人行为,可能是意外事件、正当防卫或者客观上不能归责的行为。但是,上述学说认为未遂的危险不是行为的危险,而是建构未遂不法的结果的危险,从而导致未遂可罚性的判断中,行为的判断或者成为多余的东西,或者成为与结果危险判断绑定的同一个判断。第二,认为行为的危险不能区分预备犯与未遂犯,同时,只有结果的危险能够具有这种区分功能的看法也存在疑问。结果无价值论认为未遂的危险是建构未遂不法的危险,是一种法益侵害的危险。但是,正是由于法益侵害的危险概念,才导致预备犯与未遂犯难以区分。

---

〔1〕 参见钱叶六:《未遂犯与不能犯之区分》,载《清华法学》2011 年第 4 期。

〔2〕 参见[日]山口厚:《刑法总论》,付立庆译,中国人民大学出版社 2011 年版,第 272 页。

结果无价值论认为,以法益概念为原点,法益侵害的实害结果是既遂犯的构成要件结果,而法益侵害的危险是未遂犯的构成要件结果。然而,如果以法益概念为原点,就不得不承认,预备行为也是具有法益侵害可能性的行为,同时也是具有较低的、抽象的法益侵害危险的行为。因此,按照结果无价值论者对未遂犯可罚性主张的法益侵害危险的概念进行判断的话,有可能导致预备行为也作为未遂犯进行处罚。所以,应当以“构成要件实现”,而不是“法益侵害”作为未遂可罚性的危险概念的原点,所谓危险,应当是一种实现构成要件的危险,而非法益侵害的危险。危险,必须是接近构成要件的,但还不一定是接近法益的。这时必须存在一种对实现构成要件的直接着手。换言之,未遂的刑事可罚的基准点,不是受保护的法益,而是构成要件。[1]

因此,这种理论的基础性思想是将未遂犯与既遂犯视为同等构造,只是在要素上具有不同的表现形态,即构成要件结果的表现形式存在不同,从而严格限制刑罚权的扩张。笔者认为,这种理解是一种对于构成要件的“结果”要素过度规范化的考虑,忽略了未遂犯的事实面的特殊性,未遂犯正是因为在事实的层面具有与既遂犯不同的构造,才产生了规范上的不同地位:既遂犯应当符合构成要件的全部要素,是可罚性的基本事由,而未遂犯则是处罚扩张事由。日本刑法学者大塚仁教授认为未遂与共犯都属于被修正的构成要件。[2] 因此,未遂犯不同于既遂犯之处在规范意义上体现为缺乏刑法分则罪状中所规定的构成要件,应当在承认这种规范性差异的前提下,对未遂犯的可罚性范围进行限制,而非通过在规范上强调二者的一致性,以既遂犯构造的原理来限制未遂犯的可罚性范围。

基于此,笔者认为应当肯定未遂犯与既遂犯在规范上的差异性,未遂犯的可罚性的危险,应当是构成要件行为的实行性意义上的危险,因此可以称为构成要件实现的危险。在这个意义上,应当区分构成要件实现的判断与法益侵害的判断,二者具有明显的不同。首先,构成要件实现的判

---

〔1〕 Vgl. Roxin Strafrecht Allgemeiner Teil Band II, Besondere Erscheinungsformen der Straftat, §29,Rn. 7.

〔2〕 参见[日]大塚仁:《刑法概说》(总论),冯军译,中国人民大学出版社 2003 年版,第 245 页。

断是"形式—实质"的综合判断,而法益侵害的判断是实质的一元判断。因此,结果无价值论者认为着手的判断也应当是实质的一元判断。但是,仅仅进行实质的一元判断,有可能缺乏形式的限制从而不当地扩大刑事可罚性的范围。应当承认从实质的一元判断的角度无法区分预备犯和未遂犯,二者的法益侵害危险程度仅仅存在低度与高度、抽象与具体的程度性不同。而这种程度性不同,往往受到法益类型等各种相关因素的制约。仅仅以程度性不同对于危险进行实质区分的判断方法,既难以对二者进行清晰的区分,也忽略了刑法设定构成要件类型性的意义。因此,以构成要件实现作为危险概念基准点的理解,是一种规范的理解,而不是一种事实性的理解,因此这种危险概念就是一种规范的危险概念,而非一种事实的危险概念。

所以,规范的危险概念,是构成要件行为的实行性的限定要素,而非构成要件结果符合性的判断要素。那么,问题的关键在于,哪些因素应当属于规范的危险概念中的判断要素,或者说,哪些要素才是影响规范的危险判断的相关性因素?

例如,以故意杀人罪为例,假设存在这样一个案件:行为人使用射程只具有一千米的枪支射击身处一千零一米之外的被害人。对此,周光权教授认为,如果行为人前面有无法跨越和向前接近的断崖或者鸿沟,就应当否定行为具有危险性,其原因在于,行为人克服障碍再向前实现犯罪结果的可能性并不存在。[1] 然而,这种看法存在问题。虽然行为人不可能向前跨越,使枪支的射程能够到达被害人的距离,从而存在实现犯罪结果的可能性。但是,应当肯定刑法对于生命法益的保护,同样肯认生命的自由性,并且刑法通过非法拘禁罪等犯罪构成要件类型化地提供对人的自由的保护。因此,尽管行为人由于客观事实原因不可能向前跨越使枪的射程达到被害人的距离,但被害人是一个可自由行动的生命,自然,这种自由的生命已经受到了故意杀人罪的构成要件达到结果发生的可能性的威胁。直白地说,重要的不只有行为人不能够向前而不可能,还有行为人的生命法益自由活动的可能性使这种构成要件实现成为可能。可见构成

[1] 参见周光权:《区分不能犯和未遂犯的三个维度》,载《清华法学》2011 年第 4 期。

要件的类型性、法益的属性、事实层面的物质属性与科学法则、自然中存在的偶然性等要素,都对于规范的危险的判断具有"相关性"[1]影响。在这个意义上,应当在刑法的功能的考量下,探讨哪些因素才能够作为规范的危险判断的相关因素,并且根据刑法的功能和目的,对于某些因素进行限定。

应当认为,刑法的目的是辅助性地保护法益,[2]然而,刑法也不能忽略积极的一般预防。[3] 在这个意义上,可以类型化为两类不同的相关因素:(辅助性的)保护法益的相关因素和积极的一般预防的因素。

从犯罪构成要件的结构上看,刑法上对于犯罪成立的判断要素一般还区分为主观要素和客观要素,在犯罪成立的要素上,既不能单独以客观要素定罪,也不能单独以主观要素定罪,否则即走向客观归罪与主观归罪。因此,对于未遂的危险的判断,也不得不从主观因素、客观因素中寻找各种值得考虑的相关因素。

从犯罪个别化角度来看,由于犯罪成立的判断,因犯罪本身的类型的不同,也显然会存在差异性。例如,故意杀人罪的未遂的危险与盗窃罪的未遂的危险显然具有差异性。刑法对于生命法益的保护重于对财产法益的保护,因此应当承认故意杀人罪的危险成立与盗窃罪的危险成立具有不同的程度要求,应当在故意杀人罪的危险成立程度上扩大刑法保护范围。在这个意义上,未遂的危险判断,应当将犯罪类型作为重要的相关因素。

---

〔1〕 在这个世界中,存在两类不同性质的关系——决定关系和相关关系,笔者认为,对于危险的判断,由于危险的程度性特征,其导致了应当承认相关关系的重要性,却难以使用决定关系来判断。原因在于,决定关系的判断逻辑类似于早期机械主义的条件说,即只有发生了结果才可能存在条件,只要没有发生结果,就不存在条件。而决定关系的理解也是这一思路,即对于危险只应当考虑决定关系的前因要素,行为如果与某种结果存在决定关系,就是原因,否则就不是原因,行为即未创造危险。但是,这种逻辑一方面在理论上本身的合逻辑性就存在疑问,另一方面是否可行也存在疑问。对此,可参见事实危险说的批判部分,事实危险说由于仅仅以客观事实和科学法则进行判断,导致事实危险的概念必须进行修正,实际上或者背离了事实危险概念的原意,或者使事实危险概念也不那么事实而是规范的。在这个意义上,对于危险的判断,行为只要在相关关系的意义上与构成要件的结果发生(构成要件的实现)存在关联性,就可以肯定具有危险,应当作为未遂的行为进行处罚。

〔2〕 参见王世洲:《现代刑法学》,北京大学出版社 2011 年版,第 35 页。

〔3〕 参见周光权:《区分不能犯和未遂犯的三个维度》,载《清华法学》2011 年第 4 期。

从轻、重罪区分的角度来看，德国刑法对重罪的未遂规定全部可罚，对轻罪的未遂则只有法律具有明文规定时才能处罚，然而，我国刑法并未如此规定。与此不同，我国《刑法》第13条中规定了犯罪概念的但书，在综合判断中，对于那些虽然成立危险，但“情节显著轻微危害不大的”行为也可能出罪处理。因此，在理论上，应当对犯罪从轻重上进行一定的区分，考虑“死罪”、“重罪”与“轻罪”的区分方法，在未遂的可罚性上，对轻罪的未遂一般应当否定其可罚性。

从犯罪类型化的角度来看，对于犯罪类型化的不同考量，还会衍生出不同的未遂犯的类型，对此，危险的判断也应当具有差异性。例如，作为犯与不作为犯具有差异性，作为犯是以表现为举动的作为来实现犯罪构成要件的类型，而不作为犯则是以具有义务的个人违反不作为义务而成立的犯罪，因此，作为犯的未遂与不作为犯的未遂，在危险概念及判断上显然应当具有差异性。再如，刑法上一般划分为一般犯罪与身份犯罪，对于一般犯罪，只要具有刑事责任能力一般都能够实现该罪的构成要件，而对于身份犯罪，不具有这种身份者则不可能实现该罪的构成要件。因此，一般犯罪的未遂与身份犯罪的未遂的危险，显然也应当具有概念与判断上的不同。实际上，身份不能未遂、方法不能未遂与对象不能未遂这种刑法理论上一般公认的区分方法，就是根据这种犯罪类型的方法展开的。所谓方法不能未遂与对象不能未遂，只不过是一般犯罪的不同表现方式，二者在事实层面虽然具有极大的差异，但在规范危险的判断中，二者属于同一构造，只不过是相关因素的具体性差异罢了。

第二节 规范危险的判断方法

一、不能未遂的三分法与危险判断

在刑法理论上，对于不能未遂的三分法可以追溯到费尔巴哈时代，当时，客观未遂论一般在绝对不能未遂与相对不能未遂之间进行区分，所谓绝对不能未遂，是指使用根据其本来的属性在任何条件下都不可能引起结果发生的方法或者针对如此相同性质的对象而实施的不能引起犯罪结果的行为,而相对不能未遂则是运用了一种不充足、不现实的方法,不充足的方法或者不现实的方法应当是本来适当的方法,但是或者由于没有使用正确的必要的力量或者由于行为人实际上自己弄错了,或者由于其他对其来说在方法使用时就已经存在的条件等陌生原因,其现实性被阻碍了或者取消了。[1] 而现今的刑法理论,已经普遍接受对于不能未遂进行三分法,即区分为手段不能未遂、方法不能未遂和身份不能未遂三种类型。在现在的德国刑法制度上,方法不能未遂与对象不能未遂都具有可罚性,而身份不能未遂虽然在理论上存在一定争议,但主流观点认为身份不能未遂不具有可罚性。[2]

对于不能未遂进行类型化的区分,对于危险的判断具有意义。例如,米特迈尔对于费尔巴哈的旧客观说进行了修正,并提出了绝对不能与相对不能区分说,某一行为在任何情况下都不会发生所意图的犯罪时,是不可罚的行为;而某一行为仅在具体情况下对于引起结果发生来说具有目的上的不合适性,是一种不充分行为,因而经常是可罚的。尽管如此,米特迈尔对于这种区分是否适用于对象不能未遂存在怀疑。[3] 后来的理论,都试图在三种不同的不能未遂的场合,在危险判断上都具有适用性,但实际在判断上仍然会存在一些差异。笔者首先对这种三分法进行分析,同时考察这些理论分别所具有的适用的可能性。

(一)身份不能未遂的判断

所谓身份不能未遂,是指不具有特殊身份的行为人错误地设想了自己具有该身份而实施了只能由具有这种身份的人才能实现的构成要件的行为,由于行为人缺乏身份,而不能实现构成要件。例如,公安局的卫生清理临时工,误认为自己是公务员而收受他人财物,并为他人违法地清除了其在公安局的处罚档案,由于该临时工不具有国家工作人员身份,因此不可能构成受贿罪。对此,我国刑法将身份不能未遂,又称为主体不能犯,属于主体错误。对此,按照我国传统刑法理论,犯罪主体是犯罪构成的独立要件,由于客观上行为人不具有这种特殊身份要件,因此欠缺法定

---

〔1〕 Berner, Handbuch des gemeinen und paticularen deutschen Strafrechts, 1847, SS. 399, 400.

〔2〕 Baumann/Weber/Mitsch, Strafrecht Allgemeiner Teil, 11. Aufl., S. 605, Rn. 29.

〔3〕 参见陈家林:《不能犯初论》,中国人民公安大学出版社 2005 年版,第 14 页。

的犯罪主体要件，该犯罪的主客观要件就缺乏足够的主体基础，行为人不可能构成该犯罪。[1]

对此，德国刑法上存在幻觉犯的概念，一般也称之为臆想犯罪。如果一个人对其行为中的所有外部情节都有正确的理解，但是错误地认为这一举止行为违反了刑法的禁止性规定，就是一个不具有可罚性的臆想犯罪。例如，一个人将木头当作人射杀，属于不能未遂；一个人将木头射穿，但认为射穿木头属于犯罪，则属于臆想犯罪。[2] 由此可见，幻觉犯不同于身份不能未遂，二者在构成要件层面就能够进行区别：身份犯是不具有客观构成要件符合性的行为，因为其必不可少的客观构成要件——身份并不具备。与此不同，幻觉犯则是刑法中并未规定这样的客观构成要件，就更没有客观构成要件实现可言。

因此，根据前文所说明的法益支配可能性的危险判断方法，在身份不能未遂中，由于行为人欠缺必要的客观构成要件——身份，因此不可能形成对法益支配可能性的支配。这是因为，在身份犯的构成要件类型性上，立法者预设了仅有相关身份的人才能够具有建立法益侵害支配的可能性。从这个意义上来说，身份不能未遂由于欠缺必要的客观构成要件，因此并未实现构成要件，属于不可罚的行为。

（二）手段不能未遂与对象不能未遂的判断

由于《德国刑法典》第23条第三款中对不能未遂的表现形式进行了规定，德国刑法理论上一般认为不能未遂可以表现为对不适当对象的未遂和使用不适当工具的未遂两种类型，与立法上不可罚因此并未规定的不适当主体的未遂形成并列关系。所谓手段不能未遂与对象不能未遂是自米特迈尔以来就存在的分类方法。对象不能未遂是根据构成要件行为所针对的犯罪对象的类型，行为不可能实现既遂的情形。与此不同，手段不能未遂是指根据行为人实施构成要件行为所采用的实施的手段、行为不可能实现既遂的情形。对象不能未遂，在案例中如将面粉、尸块当作毒品运输的行为，将尸体当作活人射击的行为。手段不能未遂，如因为方法

---

〔1〕 参见郑军男：《不能未遂犯研究》，中国检察出版社2005年版，第97页。

〔2〕 参见[德]克劳斯·罗克辛：《德国刑法学总论》（第2卷），王世洲译，法律出版社2013年版，第346页。

根本错误采用了不可能制造毒品的方法炼制毒品,或者行为人使用了没有子弹的枪支射击他人。手段不能未遂和对象不能未遂,同属于构成要件行为之认定上存在问题而导致的未遂。根据语言学的组成,刑法上的行为须是采用一定方法针对一定对象实施的,并借此针对对象产生恶害效果。因此,在刑法构成要件行为的认定上,行为之方法和行为之手段,都是对于构成要件行为来说必备的要素。因此,从这个角度来说,刑法理论上将不能未遂区分为手段不能未遂、对象不能未遂具有一定意义,符合其事实面类型学的区分方法。

(三)三类型说的反思

从这种类型的分析意义而言,三类型说是以构成要件要素的性质来区分不能未遂的一种方法。根据客观构成要件上的不同状况,不能未遂可能是由身份欠缺、构成要件行为对象欠缺或者构成要件行为方法欠缺等不同原因形成的。因此,这种三类型说的区分方法,有助于刑法理论在事实角度观察不能未遂的成因。

然而,笔者认为三类型说对于限定不能未遂的可罚性没有规范意义,因此与危险的判断无关。首先,过去的理论试图针对手段不能未遂与对象不能未遂进行区分,手段不能未遂中可以根据相对的手段不能和绝对的手段不能的二分,想要将绝对的不能的手段排除在可罚未遂范围之外;对于对象不能未遂则原则上承认法益的缺位性,从而一概不予以处罚。然而,想要对绝对不能的手段和相对不能的手段进行区分,是难以进行的。空枪虽然不能作为射击杀人的工具,但并不是绝对不能作为杀人的工具,现实中也存在用枪支作为钝器击打他人头部致死的案件。白糖虽然不能作为投毒杀人的可行方法,但是却可以作为针对糖尿病人的独特的杀人手段。这些都说明,根据事实层面的手段、对象来区分不能未遂,并且分别为其设定区分可罚范围标准的路径是失败的。笔者认为,这其中的主要原因就是不能未遂的规范本质,即不能未遂在规范上是一种客观构成要件符合性的表现形态。不能未遂显然不是客观构成要件符合性的典型形态,而是例外形态。在结果、因果关系被排除符合性之后,再进行的客观构成要件符合性的判断,就是不能未遂可罚性的判断。从这个角度而言,客观构成要件符合性的类型、特征与性质,对于不能未遂的成立范围具有重要意义。因此,笔者认为应当从规范的视角,考察客观构成要件符合性的类型,并以此为基础寻找新型的不能未遂的区隔手段,从而使危险的规范内涵更加明晰。

二、类型化可能与规范危险的相关因素

从这个意义上而言,笔者认为不能未遂概念具有重新类型化的可能性。也就是说,应该通过客观构成要件符合性的类型、特征与性质,找出观察不能未遂的规范意义上的新的观察视角。在这个意义上,笔者将与不能未遂的可罚性有关的客观构成要件符合性的类型,作为规范危险的相关因素来进行界定。

(一)构成事实面的类型化标准

首先,不能未遂的类型化的路径可以根据客观构成要件符合性的判断思维来区分。一般来说,客观构成要件符合性的判断是一种三段论的判断。大前提是刑法分则规定的客观构成要件,而小前提则是根据具体案件事实归纳的客观构成事实,而大前提与小前提之间是否符合的判断则是一种包摄或者涵摄的判断思维。因此,从理论上说,人们既可以从客观构成事实的层面来区分不能未遂的存在论类型,也可以根据客观构成要件的一面来区分不能未遂的规范论的类型。笔者认为,在存在论的类型上,可以从两种类型化视角展开分析:

1. 事实原因的不能未遂与法律原因的不能未遂

不能未遂的行为,属于不可能导致结果发生的行为。由于刑法上的结果,既有对现实客观的事实的认可,也有对某种法律状态的确定,因此刑法上的结果既有事实性结果,也有规范性结果。从这个角度而言,存在论上的不能未遂,既有事实原因的不能未遂,也有法律原因的不能未遂。从性质上来说,也可以认为是事实原因的反面构成要件错误、法律原因的反面构成要件错误。以此与事实错误与法律错误形成对应关系。在我国传统刑法理论上存在一种将不能未遂区分为事实不能与法律不能的分类方法,实质上也是根据不能未遂的这一存在论的根基为基础的。

然而,从不能未遂的可罚性角度而言,这一区分的主要意义在于:事实不能未遂行为的可罚性,更加强调从事实的角度来考察行为与构成要

件之间的接近性,而法律不能未遂行为的可罚性则更加强调从法规的角度来考察行为与构成要件之间的接近性。例如,针对尸体开枪射击的行为是事实原因的不能未遂,而针对自己的财产进行盗窃则是法律原因的不能未遂,因而事实上"尸体"与"人"的接近性是在事实面考察不能未遂是否存在危险的核心问题,而法律上"他人财产"与"自己财产"在概念上的接近性则是法律原因不能未遂的核心问题。尸体与人在事实上存在两个角度的接近性因素:时间因素与地理因素,时间上该人死去成为尸体的时间,是考察的主要因素。如果尸体形成已久,则意味着与一个"死去的人"之间的距离较远,因而应当否定危险的成立。但是即便尸体形成已久,不是该尸体,而是一个其他人的事实可能性,也可能影响危险的成立。例如,在闹市针对一具尸体误以为是人而开枪杀害,与在深山老林针对一具尸体误以为是人而开枪杀害,显然具有不同的性质,对于后者应当否定行为的危险,肯定行为不可罚。

2. 方法不能未遂的危险与对象不能未遂的危险

由于不能未遂也属于行为,而行为则必须要采用一定的方法针对一定的对象,因此不能未遂可以分为对象不能未遂与方法不能未遂。这一分类方法是刑法不能未遂理论的固有分类方法,前文已对此进行介绍和分析。在此不再赘述。

(二)构成要件面的类型化标准

不同于小前提——构成事实(Sachverhalt)层面对不能未遂的区分路径,在大前提——罪状中的客观构成要件的视角也可以对不能未遂进行类型化的区分,因而属于危险判断的规范性因素。笔者认为,这一观察视角的理论基础是:危险是构成要件实现的可能性,因此与构成要件类型息息相关,因此可以根据构成要件类型的不同,来判断危险的成立。

1. 重罪的未遂危险与轻罪的未遂危险

在构成要件符合性的类型上,世界各国普遍采用的一种分类方法是区分重罪与轻罪的做法。一般来说,重罪与轻罪主要是根据法定刑来进行区分的。例如,《德国刑法典》第12条将最低刑为一年以上自由刑的犯罪称为重罪,而最低刑为一年以下自由刑或者罚金刑的犯罪则是轻罪。

从性质上来说,重罪与轻罪反映了立法者对于构成要件类型的基本评价:重罪的不法程度一般来说显著重于轻罪的不法。从这个角度来说,笔者认为重罪的危险的判断应当与轻罪的危险的判断有所不同。在德国刑法上,重罪的未遂一概具有可罚性,轻罪的未遂则在法律明文规定时才具有可罚性。从性质上来说,这是立法者通过立法技术形成一种刑事政策价值,即有目标地对不同犯罪的未遂进行打击。然而,笔者认为在此基础上,重罪表示了法益的更值得保护的性质,因此在重罪的场合,危险的成立标准应当相对地低于轻罪的危险成立标准。例如,行为人故意杀人的不能未遂与故意伤害的不能未遂,虽然都是由于对象的不能导致客观不能未遂,然而,在承认杀人的危险成立时,不一定成立伤害的危险;在承认伤害的危险成立时,则当然要承认杀人的危险成立。

2. 实害犯的未遂危险、具体危险犯的未遂危险与抽象危险犯的未遂危险

从构成要件的类型化角度,刑法理论一般还将构成要件区分为实害犯、危险犯两种不同的类型。此外,危险犯还被区分为具体危险犯和抽象危险犯,一般认为二者在危险的程度上存在差异,具体危险犯的成立要求一种具体的危险状态的存在,而抽象危险犯的成立则不需要要求这种具体危险的状态,而仅仅要求较为遥远的抽象危险即可。

笔者认为,首先要肯定实害犯与危险犯都存在未遂的命题。从理论上说,实害犯与危险犯都属于结果犯,只不过二者在结果的性质上有所不同。实害犯的结果是事实层面的具体的有形的结果,而危险犯的结果则是抽象的无形的结果。在肯定这一命题的前提下,实害犯与危险犯的危险判断显然是不同的。首先,危险犯的危险与危险犯的未遂的危险应当进行区分。危险犯的危险,是刑法分则规定的危险,既包括具体危险,也包括抽象危险,二者存在程度上的高低差异。然而,危险犯的未遂的危险,则是行为该当危险犯构成要件的危险。尽管在语言表述上较为拗口,但是逻辑上却只能承认这样的推理结果。因此笔者认为,应当承认危险犯的危险是比危险犯的未遂危险更侧重事实、更具体的危险。而危险犯的未遂的危险,则是一种行为是否具有某种危险犯行为类型的属性的判断。例如,如果承认我国刑法中的破坏交通工具罪为具体危险犯,即交通工具倾覆的危险属于具体危险结果,那么在破坏交通工具罪未遂的危险

概念上,应当承认是某种行为接近于破坏交通工具并造成倾覆危险。例如,行为人已经实施了破坏交通工具的行为,但由于被害人本来就已寻找修车工前往修车,修车工发现了被破坏的痕迹而避免了危险发生。在这种情况下,交通工具倾覆的危险不存在,从而排除了破坏交通工具罪的既遂客观构成要件符合性,因此需要判断是否存在未遂的客观构成要件符合性。在本案中,行为人采取的方法,正是因为被修车工所修好,才避免了危险的发生,所以这一行为显然是极为接近构成要件实现的。从这个意义上来说,在本案中虽然否定了既遂的具体危险犯的危险,却肯定了危险犯未遂的危险的成立。由此可见,在构成要件类型上区分实害犯的未遂危险与危险犯的未遂危险,具有重大的理论与实践意义。在司法实践中,存在大量的破坏交通工具罪未遂的案件,最终都是以未遂定罪的。此时,既要以危险犯对其定罪,又要承认行为是未遂,也就是说概念上肯定了未遂危险的成立,否定了具体危险的成立。只有从未遂危险的性质,即构成要件实现的形态的角度,才能够对这一结论给出合理解释。

3. 作为的未遂危险、不作为的未遂危险

在刑法上对构成要件一般还区分为作为犯与不作为犯,尽管二者在违法阻却事由上的表现方式有些不同,笔者仍然认为二者是基于客观构成要件符合性的不同而进行的区分。易言之,作为犯的客观构成要件是以禁止性规范为其基础的,其客观构成要件实现的方式是某一刑法上重要的举动合乎因果并且可归责地引发结果。与此不同,不作为犯的客观构成要件是以命令性规范作为其基础的,因此不作为犯的客观构成要件实现的方式是某一刑法上的义务不履行与不作为的因果关系引起了结果的发生。在这个意义上,作为的客观构成要件实现与不作为的客观构成要件实现显然在判断上有所不同。既然未遂的危险是客观构成要件实现的危险,那么在危险判断上作为犯的未遂危险与不作为犯的未遂危险应当有所不同。

作为的未遂危险,是某一以作为为形式的构成要件行为所具有的构成要件实现的可能性。而不作为的未遂危险,则是某个刑法上作为义务不履行所具有的实现构成要件的可能性。相比而言,不作为的未遂危险更加具有形式性,而作为的未遂危险则需要对构成要件行为进行相当意义上的实质判断。正因为如此,作为的未遂危险表现出较大的判断上的难度。由于不作为的作为义务是刑法上的作为义务,行为人具有保障人地位、具有履行义务的能力时,就应以积极之作为履行刑法上的义务,以保障法益不受侵害。然而,行为人在法益危险即将危殆化之时,没有履行义务,如果结果偶然没有发生,那么一般而言应当对行为人论以不作为之未遂的客观归责责任。例如,父亲面对溺水的儿子不实施救助,后某游泳健将路经此地将其救起。虽然结果没有发生,但在此案中原则上应当肯定不纯正不作为的杀人客观构成要件实现的可能性,对父亲论以故意杀人罪的责任。因此,作为义务的存在,构成对不作为的未遂危险判断的必备要素。如果对象错误,则可能导致作为义务不成立,从而形成不可罚的行为。例如,父亲误以为溺水的孩童是自己的儿子,以杀人故意对其置若罔闻,结果孩童溺亡,查明孩童并非其子,没有作为义务。此时,属于反面构成要件对象错误,该父亲针对他人儿子不具有不纯正故意杀人的客观构成要件符合性。对此,应当否定客观构成要件实现的危险。因此,义务的存在,是构成要件危险成立的必备要素。这显然不同于作为犯的未遂危险之判断逻辑。

4. 非身份犯的未遂危险、身份犯的未遂危险

按照刑法分则对构成要件的规定,在客观层面上,构成要件还表现为身份性构成要件和非身份性构成要件,身份性构成要件是指客观上实现构成要件以行为人具有与客观构成要件有必要关联的身份为前提。如果行为人不具有客观构成要件中的身份,那么其行为不可能该当该罪客观构成要件。

由此区分出发,身份犯的客观构成要件符合性判断方法与非身份犯也有显著差异,这种差异对未遂之危险成立具有重要影响。例如,贪污罪的客观构成要件是国家工作人员利用职务便利侵吞、窃取或者骗取国家财产和集体财产,因此在客观构成要件符合性的判断上,既需要满足身份要素、行为要素,还需要身份要素与行为要素之间存在规范的关联性。如果缺乏身份要素或者缺乏身份要素与行为要素之间的规范关联性,那么行为也不可能实现身份犯的客观构成要件。

从这个角度出发,身份不能未遂的行为,实际上是缺乏身份犯的身份

要素或者身份要素与行为之间规范关联性的行为，没有实现相应犯罪的客观构成要件。因此笔者认为，身份不能未遂不是未遂，而是客观构成要件符合性的排除，其原因在于，身份、身份与构成要件行为的关联性是身份犯客观构成要件的必备要素，缺乏客观构成要件必备要素，客观构成要件符合性被完全阻却。因此，身份不能未遂属于幻觉犯，而不属于不能未遂。

第三节　实例检验

在我国刑法实务中不乏不能未遂的判例，司法实践常常适用不能未遂原理进行定罪活动。前文已经对不能未遂的规范危险判断进行了分析，因此需要通过对我国司法实务判例的讨论，来检验这一规范危险判断是否有效。因此，本书选取我国司法实践中出现的真实案例，来对规范危险判断进行检验。在数据的来源上，本书从最高人民法院裁判文书网中以“不能犯（或者不能未遂）”“刑事案件”“判决书”为检索关键词，排除掉大量仅在辩护意见中出现不能犯事由的案件后，仅有十例以不能犯的理论作为判决理由的判决书，经过统计分析，其表现出的特点如下：

第一，这些不能未遂的案例都属于对象不能犯，也就是构成要件的对象的性质导致了行为客观上不可能实现犯罪既遂。例如，甘肃省庆阳市西峰区人民法院“（2014）庆西刑初字第141号”刑事判决书认定：2013年10月22日15时许，被告人马某某以200元向吴某某出售毒品海洛因0.91克，经鉴定从吴某某处查获其从马某某处购买的0.91克物质中未检出毒品海洛因成分。对此法院认为：被告人马某某则是将此0.91克假毒品当作真毒品贩卖获利的，由于被告人马某某主观上具有贩卖毒品的故意，故该起犯罪亦应以贩卖毒品罪定罪，但因其对象不能犯的实际情况，依法比照既遂犯从轻处罚。其他九例犯罪中还有四例贩卖假毒品的不能未遂、三例出售或者购买假的假币罪（纸或者冥币）的案例、一例盗窃已被冻结的银行卡并使用的案件、一例针对身无分文的人抢劫的案例。从性质上来说，这些案例都属于对象不能犯。

第二，这些不能未遂的案例最终在判决中都成立相关犯罪的未遂，受到刑事处罚。对于这些案例，由于法院一概采用了对象不能犯应当进行处罚的观点，因此对于这些案例都判定成立犯罪未遂，只是在处罚上比照既遂犯从轻或者减轻处罚。

第三，这些不能未遂的案例，在罪名上只涉及了抢劫罪、盗窃罪、贩卖毒品罪、购买假币罪、出售假币罪。从司法实务的相关调研来看，实际上还有一些运输毒品罪、制造毒品罪、故意杀人罪的裁判，只是在最高人民法院裁判文书网的案例库中没有发现。

下面，本书对其中两例典型的不能未遂被判决有罪的案件进行分析，以检验本书所提出的规范危险判断的方法。

一、冉某某贩卖毒品案[1]

案件事实：2014 年 5 月 26 日下午，群众王某某与被告人冉某某联系购买毒品，双方约定交易 10 克冰毒，每克 150 元人民币，另加付 100 元人民币的路费，并约定在深圳市龙岗区某地铁站附近交易。2014 年 5 月 26 日 17 时 30 分左右，被告人冉某某来到深圳市龙岗区某地铁站某电器门口公交站台旁与王某某进行了毒品交易，交易完成后，被告人冉某某被民警当场抓获，在其身上缴获毒资人民币 1600 元、手机一部，在王某某身上缴获疑似毒品一包（经鉴定重 15.16 克，未检出常见毒品）。

在本案审理中，法院提出，被告人冉某某明知是毒品而进行贩卖，其行为已构成贩卖毒品罪。对于贩卖假毒品的行为在定性上能否成立未遂，法院认为被告人冉某某贩卖的毒品没有检出毒品成分，属于对象不能犯的未遂，应依法予以减轻处罚。

对于贩卖假毒品的行为如何定性，我国司法实践的意见较为统一，一般都按照贩卖毒品未遂处理。在裁判理由上，往往都是采用传统理论，认

---

[1] 参见深圳市龙岗区人民法院“（2014）深龙法刑初字第 2892 号”刑事判决书。

为对象不能未遂一般构成未遂犯,而没有分析该行为构成未遂的理由。笔者认为,不能未遂的行为如果在事后的规范评价上,具有实现某罪客观构成要件的危险,则应当认为是未遂犯,如果不具有实现某罪客观构成要件的危险,则应当认为是不可罚行为。在贩卖毒品案中,贩卖毒品罪的客观构成要件是将毒品出售给他人的行为。因此,贩卖假毒品的行为显然没有该当既遂的贩卖毒品罪的客观构成要件。在此前提下,应当进一步判断,行为有没有实现"交易真毒品"的可能性。在实践中,应当肯定大量的案件一般都是具有实现"交易真毒品"的可能性的。这是因为,贩卖毒品的行为人往往都是涉毒者,具有接触到毒品的接近性。因此,即便对其贩卖了假毒品的行为,从规范的意义上看来行为距离交易真毒品也不遥远,而是十分接近的。但是,这并不排除在例外情形下将贩卖假毒品的行为作为不可罚行为处理的可能性。例如,行为人不具有接近毒品的性质,捡到一小包白色粉末,以为是毒品而售卖,交易完成,行为人获取非法利益200元。对此行为,显然不具有接触到毒品的便利性,因此即便行为人是以贩卖毒品的主观故意实施该行为,也应当作为不可罚行为处理。

二、赵某某出售假币案[1]

案件事实:2013年下半年,被告人赵某某化名为"陈金中",通过QQ在网上认识徐冬梅(另案起诉),自称手中有假人民币(台湾地区版)。2014年7月3日,被告人赵某某伙同"老三"(姓名不详)与徐冬梅在成都昭觉寺一茶楼见面,提供了四张50元面额的真人民币冒充假币给被告人徐冬梅试用,徐冬梅发现被提供的人民币能通过验钞机检测,于是双方约定由徐冬梅出资3万元以1:1.5的比例购买假人民币。2014年7月6日下午16时许,被告人赵某某与徐冬梅在本区同安街道幸福路口,与老三及另一陌生男子见面后,徐冬梅支付3万元给老三,取得装有假币的旅行箱。交易完成后,老三告知被告人赵某某旅行箱里

[1] 参见成都市龙泉驿区人民法院"(2014)龙泉刑初字第557号"刑事判决书。

是白纸和冥币,徐冬梅回家发现后遂报警。

在本案定性上,法院认为被告人赵某某出售的假币为白纸或冥币,属于对象不能犯,成立犯罪未遂,可以比照既遂犯从轻或者减轻处罚。对于出售假币的行为、购买假币的行为,我国司法实践一般也都是按照犯罪未遂来进行处理的。应该说,出售假币罪的客观构成要件行为是"将假币交易以获取真实货币",因此,在实践中行为人如果只是以白纸或者冥币等障眼法来出售以骗取财物,应当按照诈骗罪的行为定性,而非出售假币罪的未遂。实际上,行为人明知所出售的并非假币,而是白纸或者冥币,因此不可能具有出售假币的故意。如果按照出售假币罪的客观构成要件符合性进行判断,也并无实现出售假币行为的危险。对于购买假币者而言,其客观上往往是接近假币的流通领域的,因此原则上应当对购买者判以购买假币罪的未遂。

三、两例教学案例的检验

"空枪案":甲夺过警察乙腰中佩带的手枪并朝乙开枪,但碰巧警察忘了装子弹,而未能导致乙死亡的结果。[1]

"短枪案":丙试图射杀处于60米以外的丁,但甲的枪支射程只有50米,而未能导致丁死亡的结果。[2]

对于空枪案,法院裁判肯定了社会一般观念对于危险判断的重要性,从社会一般人的经验的角度,认为存在法益侵害结果发生的可能性。而对于短枪案,周光权教授根据具体危险说,认为应当重视刑法积极的一般预防的目的,因此应当判定行为具有可罚性。然而,按照事实危险说的观

---

〔1〕 该案是日本刑法实务上的判例,福冈高判昭和28年(1953年)11月10日特判26号58页。法院判决认为警察佩带的手枪里"平常都应该是装着子弹的,这是社会一般共识……存在发生杀害结果的可能性",从而肯定了成立杀人未遂。

〔2〕 该教学案例是周光权教授假设的案例。参见周光权:《区分不能犯和未遂犯的三个维度》,载《清华法学》2011年第4期。

点，则认为根据事后科学法则来分析，客观上并没有法益侵害的危险性，应当肯定两个行为属于不可罚的行为。

对此，如果按照规范的危险判断的思维，首先应当肯定涉嫌罪名的客观构成要件符合性，即杀人行为合乎因果地引起他人死亡的结果。

以此为思维基点的话，对于空枪案就应当这样认为：一方面，事实的层面警察是否例外、偶然地忘记安装子弹，对于行为是否危险具有重要影响。如果事实上该警察几乎从来都是忘记在手枪中安装子弹，那么当然可以否定危险成立。另一方面，在规范的层面，刑法规范不是脱离社会规范的独立的东西，而应当连接社会其他规范来得到解释。一般而言，警察手枪管理法规或者规定，当然会包括对“巡逻的警用手枪是否安装子弹”的规定，如果这种社会规范对于“警察佩带手枪都应安装子弹”进行了确认，也就意味着规范层面上抢夺警察手枪射击警察的行为具有危险性。然而，如果规范上特别规定“警用手枪不安装实弹”或者“警用手枪只安装空包弹”，那么也从社会规范的层面确认了“抢夺警察手枪并射击警察”的行为不具有危险性。因此，规范的危险判断，在思维上既考虑经验性事实，也考虑社会规范内容，从而能够为刑法处罚不能未遂行为提供适应社会现实和社会规范的合理根据。

对于短枪案，周光权教授批判了客观危险说的判断思维，认为其将非本质的东西作为判断依据。[1] 对此，修正客观危险说认为：结合事后事实发现甲前面障碍物客观上阻碍很大，即便竭尽全力也不可能再前进9米而使枪支的射击距离覆盖被害人所在的地点，因此否定客观危险的成立，作为不可罚的行为处理。而具体危险说则认为，应当考虑有中立的第三人（社会一般人）站在行为时判断，甲对准乙开枪时，甲的面前即便存在障碍物，但甲蠢蠢欲动试图跨越障碍，行为高度危险，成立未遂犯。由此可见，客观危险说的事后判断与具体危险说的事前判断，对于短枪案得出了截然相反的结论。对此，如果考虑刑法上故意杀人罪的客观构成要件要素与客观构成要件符合性判断，行为是否接近于实现客观杀人是未遂危险审查的实质内容。因此，在短枪案中，应当从事实层面和规范层面进

---

〔1〕 周光权：《区分不能犯与未遂犯的三个维度》，载《清华法学》2011年第4期。

行双重考察:从事实层面来看,虽然枪支距离不足以覆盖被害人所在地点,然而,被害人如果处于运动的状态,其由于其意志自由随时可能走进行为人的射击范围,因此应当肯定危险的成立。从规范层面来看,被害人的意志自由以及以此为基础的行动自由,也是规范保护的内容,是附属于生命法益的必要要素。因此,规范意义上的被害人已经处于行为人的射击范围,应当肯定短枪对于被害人也具有杀人的危险。所以,不能未遂的危险判断,既需要联系构成事实,也需要联系刑法中的客观构成要件,是往返于规范与事实之间的思维过程。

四、比较与分析

在具体案件的审查中,首先应当确定行为并未实现某罪既遂的客观构成要件:例如,对于故意杀人罪来说,行为并未引起被害人死亡的结果,或者死亡结果与行为之间不存在因果关联性,或者结果在客观上不能归属于行为。对于购买假币罪来说,行为人所购买的对象并不是假币,而是白纸或者冥币,而且白纸与冥币都难以解释为假币,因其并不可能流入货币流通领域。对于贩卖毒品罪来说,行为人所出售的对象并非毒品,而是普通白色粉末。在此基础上要通过几个步骤来判断行为是否具有引起构成要件实现的危险:

第一,要明确涉嫌罪名的(未遂罪的)客观构成要件符合性,这是从刑事定罪三段论思维的大前提角度对危险进行的规范基准的考察。如果涉嫌故意杀人行为,那么相应的客观构成要件符合性就是“杀人行为”;购买假币罪的客观构成要件符合性就是“购买假币的行为”;对于贩卖毒品罪的客观构成要件符合性就是“贩卖毒品的行为”。在此情况下,未遂的危险就意味着是行为实现“杀人行为”“购买非假币行为”“贩卖非毒品行为”的可能性。

第二,对案件事实进行归纳,形成客观构成事实,即小前提。购买冥币、用没有子弹的枪支杀人、用白糖杀人与贩卖面粉等各种客观事实行为,形成小前提。

第三,将小前提与大前提进行对照,以判断从解释上能否认为“购买冥币”有可能实现“购买假币”,“贩卖面粉”是否有可能实现“贩卖毒品”,

“用空枪杀人”能否实现“杀人”。在这里大前提与小前提存在涵摄上的困难,否则就是既遂行为或者是无罪的行为。因为在涵摄上只有三种情况:涵摄上很容易判断成立、涵摄上很容易判断不成立和涵摄上较难判断是否成立。笔者认为,在此通过对客观构成要件符合性,即对大前提进行规范的理解,并以此为基础判断行为是否具有接近这一规范规格的可能性。也就是说,事实与规范之间的距离,是否仍然能够被认为二者是“符合的”。

第四节　小结

本章主要在界定规范危险概念的基础上,对规范危险的判断角度进行了分析。实际上,规范的危险概念不同于事实的危险概念,主要区别在于:事实的危险概念的判断思维是封闭的,判断上往往依照一般人、科学法则来进行。而规范的危险概念则认为不能未遂的行为是否危险应当以客观构成要件的内容、类型与性质来判断客观事实是否具有实现客观构成要件的危险。因此,不能未遂是否危险,是一种思维过程,思维的角度则应当围绕构成要件的类型性展开。传统刑法理论对于不能未遂,采用三分法的方法区分为对象不能未遂、手段不能未遂、身份不能未遂,然而除了身份不能未遂不具有可罚性之外,对象不能未遂与手段不能未遂的区分属于从事实角度对不能未遂进行的区分,因此也难以对不能未遂的可罚性危险的判断提供类型学上的帮助。在此基础上,笔者认为应当根据构成要件的类型来区分不能未遂的类型,并且根据其构成要件的性质来理解和解释相应构成要件实现的危险。从这个意义上来说,本章的结论是:规范的危险概念认为危险的判断不应当只是对事实的认定,而是立足于事实,通过对构成要件的类型、性质和要素的特征进行分析,在规范上判断行为是否具有实现客观构成要件的可能性。

第九章　结　论

从刑法实践的角度来看,不能未遂并不是一个经常会遇到的热点问题。然而,不能未遂的可罚性却是对各种刑法理论进行检验的“试金石”。我国刑法并未规定不能未遂的概念、成立要件与处罚原则。传统刑法理论将不能未遂行为一概作为可罚的未遂来认定,与司法实践的做法一致。晚近以来,我国刑法学者借鉴日本刑法中的不能犯理论,试图用客观的、事实的危险概念来限定我国刑法未遂犯的处罚范围,对我国传统理论造成了一定的冲击,不少学者从主客观相统一的不能未遂理论转向了具体危险说,以对不能未遂进行进一步的限定。不少学者在对中、德刑法不能未遂理论进行比较后,采取了德国刑法学上的印象说或者计划危险说。然而,通过笔者对中德刑法不能未遂的立法规定、司法实践、理论学说进行的比较研究发现,在不能未遂问题上可以提出如下论断:

对于未遂可罚性的限定视角,理论上存在“印象说”“危险说”“犯罪意思说”等若干不同的核心概念。印象说采用犯罪体系之外的社会心理学概念——法秩序信赖动摇的印象作为限定未遂可罚性的核心概念。犯罪意思说则采用犯罪论体系之内的主观面的概念来限定未遂的可罚性,实际上却扩大了未遂的处罚范围。与此不同,危险说则是从刑法体系内部的不法的角度,来限定未遂的处罚范围。相对而言,首先应当肯定在刑法体系内部对不能未遂的处罚范围进行限定的立场,我国刑法并无德国刑法对不能未遂如此宽泛、立法者如此明确的刑事政策价值设定,因此既没有必要、也没有可能将印象说作为我国刑法不能未遂的解释工具。在刑法体系内部,犯罪意思说已经遭受了刑法犯罪论体系几乎全领域的覆没,无论是在共犯领域还是在罪数领域,都越来越强调从客观的、构成要件不法的层面来探讨犯罪成立的问题。因此,相对而言,笔者认为危险概念是最为妥当的解释不能未遂的理论概念。

未遂的可罚性基础,是理解和判断不能未遂的危险概念的基础。在理论立场上,存在主观未遂论、客观未遂论和综合未遂论的立场。主观未遂论认为未遂的可罚性基础是犯罪主观方面的活动,而客观未遂论认为未遂的可罚性基础是犯罪客观方面的内容,相对而言,综合未遂论则认为未遂犯的可罚性基础是主观方面、客观方面的综合。

然而,即便采取综合未遂论的可罚性立场,也并不意味着对未遂采取了主观化解释。这是因为未遂的可罚性是主观—客观的综合基础。但是,未遂的主观构成要件符合性却是典型的主观构成要件符合性的状况,因而不存在判断上的问题。行为人的主观心理活动,符合刑法规定的故意的要件和犯罪目的要件,存在问题的只是行为的客观方面。也就是说,在未遂的场合,是反面的构成要件错误,主观构成要件符合性显然是成立的,而客观构成要件符合性是否成立,成为判断上的疑难。从客观优先于主观的角度来说,对于未遂的客观构成要件符合性存在的问题,不应当从主观面的角度进行辅助理解,否则就是从主观角度导出客观结论。因此,对未遂犯的可罚性采取综合未遂论,实质上仍然是贯彻刑法客观主义,而不是走向刑法主观主义。

在此基础上,采取综合未遂论的立场,认为未遂犯的可罚性基础是主观—客观的综合基础。由于客观构成要件符合性判断优先于主观构成要件符合性判断,在未遂的客观构成要件符合性判断中,要对大前提——刑法中的客观构成要件进行解释,要对小前提——案件事实中的具体事实行为进行相对类型化的确定。在对大前提与小前提进行涵摄与对照的过程中,通过以大前提即规范角度的要素的指导,来判断事实层面与大前提存在一定距离的小前提,是否在规范的意义上接近于大前提中的客观构成要件符合性。

因此,危险判断的内容,就是对规范的构成要件符合性进行判断。这样一来,危险就不是一个独立的客观构成要件要素,而是客观构成要件与客观行为事实之间的一种“距离”,因而只是在人们的思维观念中存在。未遂的“危险”并不存在于刑法分则罪状所描述的构成要件中。笔者认为,未遂危险的判断,属于法律解释中出现的问题是在构成事实与构成要件存在客观事实层面的较远距离,在解释上按照刑法保护法益的目的能否将二者拉近,从而成立(未遂的)客观构成要件符合性。因此,不能未遂的危险,属于在规范与事实之间进行解释的思维工具,而非刑法构成要件要素的判断。在这个意义上,客观构成要件符合性,并不只是对要素的逐一对应式判断,而是需要通过思维过程,表现为解释过程,以论争、说明事实与规范的重合。

在危险判断的结构上,由于危险不是一个构成要件要素,而是观念思维中才存在的“客观构成要件实现的可能性”,也可以说是“客观构成要件与客观构成事实之间的距离”,因此,如何确定危险判断的结构,才是判断危险概念的关键。对此,笔者是从客观构成要件的类型性来把握危险判断的类型性的。

在刑法理论上,客观构成要件实现的判断,当然受制于客观构成要件的类型性。也就是说,不同的客观构成要件类型,在符合性的判断上会表现为不同的属性。作为犯的客观构成要件实现不同于不作为犯的客观构成要件实现;身份犯的客观构成要件实现不同于非身份犯的客观构成要件实现;重罪的客观构成要件实现不同于轻罪的客观构成要件实现。在此基础上,危险概念也因为客观构成要件类型的不同而展现出不同的性质。因此,笔者提出的危险判断构造,是一种开放性的判断构造。危险判断的结构,是规范性的,而非事实性的;危险判断是一种判断方法,而非判断对象。因而,应当承认不能未遂中的危险判断的规范性,而否定危险概念的事实性。

显然,笔者并未一劳永逸地解决不能未遂可罚性限定中的所有问题,所提出的规范危险概念与判断方法也只是倡导一种新思路的开端。本书所提出的规范的危险概念在应用上受限于:第一,规范的危险概念与判断不是一种教义学上的普世的理论,而具有针对我国刑法条文的性质,如果将规范的危险概念推广到德国刑法或者日本刑法的相关条文的解释,可能会出现法条与法理的冲突。第二,本书所提出的规范的危险概念是开放的结构,在判断上的类型化的方法与"法益侵害可能性支配"的概念之内涵,强调在判断上以客观构成要件作为参照系、思维指导,因此并非封闭的、实体的判断标准。第三,本书所提出的规范的危险概念,只是在解释学的层面对我国刑法不能未遂可罚性限定提出的一种方案,而绝不意味着是唯一正确的方案。基于不同的刑事政策考量,完全有可能形成不同的危险概念。第四,如果要全面地研究不能未遂的可罚性,还应当将"刑法为何处罚不能未遂的行为"这一立法论的思考贯彻下去,研究"不能未遂犯罪的控制与刑法效益、刑法公正"的主题。因此,本书的研究结论是阶段性的。

后　记

本书改编自2016年北京大学博士学位论文《不能未遂的可罚性研究》，说是改编，其实只是做了文字性的校对和调整，并未对内容、结构和基本观点进行修改。该博士论文是在白建军教授、金德霍伊泽尔教授的指导下完成的。最早，我在攻读博士学位论文时，拟定的研究选题是《论刑法上的危险》，实际上是有一种对"危险刑法"进行探索的雄心壮志的，对这一选题我也希望通过结合实证研究与教义学研究的方法开展，这得到我的导师白建军教授的首肯。刑法上以危险作为行为处罚根据的法现象不少，有预备犯、未遂犯、危险犯等；现代刑法也越来越多地运用危险概念来解释犯罪构成要件符合性的实现过程。例如，德国刑法学者罗克辛教授运用危险升高理论来界定实行行为，日本刑法学者山口厚教授运用危险概念来定义因果流程。此外，刑法的社会背景也越来越多地关涉危险概念，即风险社会与风险刑法的理论吸收危险、风险等概念来反思刑法的基本立场和理论架构。由此看来，危险概念的确是充斥于现代刑法整个大厦的每一个角落的核心概念之一，以危险为发动刑罚的支点是否正当，就成为人们不得不谨慎思考和细致分析的对象。由此可见，对"刑法上的危险"进行研究，就是对危险刑法的正当性进行考问。这一选题既是从教义学视角对危险刑法正当性的反思，也是从实证研究视角对刑法前置现象的法文本经验观察。这一选题，也正是在恩师白建军教授的引导下提出的。在选题确定之后，我多次与导师进行沟通，观察、分析、调查、研究、思考、再论证，试图以危险刑法为支点在规范刑法研究与实证刑法研究之间架桥。我希望，也能像我的导师白建军教授那样，用事实学的方法观察刑法，找寻新突破。但是，很可能是我的智慧欠缺、灵感不敏抑或是思虑不足，通过初期研究我就发现，这样一个宏大的问题是我难以驾驭的，对我来说是难以在一篇博士论文中能够彻底厘清的。在我向导师汇报时，他也表现出了对此的隐忧。在博士论文开题时，陈兴良教授、梁根林教授、车浩副教授、江溯副教授等诸位老师也指出，刑法中的危险概念，虽然都使用同一个表述，但是各自的内容却又是有相当大的差异的。车浩副教授还专门面教于我，刑法上出现在不同问题上的危险概念，其相对的概念都各不相同，想要整合起来是不是不太可能？因此，在导师的建议下和我慎重思考后，我决定将选题限制在未遂犯的领域内，专门探讨未遂的可罚性与危险概念的内容这样一个问题。这一决定，也得到了白老师和导师组诸位老师的许可。当时，我的师兄，王新教授指导的北京大学2015届刑法学专业张志钢博士也刚刚完成了博士学位论文，其内容就是对不能犯的处罚进行研究。经过请教志钢师兄，我对这一选题有了更多的信心。但实际上，在动笔前我仍然是诚惶诚恐的。关于不能犯的问题，郑军男教授、陈家林教授都完成了博士论文，张志钢师兄也即将完成博士论文，我能否对这一问题完成系统的研究？我的博士论文有没有在三位前辈的肩膀上再作出创新的可能性？为此，我前往德国波恩大学刑法学研究所，一方面，收集文献资料，深入思考德国刑法不能未遂问题的"问题—理论—实践"的基本脉络；另一方面，我在金德霍伊泽尔教授的指导下开始构造论文的基本结构，这本书的主要逻辑结构也是在那时候确定的。在那期间，导师白建军教授也一直通过电话、视频和邮件反复与我沟通博士论文的架构、素材、基本观点的各方面具体问题，直至亲自看到论文大部分内容成文，整体架构渐趋稳定。白建军先生治学严谨，学术思想独树一帜，究毕生之心力也未可仿其一役。

本书的基本观点是：对不能犯未遂的可罚性根据采取综合未遂论的

立场,但不能犯未遂的核心问题是客观不法的证立。德国刑法对不能未遂采取的偏主观的立场,具有特定的学术史背景,且与其分则限定未遂可罚范围的规定存在依存关系。对于不能犯未遂的可罚性范围,应当以是否创造了危险为依据。在危险的判断上,危险是以客观事态与规范之间的关系来确定的,既不能以主观事实替代客观事实,也不能仅依靠客观事实,而是需要进行规范判断,即按照构成要件的类型、构成要件的要素等内容进行事后的规范判断。换言之,不能犯未遂的可罚性判断,就是对不能犯事态与构成要件之间的"距离"的判断。这一判断中既包括事实性要素,也包括规范性要素。

这本书是我博士学习的真实写照,它反映了我读书时的亢奋、抑郁、寂寞、畅快和安静,就像我哼过的一首歌,飘扬在北京大学的校园里,游荡在德国波恩的土地上,同时,也为我的青春时代打上了鲜明的烙印。论文的完成,也宣告了青春的结束,我离开校园,走上讲台。花季与雨季相继过去,我总开玩笑说风季来了。在风季,人们都期待刮起一场飓风,而我只希望像春风那样,缓慢而安静。在这篇文章的构思、写作过程中,我的导师白建军先生是全程指导者,他一直在无微不至而又高屋建瓴地关怀着我。在我受留学基金委资助前往德国留学时,他专程前往德国对我进行监督和指导,那短暂的异国恩情,就像父母之恩,永不能忘。导师的专长是实证研究,而我这篇论文却做了教义学研究,也许会让读者颇感诧异。就像拜师学武,拜到武当张真人门下却执意打少林拳法,岂能成大气候?对此,我不做评论,作为这本书的读者,您的真实意见才是至关重要的。北京大学刑法学科是刑事一体化之大树下的整体繁荣,既有规范刑法理论的枝繁叶茂,又有刑事政策学、犯罪学和实证研究、刑事执行法学的花团锦簇,我能够在自己的青年时代,在这样美好的环境中度过六年的求学时光,何其幸哉!感谢白建军教授、储槐植教授、陈兴良教授、张文教授、梁根林教授、郭自力教授、王世洲教授、王新教授、赵国玲教授、车浩副教授、江溯副教授的辛勤培育和指导!诸位老师在课堂上、讲坛上讲授的刑法思想,我至今仍记忆犹新!毕业后,带着诸位恩师的刑法思想,我离开了北京,也将把毕生的时间用于传播刑事一体化的思想。

在写作论文之前,张志钢博士不吝将其博士论文全文发给我学习,这种博大的胸襟对我产生了重大影响！在论文的写作过程中，陈璇博士、蔡桂生博士、黑静洁博士、李晶博士、劳佳琪博士、柏浪涛博士、赵运锋博士、丁胜明博士、蔡曦蕾博士、赵兴洪博士、曹斐博士、徐凌波博士、乔远博士、赵希博士、王越博士、田然博士分别以各种方式给予了我莫大的帮助，否则，这篇论文也许是另外一副样子。也许，甚至没有也许。在此，真诚地向他（她）们表示谢意！在北京大学攻读硕士、博士的六年时间里，王唯宁博士深刻地影响了我的人生观念，我们兄弟俩之间的那些共同经历，是我人生中莫大的幸运。读硕士时，我就与徐然博士之间建立了深厚的友谊与共同的学术追求，毕业后，他留京发展，希望他的学术之路一帆风顺，带着我们曾经共同的渴望，飙向刑法学学术的最高峰！攻读博士期间，我与胡萧力君、刘子平君和孙海波君建立了革命同志般的友谊，让我的博士学习生活色彩斑斓。在留学期间，夏昊晗博士、李建星博士、高丰美博士、游为博士、Valentina 女士、Eva 女士、许怡女士、胡继成博士、朱墨博士都在各方面给予过我莫大的帮助，在此也表示真诚的感谢！

六年的求学，北京大学给予了我最好的学习环境。我时常回忆起在未名湖畔的闲庭信步，我忘不了在两座图书馆里的流连忘返，我想再听一听老师们的万语千言。在攻读博士学位期间，国家留学基金委不吝为我提供了丰厚的奖学金，让我在德国波恩市可以毫无忧虑地进行联合培养学习。甚至，还足够我走南闯北，体验欧洲各国风土人情。这丰富的人生阅历，改变了我的生活方式，影响了我的行为和语言习惯。此拙作，也算是给留学基金委的一个交代吧。

人生如戏，幕布在切换、剧情在起伏、场景在改变，不变的是我们和我们的初心。学术这条路不好走，但无论多么崎岖，我都会坚持走下去。

王复春

中南财经政法大学首义校区寓所

2017 年 5 月 3 日

图书在版编目(CIP)数据

不能犯未遂的规范论研究 / 王复春著. -- 北京 :
法律出版社, 2018
(中南刑事法学术文库)
ISBN 978 -7 -5197 -2019 -3

Ⅰ. ①不… Ⅱ. ①王… Ⅲ. ①犯罪未遂—研究 Ⅳ.
①D914.1

中国版本图书馆 CIP 数据核字(2018)第 035199 号

不能犯未遂的规范论研究
BUNENG FAN WEISUI DE
GUIFANLUN YANJIU

王复春 著

责任编辑 黄倩倩 张发靖
装帧设计 马 帅

出版 法律出版社
总发行 中国法律图书有限公司
经销 新华书店
印刷 天津嘉恒印务有限公司
责任校对 晁明慧
责任印制 陶 松

编辑统筹 学术 · 对外出版分社
开本 720 毫米 × 960 毫米 1/16
印张 17.5
字数 250 千
版本 2018 年 12 月第 1 版
印次 2018 年 12 月第 1 次印刷

法律出版社/北京市丰台区莲花池西里 7 号(100073)
网址/www.lawpress.com.cn
投稿邮箱/info@lawpress.com.cn
举报维权邮箱/jbwq@lawpress.com.cn
销售热线/010 - 83938336
咨询电话/010 - 63939796

中国法律图书有限公司/北京市丰台区莲花池西里 7 号(100073)
全国各地中法图分、子公司销售电话:
统一销售客服/400 - 660 - 6393
第一法律书店/010 - 83938334/8335
重庆分公司/023 - 67453036
深圳分公司/0755 - 83072995
西安分公司/029 - 85330678
上海分公司/021 - 62071639/1636

书号:ISBN 978 - 7 - 5197 - 2019 - 3
定价:54.00 元
(如有缺页或倒装,中国法律图书有限公司负责退换)